111 Gründe, Schach zu lieben

Für meine Schachfreunde vom SV Berolina

Christoph Brumme

# 111 GRÜNDE, SCHACH ZU LIEBEN

Eine Hommage an das königlichste aller Spiele

SCHWARZKOPF & SCHWARZKOPF

# INHALT

**Kurze Einführung** . . . . . . . . . . . . . . . . . . . . . . . . . . . . . . . . . **9**
*Wie lernt man Schach spielen?*

**Kapitel 1: Leben und Tod, Wahn und Rausch,
Schönheit und Unendlichkeit** . . . . . . . . . . . . . . . . . . . . . . **15**
*Weil Schach ein göttliches Spiel ist, das auch dem Teufel gefällt | Weil
Schachspieler faire Dialoge führen | Weil Schach nicht bloß Schach ist |
Obwohl in Deutschland im Jahre 2014 die Epoche der schachlichen Bar-
barei begonnen hat | Obwohl die Verletzungsgefahr nicht missachtet wer-
den darf | Weil man im Schach seine Persönlichkeit ausleben kann | Weil
Schachspieler die Stille lieben | Weil die Wahl der Eröffnung beinahe eine
religiöse Entscheidung ist | Weil schon mit dem ersten Zug ein Abenteuer
beginnt | Weil die Holländische Verteidigung an einen Stierkampf erinnert |
Weil Schacheröffnungen so klangvolle Namen haben | Weil der Rausch im
Mittelspiel betörend ist | Weil sich im Endspiel der Bessere durchsetzt | Weil
der Schachjargon so poetisch ist*

**Kapitel 2: Vom Sklaven zum Bürger –
alle wollen Schach spielen** . . . . . . . . . . . . . . . . . . . . . . . . . **47**
*Weil das Schachspiel ein Kulturerbe der Menschheit ist | Weil auch Bürger
Schach spielen wollen | Weil die FIDE eine nützliche Organisation ist |
Obwohl der FIDE-Präsident von Außerirdischen entführt wurde | Weil der
Deutsche Schachbund eine weltoffene Organisation ist | Weil auch in der
DDR hervorragendes Schach gespielt wurde | Weil die Schachuhr gnadenlos
gerecht ist | Weil Schach auch für Schiedsrichter interessant ist*

**Kapitel 3: Ob Greis, ob Kind –
der Mensch wächst an seinen Aufgaben** . . . . . . . . . . . . . . . **73**
*Weil der Zwang, sich entscheiden zu müssen, die Persönlichkeit fördert |
Weil im Schach Kinder und Erwachsene ebenbürtig gegeneinander kämp-
fen können | Weil das Patt meistens nur besonders listige Spieler erreichen |*

*Weil Schach das Sprachverständnis fördert | Weil man auch im hohen Alter noch gutes Schach spielen kann | Weil Zeit etwas Relatives ist | Weil sich im Blitzschach wahre Meisterschaft zeigt | Obwohl man der Schachsucht kaum widerstehen kann | Weil Schachspieler so schöne Spitznamen haben | Weil man im Schach die Sinne schult | Weil man im Schach lernt, Geräusche auszuhalten*

## Kapitel 4: Schach und Kunst – von Nero bis ABBA ....... 101
*Weil das Schachspiel die Filmkunst bereichert | Obwohl Schach oft klischeehaft dargestellt wird | Weil das Schachspiel die Literatur bereichert | Weil Jean Paul das Schachspiel liebte | Weil Marcel Duchamp lieber Schach spielte, als den Kunstmarkt zu bedienen | Weil Schachfiguren singen können*

## Kapitel 5: Humor und Magie –
## auch Genies sind Menschen ........................ 121
*Weil Schach ohne Humor undenkbar ist | Weil Bobby Fischer ein tragisches Genie war | Weil der »Adler aus Louisiana« noch heute die Schachwelt begeistert | Weil auch Frauen exzellent Schach spielen können | Weil auch auf dem Narrenschiff Schach gespielt wird | Weil auch seltsame Menschen im Schach Erfolg haben können | Weil Magnus Carlsen zaubern kann*

## Kapitel 6: Schach ganz neu ........................ 153
*Weil das Fischer Random Chess eine schöne Erfindung ist | Weil der Janus ein Zwitter ist und sowohl laufen als auch springen kann | Weil ein Schachbrett keine Ecken braucht | Weil Martin Schwarz 69 neue Schachbretter erfunden hat | Weil Schachfiguren die Fantasie anregen*

## Kapitel 7: Künstliche und menschliche Intelligenz ....... 163
*Weil Schachspieler Geheimnisse lösen können | Weil man auch intelligente Maschinen austricksen kann | Weil Computer das Schachspiel bereichert haben | Weil ChessBase der schönste Spielplatz im Internet ist | Weil man im Internet die Zeit vergessen kann | Weil Fernschach den Computer überlebt hat | Weil eine Schachmaschine die Menschen schon vor 250 Jahren*

*verblüffte | Weil das Schachspiel ein hervorragender Intelligenztest ist | Weil Schachspieler für Wertzahlen kämpfen | Weil man Zahlen lieben kann | Weil man im Schach seine Menschenkenntnis schult | Weil auch Weltmeister alberne Fehler machen | Weil man zum Schachspielen keine Figuren braucht | Weil Schach auch ein Mannschaftssport ist | Weil Tandem-Schach ein Heidenspaß ist | Weil man im Schach feine Pläne entwerfen kann | Weil es eine Lust ist, etwas kaputt zu machen*

## Kapitel 8: Jede Figur ist etwas Besonderes . . . . . . . . . . . .  209
*Weil man als Schachspieler seine Neurosen ausleben kann | Weil der Läufer ganz eigene Fragen stellt | Weil man die Bauern nicht unterschätzen darf | Weil ein Bauernsturm kaum aufzuhalten ist | Weil der Springer die witzigste Figur ist | Weil die Türme stark und mächtig sind | Weil die Dame von allen Schachspielern geliebt wird – zumindest die eigene | Weil der König kein König Lear ist*

## Kapitel 9: Strategie und Taktik . . . . . . . . . . . . . . . . . . . . .  237
*Weil man im Schach lernt, Strategie und Taktik zu unterscheiden | Weil es Dinge gibt, die man nicht erklären kann | Weil das Opfer Schärfe ins Spiel bringt | Weil der Trippelbauer zu den seltsamsten Erscheinungen gehört | Weil man beim Mattsagen mit Springer und Läufer verzweifeln kann | Weil das erstickte Matt ein ästhetisches Vergnügen ist | Weil auch Weltmeister sich beim Hinlenkungsopfer verschätzen können | Weil das Seekadettenmatt reine Musik ist | Weil man sich notfalls auch mit Dauerschach retten kann*

## Kapitel 10: Glaube und Gefühl . . . . . . . . . . . . . . . . . . . . .  255
*Weil der 40. Zug mythische Qualität hat | Weil man im Schach auch Glück haben kann | Weil man im Schach das Warten lernt | Weil man als Schachspieler Therapien umsonst bekommt*

## Kapitel 11: Schach als Breitensport . . . . . . . . . . . . . . . . . .  263
*Weil Berlin eine der interessantesten Schachstädte der Welt ist | Weil man Wewi ein Denkmal setzen müsste | Weil im Schachklub die Zeit stillzustehen*

scheint und lebenslange Freundschaften entstehen | Weil die Schachliteratur unendlich reich ist | Weil es in Deutschland großartige Schachzeitschriften gibt | Weil Helmut Pfleger so spannende Schachkolumnen schreibt | Obwohl man mit Pokern mehr Geld verdienen kann | Weil Kaiser Franz vom Klötzleschieben keine Ahnung hat

## Kapitel 12: Ein Spiel für Robinson Crusoe . . . . . . . . . . . . . . 283
*Weil das Schachspiel den Journalisten Metaphern schenkt – wenn auch nicht immer die richtigen | Weil Schach eine Suche nach der Wahrheit ist | Weil Schach den Ausgestoßenen beim Überleben hilft | Weil Schach und Boxen gut zusammenpassen | Weil man auf Reisen wunderbar Schach spielen kann | Weil man das Denken trainieren kann | Weil nur den Mutigen die Welt gehört | Weil man im Schach nie gegen Überraschungen gefeit ist | Weil man Schach mit sich allein spielen kann | Weil im Schach kein Problem schwierig genug sein kann | Weil auch Sehbehinderte Schach spielen können | Weil sich Betrug nicht lohnt | Weil Vorfreude die schönste Freude ist | Weil Schach niemals aussterben wird*

## Danksagung | Literatur | Anmerkungen . . . . . . . . . . . . . . . . 304

# Wie lernt man Schach spielen?

Wer nicht Schach spielen kann, kann es in kurzer Zeit lernen. Das Brett ist übersichtlich, es hat acht mal acht Felder. Die kleinsten Figuren sind die Bauern. Wie im richtigen Leben sind sie am wenigsten wert. Sie haben die geringsten Fähigkeiten und werden am schnellsten geopfert. Deshalb hat jeder Spieler acht von ihnen, sozusagen ein kleines Volk. Normalerweise können sie nur ein Feld nach vorne gesetzt werden, aus der Grundstellung heraus jedoch zwei. Die Bauern können andere Figuren schlagen – aus dem Spiel werfen –, falls diese auf den beiden Feldern schräg vor ihnen stehen.

Grundstellung

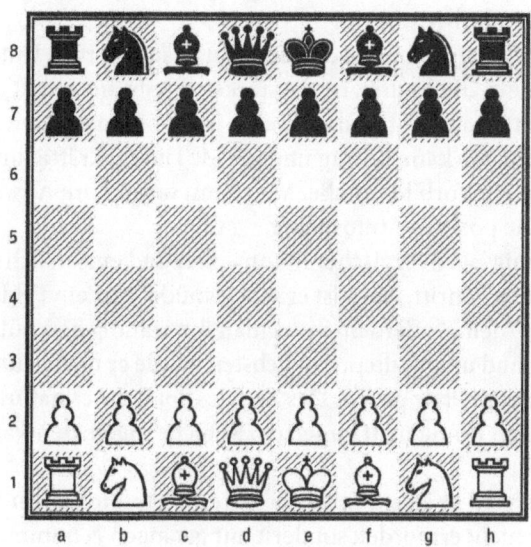

Manchmal wird einer der Bauern zum Helden, er bekommt seine 15 Minuten Ruhm. Er kann ein Spiel entscheiden und sogar den König matt setzen. Wenn ein Bauer seinen Lebenstraum erreicht hat – eine Dame zu werden –, muss er allerdings sterben. Die Bauern sind also tragische Figuren, man sollte sie nicht überheblich behandeln, das haben sie gar nicht gern. Jeder einzelne von ihnen erträgt sein Schicksal, auch wenn er das ganze Spiel lang auf seinem Feld stehen bleiben muss und scheinbar nur als Zuschauer am Geschehen teilnimmt.

Türme und Läufer sind dem Geschlecht nach männliche Figuren, die Springer sind bekanntlich Tiere. Die Türme brauchen viel Platz, sie sind kräftig und können geradeaus und seitwärts laufen. Die Läufer sind etwas zarter als die Türme, sie sind etwas schwächer, aber sie können schräg laufen und sich tänzelnd über das Brett bewegen. Die Springer sind einzigartig, sie können »um die Ecke laufen« – ein Feld gerade, eins schräg. Außerdem können Springer natürlich, wie ihr Namen schon sagt, springen, und zwar über andere Figuren hinweg.

Auch zwischen Dame und König gibt es angeborene Unterschiede. Die Dame, die Mutter, ist die stärkste Figur, sie wuselt über das ganze Brett, beaufsichtigt die Kinder, kauft ein, putzt den Kleinen die Näschen. Sie kann schräg und gerade laufen, kräftig und grazil sein, sie ist ein Vorbild für alle. Man kann sagen, ihre Anwesenheit erzeugt eine positive Atmosphäre.

Der König ist ein typischer Mann – faul und entsetzlich wichtig. Er geht einen Schritt, dann ist er schon müde. Nur ein Feld kann er versetzt werden. Außerdem muss man ihn ständig beschützen, ihn versorgen und unterhalten. Am liebsten würde er nichts tun und als Gewinner vom Platz gehen. Das Ziel des Spiels ist es natürlich, den gegnerischen König matt zu setzen. Manche sagen: den Vatermord zu vollziehen.

Weil Schach aber ein Spiel für ehrenwerte Menschen ist, wird der König nicht ermordet, sondern nur gefangen genommen. Nach der Drohung, von einer gegnerischen Figur geschlagen zu werden, muss der König sich ergeben, falls er auf kein anderes, nicht bedrohtes Feld gesetzt oder von einer seiner Figuren beschützt werden kann. Er muss die Kapitulation stellvertretend für alle erklären. Sein weiteres Schicksal ist bekannt: Er wird nicht gefoltert, sondern darf im nächsten Spiel wieder König werden. Die Dame opfert sich notfalls für das Überleben aller anderen, der König tut das nicht.

Wenn man Schach spielen lernt, sollte man nicht gleich mit allen Figuren beginnen. Besser ist es, zuerst mit den Springern oder mit den Läufern und drei, vier Bauern zu üben, später mit den Türmen und der Dame. Man sollte die Figuren kennenlernen, die Schönheit ihrer Züge genießen. Auch die wenigen Revolutionäre in der Schachgeschichte – Philidor, Morphy, Steinitz, Capablanca, Fischer, Kasparow, Carlsen – haben das Spiel vom Ende her begriffen. Bevor man sich dem Zusammenspiel aller Figuren widmet, sollte man erst einmal jede einzelne verstehen und jedes Feld lieben lernen. Überall ist schon jemand gestorben, auf jedem Feld haben sich schon Dramen abgespielt. Wie auf der Theaterbühne pfeift und isst man hier nicht, sondern betritt den Ort mit Ehrfurcht und Respekt.

Jedes Feld hat eine Bezeichnung, die aus den Buchstaben und Zahlen a bis h und 1 bis 8 gebildet wird. So muss man nicht sagen: »Ich setzte den Bauern auf das Feld mit dem Teefleck« oder »links unten in die Mitte«, sondern kann eine klare, international verständliche Auskunft erteilen.

Die Notation, das Aufschreiben der Züge, ist auch ganz einfach. Man schreibt nicht die ganzen Namen der Figur auf, sondern nur den ersten Buchstaben, also im Deutschen T, S, L, D, K – Turm, Springer, Läufer und so weiter. Die Bauern sind Namenlose, für sie wird nur notiert, wo sie stehen. So bedeutet »d3«, ein Bauer wird auf das Feld d3 gestellt. »Da3« bedeutet, dass die Dame auf das Feld a3 zieht. Das Schlagen einer Figur wird mit einem kleinen x markiert. »Dxd3« heißt also, die Dame schlägt auf d3, egal, welche Figur. Man könnte auch notieren, wo die Dame herkam, beispielsweise vom

Feld a3, so hieße es »Da3xd3«. Aber nötig ist dies nur in zweifelhaften Fällen, falls zwei Figuren auf das gleiche Feld könnten. Zwei Springer können oft auf die gleichen Felder, auch, weil sie einander so wunderbar decken – es sind eben Herdentiere.

Zwei kleine Sonderregeln sollte man kennen: die Rochade und das *en passant*. Beides sind Schachzüge. Bei der kleinen Rochade wird der weiße König vom Ausgangsfeld e1 zwei Felder nach rechts auf das Feld g1 gesetzt, der Turm von h1 auf f1. Schwarz setzt dementsprechend den König zwei Felder nach links, von e8 nach g8, und den Turm von h8 auf f8. In diesem Fall können die beiden Figuren übereinander hinweg springen. Sonst bleiben sie immer schön auf dem Boden. Voraussetzung für die Rochade ist, dass der

**En passant**

Schwarz zog b7-b5.
Der Bauer ging also an dem weißen Bauern vorüber.
Weiß kann ihn mit c5xb6 schlagen.

König dabei auf keinem der Felder angegriffen wird, also nicht »im Schach« steht. Der Turm hingegen darf vor der Rochade angegriffen sein, weil man ihm ja nicht Schach sagen kann. Bei der langen oder großen Rochade werden die Könige ebenfalls zwei Felder gesetzt, aber in die andere Richtung, Ke1-c1 und Ke8-c8. Und die Türme kommen ebenfalls neben die Könige, Ta1-d1 und Ta8-d8. Eine kurze Rochade wird mit zwei Nullen notiert, 0-0. Eine lange mit drei Nullen: 0-0-0. Dieses schöne Zeichen bedeutet Matt: #.

Beim *en passant* (französisch »im Vorübergehen«) geht ein Bauer an einem gegnerischen Bauern vorbei, der ihn schlagen könnte. Diese Respektlosigkeit lässt sich der gegnerische Bauer vielleicht nicht gefallen, er kann den vorbeiziehenden Bauern schlagen.

# KAPITEL 1

# Leben und Tod, Wahn und Rausch, Schönheit und Unendlichkeit

## Weil Schach ein göttliches Spiel ist, das auch dem Teufel gefällt

Der Mensch ist sterblich, und diese Kränkung kann er nur in der Transzendenz überwinden, im Glauben, in der Kunst, beim Sex und im Rausch – oder beim Spielen. Obwohl das Schachbrett nur 64 Felder hat, ist es auch eine Metapher für das Universum, für das Unendliche und das Unbegreifliche. Es zeigt dem Verstand seine Grenze auf, obwohl es in sich logisch ist. Auf einem begrenzten Raum entfalten sich beinahe unendlich viele Möglichkeiten, weshalb fast jede Schachpartie etwas Einmaliges ist. Schon im ersten Zug hat Weiß 20 Züge zur Auswahl, 16 Bauern- und vier Springerzüge. Da Schwarz 20 Antwortmöglichkeiten hat, kann es nach dem ersten Zug schon 400 unterschiedliche Stellungen geben. Schätzungen besagen, dass im Schach $2 \cdot 10^{43}$ Stellungen möglich sind. Die Zahl der möglichen unterschiedlichen Partien ist aber noch viel größer. Der Spieler (oder, seltener, die Spielerin) muss nach Logik und Stringenz suchen, wo fast alles möglich ist. Das Vergehen der Zeit dringt dabei schmerzhaft ins Bewusstsein.

Andere Spiele dienen dem Zweck, die Zeit zu vergessen. Die schönsten Tricks auf dem Fußballplatz zeigen doch nur das Menschenmögliche, sie regen allenfalls zum Staunen über die eigene Spezies an. Im Schach erklärt jede neue Kombination den Urknall, aus dem Nichts entstehen komplexe Gebilde, schwarze Löcher verschlingen Materie.

Das Schachspiel ist keine Flucht vor der eigenen Existenz, sondern ein Versuch, sich ihr ungeschützt auszuliefern, das Innere nach außen zu kehren, die sonst flüchtigen Gedanken zu materialisieren. Das eigene Denken, die eigenen Gefühle werden der Kritik des

Gegners und des Publikums, der Kiebitze, ausgesetzt. Deshalb ist der Schachspieler auch mit dem Schauspieler verwandt, denn beide müssen bereit sein, sich auf der Bühne unsterblich zu blamieren.

Der schwedische Filmregisseur Ingmar Bergman hat die Nähe des Schachs auch zum Tod in seinem Mysterienspiel *Das siebente Siegel* filmisch genutzt. Dort begegnet der Ritter Antonius Block, gespielt von Max von Sydow, dem Tod, der ihm verkündet, dass seine Zeit abgelaufen sei. Block schlägt dem Tod vor, mit ihm eine Partie Schach um sein Leben zu spielen. Solange die Partie nicht entschieden ist, wird ihm Aufschub gewährt, sollte er gewinnen, soll er verschont werden. Da der Teufel für List und Tücke immer zu haben ist, akzeptiert er den Vorschlag.

Der Teufel hätte sicherlich anders reagiert, wenn Antonius Block ihm vorgeschlagen hätte, gegeneinander Tennis zu spielen oder zu boxen. Gegen die Sterblichkeit kann man nicht mit den Fäusten ankämpfen, sondern nur mit metaphysischen Mitteln.

Naive Materialisten mögen einwenden, dass es den Teufel gar nicht gibt und hier nur Metaphern verhandelt werden. Wer die Vielseitigkeit des Daseins und des Schachspiels aber erfassen will, der wird mit dem Teufel seinen Schabernack treiben und das Verrinnen der Zeit als Chance begreifen, als Teil des Lebensspiels.

## 2. GRUND

### Weil Schachspieler faire Dialoge führen

Jede Schachpartie ist zunächst ein Dialog, in dem überprüfbare Argumente ausgetauscht werden. Schachzüge sind sichtbare Gedanken, deren Qualität der Dialogpartner, den man schnöde Gegner nennt, bewertet. In diesem Dialog ist es nicht möglich, auf eine

Metaebene auszuweichen, dem anderen schlechte Motive zu unterstellen oder ihn gar niederzubrüllen. Die Regeln schreiben vor, dass die Argumente lautlos geäußert werden. Lächeln ist erlaubt.

Das Schachspiel ist zu logisch, die Regeln sind zu klar, als dass Tricksereien helfen würden. Ausreden wie etwa die, man habe etwas übersehen, zählen nicht. Und beim Denken hilft auch kein Doping. Mit der Einnahme von Alkohol, Kokain oder Marihuana schadet man nur sich selbst, denn wer schmerzfrei denkt, denkt nicht besser als nüchtern. Und auch ohne Rauschmittel sieht man während des Spiels oft genug Gespenster. Gegen die nervliche Anspannung würden auch keine Betablocker helfen, da man vor dem Spiel nicht wissen kann, wann die Aufregung am höchsten sein wird.

Dopingkontrollen gibt es im Schach bei internationalen Turnieren seit 2002, weil sich der Weltschachverband bemüht, Schach zur olympischen Sportart zu machen und deshalb die Bestimmungen des IOC eingehalten werden sollen. Der Deutsche Schachbund (DSB) hat sich seit dem 1. Januar 2009 dem Code der Nationalen Anti Doping Agentur (NADA) unterworfen, um weiterhin Sportfördermittel durch das Bundesinnenministerium zu erhalten. Bei vier Veranstaltungen (den deutschen Einzelmeisterschaften der Männer, der Frauen sowie der Junioren und Juniorinnen bis 18 Jahre) werden seitdem je drei Dopingkontrollen durchgeführt. Allerdings wurde noch nie ein Täter überführt.

Unter Schachspielern sind die Tests sehr umstritten, sie gelten als unlauterer Eingriff in die Intimsphäre. Der deutsche Großmeister Robert Hübner spielt seit ihrer Einführung nicht mehr für die Nationalmannschaft, weil er der Meinung ist, dass sie eine »bürokratische Machtdemonstration« seien und die Spieler »entwürdigen, entmündigen und entrechten«.[1]

»Wenn Dopingkontrollen beim Schach angebracht wären«, meint Robert Hübner, »müssten sie ebenso bei Musikwettbewerben, bei Professoren, die sich in wissenschaftlichem Wettstreit um Erkenntnis bemühen, bei Firmenleitern, bei Schriftstellern und überhaupt bei allen Menschen durchgeführt werden, die eine Leistung anstreben.«[2]

Und der ukrainische Großmeister Wassyl Iwantschuk reagierte äußerst heftig, als er bei einem Turnier in Dresden von einem Schiedsrichter zu einem Dopingtest gebeten wurde. Es heißt, dass er »aus dem Saal im Kongresszentrum stürmte, im Foyer gegen einen Betonpfeiler trat, dann mit den Fäusten auf die Theke der Cafeteria trommelte, um danach in der Garderobe zu verschwinden.«[3]

Nach dieser Weigerung sollte er zwei Jahre Berufsverbot erhalten, woraufhin zahlreiche Spieler protestierten. Es beleidige ihre Ehre und Intelligenz, ihnen Doping vorzuwerfen, sagten sie. Schließlich wurde mit Iwantschuk nur »ein aufklärendes Gespräch« geführt. Der manchmal etwas weltfremde, aber geniale Ukrainer meinte nach diesem Vorfall, er habe dem Mann, der ihn zum Dopingtest aufgefordert hatte, »nicht zugehört, ich habe ihn zum ersten Mal in meinem Leben gesehen. Ich kenne seine Identität bis heute nicht.«[4]

Im Amateurschach wird man vereinzelt Spieler treffen, die den Alkohol ein bisschen zu sehr lieben. Einmal spielte ich während eines Turniers gegen einen solchen Gegner. Und tatsächlich besuchte der tragische Mensch während unserer Partie mehrmals mit einem Beutel in der Hand die Toilette, woraufhin er jedes Mal glücklich zurückkam und mich mit Ethanol-Wolken einnebelte. Je überlegener seine Stellung, je aussichtsreicher seine Möglichkeiten, desto häufiger verließ er das Brett. Der Papierform nach hätte er mit mir Katz und Maus spielen können – wenn er denn nüchtern gewesen wäre und die Spielzeit zum Denken benutzt hätte. So aber übersah er eine Kombination, die zum Matt führte. In der Analyse nach dem Spiel gab er ehrlich zu, sich zu sicher gefühlt zu haben, wie eben jeder Berauschte.

## Weil Schach nicht bloß Schach ist

Schach ist ein Kampf-, Denk- und Spielsport, gleichzeitig eine Kunst und eine Wissenschaft. Schach ist Sport, weil zwei Menschen nach bestimmten Regeln und innerhalb einer bestimmten Zeit gegeneinander um den Sieg kämpfen, ohne einander willentlich zu verletzen. Es geht darum, in einer fairen Weise die bessere Leistung zu erbringen, genauer und schneller zu sein als der Kontrahent – mehr Figuren in den Angriff einzubeziehen, mehr Züge genau zu berechnen, eine dynamischere, flexiblere und intelligentere Stellung zu erreichen, schließlich den Gegner zur Aufgabe zu zwingen.

Gleichzeitig ist Schach eine Wissenschaft. Ihr vornehmster Untersuchungsgegenstand ist die Unendlichkeit. Die Ergebnisse der Versuchsabläufe sind überprüfbar. Spekulative Thesen können experimentell untersucht werden. Wie in jeder Wissenschaft ist das Ziel die Suche nach Wahrheit, nach Erkenntnissen, auch wenn diese keinen Nutzen bringen.

Und Schach ist eine Kunstform, auch wenn nicht jede Partie ein Kunstwerk ist. Doch hin und wieder gelingt etwas einmalig Schönes.

Marcel Duchamp, ein französischer Künstler, der seine Kunstkarriere zugunsten des Schachspiels zwar nicht gänzlich beendete, aber doch stark vernachlässigte und sogar Mitglied der französischen Schachnationalmannschaft wurde, meinte: »Ich glaube in der Tat, dass jeder Schachspieler ein Gemisch zweier ästhetischer Vergnügen erfährt: erstens das abstrakte Bild, verwandt mit der poetischen Idee beim Schreiben; zweitens das sinnliche Vergnügen der ideographischen Ausführung dieses Bildes auf den Schachbrettern.« Kurz: »Wenn auch nicht alle Künstler Schachspieler sind, so sind doch alle Schachspieler Künstler.«[5]

Über die Partie zwischen Garri Kasparow und Wesselin Topalow in Wijk aan Zee 1999, eine der schönsten Schachpartien, die je gespielt wurde, schrieb der US-amerikanische Schachgroßmeister Larry Christiansen: »Sie verdient einen Platz im Louvre«.[6] Kasparow gewann nach zwei Turmopfern und nachdem er den schwarzen König auf die weiße Grundreihe getrieben hatte, wo dieser in seinen schlimmsten Albträumen noch nicht gewesen war. Es ist die womöglich meistanalysierte Partie der Schachgeschichte:

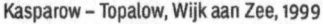

Kasparow – Topalow, Wijk aan Zee, 1999

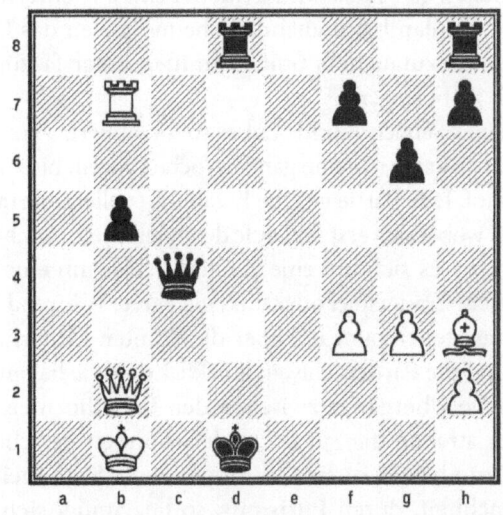

Stellung nach 35. ... Kd1

1. e4 d6 2. d4 Sf6 3. Sc3 g6 4. Le3 Lg7 5. Dd2 c6 6. f3 b5 7. Sg1-e2 Sd7 8. Lh6 Lxh6 9. Dxh6 Lb7 10. a3 e5 11. 0-0-0 De7 12. Kb1 a6 13. Sc1 0-0-0 14. Sb3 exd4 15. Txd4 c5 16. Td1 Sf6 17. g3 Kb8 18. Sa5 La8 19. Lh3 d5 20. Df4+ Ka7 21. Th1-e1 d4 22. Sd5 Sxd5 23. exd5 Dd6 24. Txd4 cxd4?

Laut Kasparow der Verlustzug. Schwarz hätte 24. ... Kb6!
25. Sb3! Lxd5 spielen sollen.
25. Te7+ Kb6 26. Dxd4+ Kxa5 27. b4+ Ka4 28. Dc3 Dxd5
29. Ta7 Lb7 30. Txb7 Dc4 31. Dxf6 Kxa3 32. Dxa6+ Kxb4 33. c3+
Kxc3 34. Da1+ Kd2 35. Db2+ Kd1 (siehe Diagramm) 36. Lf1 Td2
37. Td7! Txd7 38. Lxc4 bxc4 39. Dxh8 Td3 40. Da8 c3 41. Da4+ Ke1
42. f4 f5 43. Kc1 Td2 44. Da7.
Schwarz gab auf.

Der Großmeister Tartakower sagte: »Die Schachpartie ist gewöhn-
lich ein Märchen aus Tausendundeinem Fehler.«[7] Auch der Arme-
nier Lewon Aronjan hat manchmal »beim Spielen das Gefühl, in
ein Märchen einzutauchen, (s)ich inmitten einer faszinierenden
Fantasiewelt zu bewegen«.[8]

Einer meiner Schachfreunde hat es so formuliert: »Von einer gelungenen Partie kann ich eine ganze Woche zehren, bis zum nächsten Wettkampf. Jede Partie ist eine Erzählung voller überraschender
Wendungen, wobei sich erst im Laufe des Spiels zeigt, welchem Genre
sie angehört, ob es sich um eine Komödie oder um eine Tragödie
handelt, um ein Trauerspiel oder um eine Farce. Während ich arbeite (als Restaurateur) kann ich über die Pointen kichern. Und am
schönsten sind die Partien, die ein glückliches Ende haben.«

Oft sind die Übergänge zwischen den Erzählformen fließend.
Aber immer streben die Spieler nach Schönheit. Je schöner eine
Zugfolge, desto besser ist sie fast immer auch. Schönheit entsteht
durch Einfachheit, durch Purismus, so begründet sich die Verwandtschaft zwischen Effizienz und Ästhetik. Wie man in der er-
zählenden Prosa die Adjektive möglichst streichen oder weglassen
sollte, so sollte man im Schach die kürzesten Wege suchen und
finden. Eitelkeit und Manierismus lenken vom rechten Weg ab.
In Abwandlung einer Feststellung Arthur Schopenhauers – der
»eminente Kopf« vermöge es, »viele Gedanken in wenige Worte zu
schließen« – könnte man sagen, dass es im Schach darauf ankommt,

mit so wenig Zügen wie möglich so viel wie möglich zu erreichen. Wer etwa selbstverliebt noch Schnörkel setzen möchte, lädt den Gegner dazu ein, die Eitelkeit zu bestrafen.

4. GRUND

## Obwohl in Deutschland im Jahre 2014 die Epoche der schachlichen Barbarei begonnen hat

Skandal! Schande! Seit Neustem gilt Schach nicht mehr als Sport! Zumindest in Deutschland und nach Meinung des Bundesministeriums des Innern nicht.

Das BMI zahlt die Fördergelder an den Deutschen Olympischen Sportbund (DOSB), dieser verteilt sie an die Sportverbände. Während in Norwegen der Schachweltmeister Magnus Carlsen zum Sportler des Jahres gewählt wurde, wird der Deutsche Schachbund seit 2014 nicht mehr gefördert. Beim Schachsport fehle das Kriterium der eigenmotorischen Aktivität, so die Begründung.[9]

Aber ist das neu? Und stimmt es? Setzen die Figuren sich von allein? Und wie ist es bei anderen Sportarten? Jan Gustafsson, ein deutscher Schachgroßmeister, meinte zu dieser Diskussion: »Wenn ich mir allerdings die Schützen anschaue, ob da das Abdrücken das große Bewegungselement ist, das weiß ich auch nicht.«[10]

Der DOSB hingegen definiert: »Die Ausübung der Sportart muss durch eine eigene, sportartbestimmende motorische Aktivität des Sportlers gekennzeichnet sein, die nicht überwiegend in der Bewältigung des technischen, motorgetriebenen Geräts besteht. Diese eigenmotorische Aktivität liegt insbesondere nicht vor bei Denksport-, Geschicklichkeits- und Glücksspielen, Bastel-, Funk-, Computer- und Modellbautätigkeiten.«[11]

Als leidenschaftlicher Schachspieler kann man angesichts solch barbarischer Worte nur erbleichen. Man setzt Basteltätigkeiten mit dem Schachsport gleich! Der Deutsche Schachbund ist dennoch Mitglied im Deutschen Olympischen Sportbund. Der DOSB vertritt auch die Interessen anderer nicht-olympischer Sportarten, wie etwa Dart (10.000 Aktive), Sportfischen (670.000) und Rettungssport (550.000). Nach Mitgliederzahlen liegt der Deutsche Schachbund mit 90.000 Spielern[12] auf Platz 29 der 62 Mitgliedsorganisationen des Deutschen Olympischen Sportbundes.[13]

Vielleicht wäre der gültige Maßstab bei der Frage, ob Schach denn Sport sei, die körperliche Belastung? Dass Schachspieler während eines Turnierspieles mehr Stresshormone als sonst freisetzen, dass die Herzfrequenz sich erhöht, der Blutdruck steigt, die Bronchien besser durchblutet werden, der Körper Fett verbrennt, haben medizinische Untersuchungen gezeigt, die Dr. Helmut Pfleger, Schachgroßmeister und Mediziner, vorgenommen hat. Bei einem Großmeisterturnier hat er mehrere Spieler während ihrer Partien sportmedizinisch untersucht. In spielentscheidenden Phasen waren dabei Extremausschläge von bis zu 170 Pulsschlägen pro Minute zu beobachten. Der körperliche Stress ist nicht geringer als bei anderen Sportarten wie etwa Skispringen.

Ob Schach denn Sport ist, wird auch unter aktiven Spielern im Internet gern erörtert, etwa im Forum von Schachfeld.de. Gast74 weist zum Beispiel darauf hin, wo man in der Wirtschaft den Schachsport einordnet: »Wenn man in ein Kaufhaus geht – wo findet man Schachbretter und -figuren? In der Sportabteilung?«[14] In der DDR fand man sie in Sport-, heute in den Spielabteilungen.

Der Spieler FluidDynamics hingegen verweist auf die deutsche Rechtsprechung: »›Ein Berufsschachspieler ist kein Berufssportler‹, meint das Finanzgericht München (Urteil vom 30.06.1995, Aktenzeichen: 8 K 3034/94).«[15]

Zumindest der deutsche Großmeister Robert Hübner ist nicht interessiert daran, als Sportler anerkannt zu werden, obwohl er in den Jahren 1970 bis 1990 der beste deutsche Spieler war, unter anderem 3. der Weltrangliste. Er möchte, so berichtet *Süddeutsche.de*, dass von ihm gespielte Partien »nach dem Urheberrecht als geistiges Eigentum behandelt werden sollen«. Er könnte also Tantiemen für das Nachspielen seiner Partien verlangen und sieht das Spielen als wirtschaftliche Tätigkeit an. Schach sei eigentlich kein Sport, sondern »eher mit dem professoralen Wettstreit um wissenschaftliche Erkenntnis zu vergleichen«.[16] Nonchalant unterschlägt der Großmeister allerdings, das er ja auch gewinnen will. Das wichtigste Ziel jeder Sportart trifft auch auf Schach zu.

In Wirklichkeit ist das Argument des Bundesinnenministeriums, Schach sei kein Sport, ein in der Politik übliches Ablenkungsmanöver. »Es war klar, dass ein großer Teil der theoretisch erreichbaren Fördergelder künftig von sportlichen Erfolgen abhängig gemacht wird«, berichtet der Präsident des DSB in Bezug auf die Verhandlungen mit dem Ministerium und dem Sportbund.[17]

»Medaillen zählen dreifach«, spottete Kian Badrnejad für die *Tagesschau*.[18] Die Intransparenz bei der Vergabe staatlicher Fördergelder im deutschen Sport wird schon seit Langem kritisiert. Ministerium und Sportbund wurden im Jahre 2012 per Gerichtsbeschluss angewiesen, Informationen zu den bis dahin geheimen Kriterien freizugeben, wie Medaillenerfolge mit Steuergeldern gesponsert werden. »Diese Zielvereinbarungen wurden vom Innenministerium und den Sportverbänden lange gehütet wie ein Staatsgeheimnis. Erst 2012 hatten zwei Journalisten mit einer Klage Erfolg. Der damalige Innenminister Hans-Peter Friedrich musste die Zahlen herausgeben.«[19]

Schaut man sich die Zahlen an, beginnt man zu staunen. Beinahe märchenhaft mutet die Unterstützung für Curling, das »Klötzleschieben« auf dem Eis, an. Die Klötzleschieber auf den 64 Feldern bewegen sich während einer Partie mindestens so viel wie die Eiswischer. »Der deutsche Curling-Verband erhält mit gut 399.000 Euro am wenigsten«, meint Kian Badrnejad im *Tagesschau*-Kommentar.

Er vergisst hinzuzufügen, dass der Deutsche Curling Verband nach eigenen Angaben nur 700 Mitglieder hat.[20] Ziemlich viel Kohle für die paar Leute. Offenbar haben sie bessere Lobbyisten als die 90.000 Schachspieler, die zuletzt 100.000 Euro im Jahr bekamen.

Curling ist eine olympische Disziplin, vielleicht wird es deshalb als förderungswürdiger eingeschätzt? Aber großartige Erfolge haben die Curler nicht aufzuweisen. Die Eiswischer haben schon einmal halboffiziell bei Olympischen Spielen eine Goldmedaille gewonnen, 1992 bei den Frauen in einem Demonstrationswettbewerb. Allerdings ist Curling erst seit 1998 offizielle olympische Disziplin. Schacholympiaden werden seit 1927 regelmäßig ausgetragen. 1930 in Hamburg und 1936 in München waren die Deutschen Dritter, 1939 in Buenos Aires holten sie Gold, 1950 in Dubrovnik und 1964 in Tel Aviv gewannen die Mannschaften der BRD wieder die Bronzemedaillen. Im Jahre 2000 kamen die Deutschen auf den zweiten Platz. Und 2011 wurden sie Europameister bei den Männern.

Auch wenn man die gesellschaftliche Bedeutung des Schachsports mit Curling vergleicht, wird man kaum vernünftige Argumente für die Vergabepraxis finden. Welche der beiden Sportarten ist nützlicher und wichtiger für die Gesellschaft? Nichts gegen Spaß und Hobby. Aber dank des Schachsports sind schon geniale Erfindungen gemacht worden, zum Beispiel Rechenmaschinen und Computer. Im Schach entwickelt eine Gesellschaft strategische Ideen, sie experimentiert mit sich selbst und hält das Bewusstsein für Möglichkeiten wach. Inspiriert etwa das Eiswischen die Wissenschaften, insbesondere die Mathematik? Hat man je eine Curling-Oper gehört? Oder Curling-Krimis gesehen? Welche der beiden Sportarten liefert mehr Metaphern für das Verständnis politischer Vorgänge?

Der Deutsche Schachbund betreibt eine aktive Jugendarbeit, bildet Schachlehrer in Schulen und Vereinen aus, veranstaltet viele regionale und bundesweite Meisterschaften für Kinder und Jugendliche, betreut die Jugendmannschaften bei Europa- und Weltmeisterschaften und Olympiaden. Es werden Schulschachkongresse organisiert, und es gibt einen speziellen Verein für die Jugendarbeit, die Deutsche Schachjugend im Deutschen Schachbund. Auch die Buchindustrie freut sich, dass viele Kinder Schachbücher lesen möchten.

Der Deutsche Curling-Verband schreibt auf seiner Homepage, dass 18 Juniorinnen und Junioren »Kader« sind, wofür auch immer, es gibt keine weitere Erklärung. In 20 Vereinen wird dieser Sport betrieben, Schach in etwa 3.000.

Nach der Logik der Politik müssen Schachspieler erst wieder bei internationalen Wettbewerben gewinnen, bevor Schach auch als Breitensport wieder gefördert werden kann. Eine seltsame Denkweise. Was hat das eine mit dem anderen zu tun? Was ist wichtiger – ein paar Spitzenspieler im Schach zu haben, die das Klischee vom Volk der Dichter und Denker bestätigen, oder eine intelligente Jugend? Also sollten die Erfolge im Leistungssport kein Maßstab für die Förderungswürdigkeit einer Sportart sein.

## 5. GRUND

### Obwohl die Verletzungsgefahr nicht missachtet werden darf

Nach meiner Erfahrung kann man sich beim Schachspielen auch verletzen. Ich spielte gegen einen IM – gegen einen Internationalen Meister. Um eine Vorstellung von seinem Stil zu bekommen, bat ich einen Freund, mir diesen Menschen zu beschreiben. »Er ist etwa 50 Jahre alt, lebt noch bei seiner Mutter und wird auf Turnieren oft für seine sauberen Partieformulare gelobt.« Offenbar ein phlegmatischer Bürokrat also, der wahrscheinlich nicht »auf Krawall spielen«, sondern vorsichtig agieren und solide denken würde.

Das war ein hilfreicher Steckbrief. Denn nach einigen Zügen ergab sich die Möglichkeit, den Gegner zu einer fiesen Entscheidung zu zwingen. Entweder musste er mir die Initiative überlassen oder die Partie frühzeitig in eine Remis-Variante überführen. So, wie ich ihn einschätzte, würde er den soliden Nachteil wählen, der seinem Naturell entsprach – und sich verteidigen, die passiven Figuren ins Spiel bringen, dem König Luft verschaffen.

Tatsächlich, so kam es. Ich konnte meine Vorteile ausbauen, zwei Bauern auf seinem Damenflügel schlagen, mit den Läufern durch seine Stellung tanzen, während er sich mit seinen Figuren von der Grundreihe aus verteidigen musste.

Es wurde die längste Turnierpartie, die ich je gespielt habe, der Zahl der Züge und der Zeit nach, denn sie dauerte fast sechs Stunden. Ich stand als Sieger auf, hatte mir aber die Ellenbogen blutig gerieben, so angestrengt hatte ich nachgedacht, so schwer war mein Kopf gewesen. Es war ein Sommer-Turnier, ich trug ein kurzärmliges T-Shirt, Blutflecken klebten auf dem Tisch. Wie peinlich.

6. GRUND

**Weil man im Schach seine Persönlichkeit ausleben kann**

Im Schachverein fühle ich mich manchmal wie im Kino. Mehrere Filme laufen gleichzeitig. In einem Thriller an Brett eins spielt die Kobra gegen den Seiltänzer. Sie belauern sich, der Seiltänzer schaut besorgt in den Abgrund, die Kobra kann den Kopf kaum aus dem Gras heben. An Brett zwei wird eine Meuterei geprobt, ein Leichtmatrose versucht, das Kommando zu übernehmen, die Pistole in der Hand des Kapitäns zittert. An Brett drei sitzt ein Poet, der seine Partien am liebsten wie Sonette strickt, ihm gegenüber grübelt eine

Schamanin, deren Fähigkeiten schwer einzuschätzen sind. An Brett vier vergnügen sich zwei Novizen mit Räuberschach – »Gier frisst Hirn« lautet das Motto, für das sie kein Copyright haben. An Brett fünf balgen sich zwei erwachsene Kinder, keiner will nachgeben, obwohl die Kräfteverhältnisse eigentlich für einen Friedensvertrag sprechen. Weiß wird übermütig und bietet einen Turm zum Schlagen an; Schwarz aber will den Dialog in der Psychiatrie fortsetzen, denn so viele Drohungen hält kein Mensch aus, ohne verrückt zu werden.

»Das Schöne ist nichts als des Schrecklichen Anfang«, dieser Gedanke Rainer Maria Rilkes bewahrheitet sich immer wieder auch im Schach. Das Schöne ist erbarmungslos klar und logisch, und es hat seine Daseinsberechtigung in sich selbst. Es gewährt erhellende Momente, weil es den Raum der Möglichkeiten erweitert. Doch auch der Zufall kann Geburtshelfer des Schönen sein, wie an Brett fünf die trotzigen Kinder bemerken müssen, nachdem sie sich mit einem Dutzend Springerzügen schwindlig gespielt und danach wieder die Ausgangsstellung erreicht haben.

Der Poet am dritten Brett spielt währenddessen »wissenschaftlich«, alles will er analysieren, alle Folgen methodisch ergründen; kein Detail, das er nicht gestalten will. Die Schamanin scheint in Glaskugeln zu gucken, nicht aber auf die Figuren. Drohungen scheinen ihr überhaupt nichts auszumachen, die lächelt sie weg.

Jenseits der Kunst wird aber auch gespielt, an den Brettern sechs bis unendlich. Denn die Mehrheit aller Akteure bilden die Handwerker, die Techniker und Materialverwalter, die Humorlosen und die Tollpatschigen, die Zeter und Mordio schreien, wenn keine Ordnung auf dem Brett herrscht, wenn die Soldaten nicht in Linien marschieren und die Springer in den Ecken herumlungern.

Ich liebe es, meine Schachfreunde beim Spielen zu beobachten. Manchmal gönne ich mir den Spaß, zuerst auf die Bretter zu gucken und dann erst auf die Spieler. Oftmals überrascht es mich gar nicht, wer da absonderlich kranke Stellungen aufs Brett bringt – wobei das

Etikett »krank« höchstes Lob sein kann. Ein Kiebitz verhält sich schließlich wie Franz Kafkas Landarzt, der sich zu dem Kranken ins Bett legt und dessen Wunde ob ihrer Schönheit bewundert.

Eine schöne kranke Stellung – was für ein Wohlklang im Schach! Drei Fesselungen auf dem Brett, beide Könige im Abseits, zwei Trippelbauern, Schwarz kann nur noch sich selbst verletzen, also Züge machen, die ihm schaden, dafür muss Weiß aber erst einmal seine Dame opfern.

Die Lust, etwas kaputt zu machen, kann durchaus ein Motiv für das Schachspielen sein. Ebenso aber auch das Vergnügen, etwas aufzubauen, eine Operation am Herzbeutel des Gegners gründlich vorzubereiten. Der eine Spieler möchte am liebsten immerzu alles vereinfachen, dem anderen kann die Spannung nicht hoch genug sein und er sucht ständig nach neuen Herausforderungen, kein Rätsel ist ihm schwierig genug. Die einen denken langfristig, sie wollen ein Gebäude wie den Kölner Dom errichten, andere möchten ständig zündeln, sie ertragen keine Ruhe, jeder halbwegs sorgsame Aufbau des Gegners soll sofort gestört werden. Die Pyromanen können nicht genug Probleme aufs Brett bekommen, sie lieben Feuer und Dynamit, die Hütte soll brennen. Wer ist schlauer, der Ingenieur oder der Panzerknacker, der Krawallmacher oder die Krankenschwester?

Kriminelle Energien und niedere Instinkte sind im Schach ziemlich nützlich, denn es handelt sich um eine unmoralische Kunst. Mit einem gutmütigen Herzen gewinnt man nicht. Manche Schachspieler sprechen von einem Killerinstinkt, den man haben sollte. Auch eine leicht paranoide Veranlagung, eine krankhafte Wachsamkeit, kann zu einem qualitativ besseren Denken führen. Der Weltmeister Alexander Aljechin meinte, während einer Partie sollte ein Schachmeister eine Mischung aus einer Bestie und einem Mönch sein.

Viele aber spielen ängstlich, wohl wissend, dass ein einziger Fehler zum Untergang führen kann. Manche pauken Theorien, verlassen sich auf das Gelernte, doch wenn sie kreativ werden sollen, versagen sie. Da werden »Drucksäulen aufgebaut«, sprich, die ganze Fantasie des Spielers konzentriert sich darauf, zwei Türme auf einer Linie so zu platzieren, dass sie den Gegner in Bedrängnis bringen. Falls die Drucksäule Erfolg hatte, fühlt er sich wie ein strategisches Genie. Tatsächlich will er Kreativität verhindern, Vielfalt unterdrücken und taktische Möglichkeiten nicht zulassen, weil er von ihnen überfordert wäre und weil er die listigere Intelligenz des Gegners und dessen Humor fürchtet. Dogmatiker klammern sich an Regeln und Traditionen, Abenteurer suchen das Neue und greifen auf beiden Flügeln zugleich an. Der junge Mann, der in der Schule den Klassenkasper spielte, läuft erst nach sinnlosen und überheblichen Opfern zu großer Form auf.

»Der Stil ist der Mensch selbst«, sagte der französische Gelehrte Buffon (1707–1788), und diese Erkenntnis gilt auch im Schach. Obwohl zwei Menschen das gleiche sehen, entdecken sie doch Unterschiedliches. Obwohl sie unter gleichen Voraussetzungen agieren, tobt ihre Einzigartigkeit sich auf dem Brett aus. Es geht scheinbar um nichts, Schach ist nur ein Spiel, und doch wird gekämpft wie um Leben und Tod. Denn für Schachspieler hat der Begriff der Ehre wahrscheinlich den höchsten Wert. Sie sind die letzten Ritter der Moderne.

Die wirklich guten Spieler reiben sich oft am Unmöglichen, sie versuchen die Grenzen der Vorstellungskraft zu sprengen. Nicht nur, dass sie zehn oder mehr Züge und all ihre Nebenvarianten vorausberechnen, sie wollen vor allem Erfinder sein und etwas nie zuvor Gesehenes schaffen – eine einmalig schöne Kombination. »Die wichtigste Gabe, die ein großer Schachspieler haben muss, ist meiner Meinung nach eine üppige Phantasie. Er muss in der Lage sein, sich aus der Welt aufdringlicher Realitäten in einen Bereich seltsamer Gestalten und Formen zurückzuziehen, die er miteinander kombiniert, um neue, nie da gewesene Situationen zu schaffen«, lehrte der US-amerikanische Schachspieler und Psychoanalytiker Reuben Fine (1914–1993).[21]

## Weil Schachspieler die Stille lieben

In der Öffentlichkeit oder im Parlament gilt eine Schweigeminute schon als großes Ereignis, etwa an einem Gedenktag, nach einer Katastrophe oder zu Ehren einer verstorbenen Persönlichkeit. Schachspieler ehren sich, indem sie stundenlang schweigen. Das Besondere, das sich in der Stille im Turniersaal ausdrückt, ist der Respekt vor dem Denken anderer, eine Tugend, die nur an wenigen Orten und selten mit Ritualen praktiziert wird. Egal, ob 20 oder 2.000 Spieler in einem Raum ihre Kräfte und ihre Intelligenz miteinander messen, das oberste Gebot bleibt immer das des Schweigens. Es wird zwar mal gehüstelt, mit dem Stuhl gescharrt, leise gestöhnt, aber ansonsten hört man nur das Klacken und Ticken der Uhren – so es keine elektronischen sind.

Die Stille, berichten die Spieler immer wieder, wirkt oftmals berauschend. Selbst Menschen, die sonst beinahe ununterbrochen reden und denen die Kunst des Zuhörens nicht gegeben scheint, vermögen über dem Schachbrett stundenlang schweigend zu grübeln. Wie ein Gebet bietet das Schachspielen die Möglichkeit zur Selbstbefragung. Etwas pathetischer formuliert: zu innerer Einkehr. Zwar weist kein Priester auf moralische Verfehlungen hin, kein Therapeut stellt inspirierende Fragen, doch wer die Warnungen übersieht, die Leidenschaften nicht zähmt, der wird im Schach nicht weit kommen. Denn zunächst muss der Schachspieler gegen sich selbst kämpfen, gegen die eigene Müdigkeit und Nervosität, gegen Einbildungen und Überheblichkeit. Man lernt sich selbst schmerzhaft genau kennen und begreift, dass man Verantwortung nicht delegieren kann. Du hast die Freiheit der Wahl, wenn auch unter Einhaltung bestimmter Regeln, das ist der Lebens- und Spielvertrag.

Während sich im alltäglichen Leben wohl jeder mit Hilfe kleiner Lügen und Beschwichtigungen ein sympathisches Selbstbild schafft, zählen im Schach nur die Fakten. Wer vor sich selbst wegläuft, der hat nur flüchtig nachgedacht. Die Spielstärke, das Vermögen also, geschmeidig, listig und erfinderisch zu denken, hängt im entscheidenden Maße von der Fähigkeit zur Selbstkritik ab. Der Schachspieler fragt sich wie der Betende: Wer bin ich? Nutze ich meine Zeit sinnvoll, lebe ich intensiv, werde ich meinem Talent gerecht?

8. GRUND

## Weil die Wahl der Eröffnung beinahe eine religiöse Entscheidung ist

Die beiden beliebtesten Eröffnungszüge im Schach sind d4 und e4. Der Dame- oder der Königsbauer werden zwei Felder nach vorn gesetzt. Das klingt so harmlos, ist aber fast gleichzusetzen mit einem Glaubensbekenntnis. Willst du Katholik oder Protestant sein, Sünder oder Träumer? Du darfst als mündiger Bürger wählen. Was liebst du mehr, das Bild oder die Schrift?

Viele Schachspieler verteidigen leidenschaftlich die Wahl ihrer Eröffnung. Man kann durchaus von Glaubenskämpfen sprechen, die dabei ausgetragen werden. Im Forum von Schachfeld.de (»Schach ist unsere große Leidenschaft«) hat der Schachfreund und Religionsforscher Felix Eickenbusch folgende schachlichen Glaubensgemeinschaften beschrieben. Weil die Darlegung so überzeugend ist, soll aus ihr – mit freundlicher Genehmigung des Verfassers – ausführlich zitiert werden:

### Strukturisten

Am liebsten würden sie nur mit den eigenen Figuren spielen. Der Aufbau der Figuren gleicht einer kultischen Handlung, die tunlichst ungestört vollzogen werden muss. Daher ignoriert der Strukturist typischerweise auch Züge des Gegners, bis sein Aufbau vollzogen ist. Je länger dies dauert, umso größer seine Freude an der Partie.

### Opus Fianchetto

Hat als religiöses Oberhaupt den Läufer auf der f-Linie erwählt, im Englischen treffend *bishop* genannt. Wenn ein Jünger dieser Religion unbeobachtet ist, baut er die Figuren bereits mit Fianchettostellung auf. Mit Weiß spielt der Fianchettist gerne Englisch oder Katalanisch, mit Schwarz spielt er selbstverständlich Königsindisch und Drachen, sofern er nicht direkt mit 1. ... g6 eröffnet.

### Gambiteraner

Dem zumeist weißen Gambiteraner ist der Anzugsvorteil so unheimlich, dass er ihn möglichst schnell durch Rückgabe eines Bauern zu kompensieren sucht. Je mafiöser die Eröffnung ist (Angebote, die man nicht ablehnen kann ...), desto attraktiver wird der jeweilige Kult. Höhepunkt der kultischen Handlung ist das Opfer selbst, der Nachweis der Kompensation ist unerheblich.

### Agnostiker

Seine Welt bricht zusammen, sollte er in einer Datenbank die von ihm gespielte Zugfolge nach dem 5. Zug auffinden. Mit 1. a3 2. Sh3 3. g4 4. Sf4 und 5. e3 ist die Wahrscheinlichkeit hierfür zum Glück gering. Ein Zug mag logisch und vernünftig sein, er ist aber Theorie und damit des Teufels. Oftmals verkennt der Agnostiker, dass er im Streben nach theoriefreiem Spiel in systematisches und damit theoretisches Spiel verfällt.

### Enzyklopädale

Zumeist ist er unter gut situierten Schachspielern anzutreffen. Kein Wunder, braucht man doch für die gesammelte Najdorf-Literatur fünf Meter Teakholz-Regal und einen Hochleistungsrechner, um die zugehörigen Datenbanken und DVDs unterzubringen. Es ist eine Freude, nach der Partie mit dem Enzyklopädalen die Feinheiten der Neuerung im 23. Zug zu diskutieren. Sicherlich hätte er den Eröffnungsvorteil zum vollen Punkt gebracht, wäre er nicht zwei Züge später stumpf in eine Bauerngabel gelaufen, aber wen interessiert das schon? Den Enzyklopädalen jedenfalls nicht.

### Freimaurer

Ihr Eröffnungsspiel lässt sich nicht kategorisieren, dazu gibt es zu viele Logen. Entscheidend sind nicht die einzelnen Logen, sondern natürlich der ihnen vorstehende Großmeister. Wenn dieser eine neue Eröffnung spielt, ist sein Zug dem Freimaurer Befehl. Die Qualität eines Zuges wird überzeugend damit begründet, dass zum Beispiel Kasparow diesen Zug auch gespielt hat. Warum und mit welchem Ergebnis dies geschah, das ist vollkommen irrelevant.

### Protestant

Eröffnungen sind ihm zuwider. Im Gegensatz zum Agnostiker sucht er allerdings nicht die Flucht von der Eröffnung, sondern eine möglichst kleine Nische, in die er sich zurückziehen kann. Ein Lion-System mit 1. …d6 sieht da nicht schlecht aus, die Übergänge zum Strukturisten sind ebenfalls fließend.[22]

Diese wunderbare Auflistung erweiterte der User Homunkoloss noch um eine wichtige Gruppe: »Die Heiden – Wir spielen das, von dem wir denken, dass es in der Stellung am meisten Sinn macht.«[23]

## Weil schon mit dem ersten Zug ein Abenteuer beginnt

Aber welche schachlichen Fragen stellen sich in der Eröffnung? Am Anfang kommt es darauf an, den Figuren Raum zu geben, sie zu entwickeln und die Kontrolle über das Zentrum zu erlangen. »Allerdings ist die Zentrumskontrolle als solche schwer zu definieren«, schreibt der englische Großmeister und Schachtheoretiker John Nunn. »Es geht weniger darum, eine bestimmte Formel anzuwenden, sondern eher darum, dass Sie in der konkreten Situation das Richtige tun.«[24] Welch salomonischer Ratschlag! Man kann das Zentrum schließlich auch aus der Ferne kontrollieren, mit Hilfe der Leichtfiguren, und nicht, indem man Bauern dort platziert.

Deshalb ist es auch eine Geschmacks- und Temperamentsfrage, welchen Eröffnungszug man wählt. Lange Zeit kursierte unter Schachspielern zwar die Legende, dass die Anhänger von d4 das positionelle Spiel bevorzugen, die von e4 hingegen das taktische – also eher für Raufereien zu haben sind –, doch diese Ansicht gilt inzwischen als widerlegt. Vielleicht wollen die d4-Spieler sich auf eine ordentliche Keilerei nur besser vorbereiten? Der Damebauer kann zwar von hinten besser verteidigt beziehungsweise geschützt werden als der Königsbauer, aber auch nach d4 kann Schwarz scharfe, giftige Erwiderungen wählen, etwa mit c5 (Benoni-Verteidigung), mit e5 (Englund-Gambit) oder mit f5 (Holländische Verteidigung).

Nach dem soliden 1. e4 befreit Weiß die Dame und den Königsläufer. Es droht unter anderem das Schäfermatt, im Russischen Kindermatt (»Детский мат«) genannt. Schwarz könnte, wenn er sich ungeschickt anstellt, nach den Zügen 1. ... e5, 2. Dh5 Sc6, 3. Lc4 Sf6 im vierten Zug mit 4. Dxf7 matt gesetzt werden. In der Praxis wird das kaum passieren, doch man sollte die Möglichkeit kennen.

In der Benoni-Verteidigung – der Name stammt aus dem Hebräischen und bedeutet »Sohn der Trauer« – kann Schwarz, falls Weiß den Bauern schlägt, mit den Zügen e7-e6 oder Dame d8-a5+ den Bauern wieder zurückgewinnen. Im Englund-Gambit versucht Schwarz mit den Zügen Springer c6 – Dame e7 den Bauern zurückzuholen. Für alle Gambits (Beinsteller) gilt: Der opfernde Spieler will für den Bauern eine Kompensation, etwa die Initiative und Tempogewinn.

Wer Schall und Wahn liebt, spielt im ersten Zug g4, das nennt sich Grobs Angriff und ist auch wirklich grob, obwohl der Name sich von dem Schweizer Internationalen Meister Henry Grob (1904–1974) herleitet. Man schmeißt dem Gegner mit den Worten »Friss oder stirb!« einen wichtigen Königsbauern vor die Füße. Falls Schwarz ruhig weiterspielt, zum Beispiel 1. ... d5, 2. d4 c6, kann ihm nichts passieren. Lässt er sich aber auf das Tänzchen ein und nimmt den ungedeckten Bauern mit dem Läufer c8, kann er sich leicht die Finger verbrennen. Denn nach Läufer g2 und c4 drohen harte Einschläge auf dem Feld b7 und schwere Nachteile in der Entwicklung.

## 10. GRUND

### Weil die Holländische Verteidigung an einen Stierkampf erinnert

Die vielleicht unverschämteste Antwort, die Schwarz nach den weißen Eröffnungszügen d4, c4, b4, Sf3 oder Sc3 wählen kann, ist die Holländische Verteidigung, in welcher der f-Bauer um zwei Felder vorgesetzt wird. Es ist meine Lieblingseröffnung als Schwarzer. Der f-Bauer ist für den Schutz des Königs ungemein wichtig. Wer ihn gleich im ersten Zug nach vorn schiebt, signalisiert zumindest, dass er keine Angst hat. Er ruft – metaphorisch gesprochen – dem Gegner zu: Fang mich doch! Schwarz gibt sich eine Blöße, stellt sich dem Stier vor die Hörner. Zwar kann Weiß den Bauern f5 nicht sofort schlagen, doch zum Beispiel mit g4 oder e4 selbst ein Bauernopfer anbieten – und damit die schwarze Stellung aufreißen. Der Weiße kann dann auch mit der Dame und dem weißfeldrigen Läufer zahlreiche Mattdrohungen aufstellen. Schwarz bietet dem Weißen ein klares Ziel, das freie Feld f7. Mit dem Zug f5 will Schwarz das Zentrum, zumindest das Feld e4, kontrollieren und den Weißen dort an einem Vorstoß hindern. Wenn Schwarz die e-Linie beherrscht und zum Beispiel den e-Bauern auf die 5. Reihe setzen und mit dem Springer von d7 aus decken kann, hat er langfristig gute Chancen für einen schönen Königsangriff. Außerdem behindert er die Figurenentwicklung des Weißen, oft blockiert er so den weißfeldrigen Läufer, den Weiß gegen Holländisch häufig auf dem Feld g2 platziert.

Die Eleganz der Holländischen Eröffnung zeigt sich auch darin, dass sie ein flexibles Springerspiel ermöglicht. In vielen Eröffnungen gibt es anfangs für die Springer nur wenige sinnvolle Felder. Im Holländischen kann es durchaus angebracht sein, den Springer schon in der Eröffnung nach a6 zu setzen, entgegen der Faustregel, dass der Springer am Rand eine Schand sei. Auch der Weiße kann seinen Königsspringer auf die h-Linie setzen, nachdem er den Läufer fianchettiert, also auf dem Feld g2 platziert hat. Weiß kontrolliert mit dem Zug Sh3 die Felder f4 und g5. Plus und Minus bedingen einander, das zeigt sich auch hier.

## Weil Schacheröffnungen so klangvolle Namen haben

Für Schachspieler gehören solche schönen Worte zur musikalischen Grundausbildung: Peruanische Unsterbliche, Englischer Igel, Budapester Gambit, Ponziani-Eröffnung, Königsfianchetto. In anderen Branchen sagt man: Blaue Mauritius, Lübecker Marzipan, Portwein aus dem Douro. Schachspieler schnalzen mit der Zunge, sobald sie die Worte Känguru-Verteidigung, Hippopotamus-Eröffnung oder Schwarzer-Springer-Tango hören.

Wie Inseln und Planeten werden Schacheröffnungen manchmal auch nach ihren Entdeckern benannt. Die älteste ist die Philidor–Verteidigung, sie wurde von François-André Danican Philidor (1726–1795), einem der Gründerväter des modernen Schachs, angewendet und theoretisch begründet. Weitere nach Spielern benannte Eröffnungen sind zum Beispiel die Pirc-Ufimzew-, die Grünfeld- und die Nimzowitsch-Indische Verteidigung, das Blackmar-Diemer-Gambit, der Trompowsky-Angriff und die Sokolski-Verteidigung.

Letztere wurde von Savielly Tartakower Orang-Utan-Eröffnung getauft, weil ihn der b-Bauer an einen kletternden Affen erinnerte. Auch die Känguru-Verteidigung (1. d4 e6 2. c4 Lb4+) bekam ihren Namen nicht, weil ein australisches Beuteltier so gut Schach spielen konnte, sondern weil die Züge des Königsläufers angeblich an ein hüpfendes Känguru erinnern. 1851 wurde diese Eröffnung zwischen Löwenthal und Buckle zum ersten Mal gespielt. Und im Zwei-Springer-Tango tanzen die Springer tatsächlich, nämlich die schwarzen, nach den Zügen 1. d4 Sf6 2. c4 Sc6, falls Weiß seinen d-Bauern vortreibt.

Viele Eröffnungen sind auch nach Nationen benannt worden. Zum Beispiel die Französische und Polnische Verteidigung, die

Ungarische, die Slawische und die Halbslawische, die Indischen (es sind mehrere), die Mexikanische, die Katalanische und die Portugiesische Eröffnung, das Schottische und das Spanische Vierspringerspiel. Oft war es jedoch nur ein einziger Schachspieler, der seine Nation in dieser Weise in die Schachgeschichte einschrieb. Im Falle der Mexikanischen Verteidigung war es der Mexikaner Carlos Torre, der sich diese Zugfolge ausgedacht hatte – also einen grundsätzlich neuen Gedanken formuliert, einen neuen Existenzialismus gegründet hatte!

Die Englische Eröffnung wurde vom dem englischen Meister Howard Staunton (1810–1874) entwickelt und praktiziert. Staunton, der erste Schachweltmeister, kam erst im Alter von 20 Jahren zum Schach. Er war ein begnadeter Schauspieler und Herausgeber der Werke Shakespeares.

Die Indische Verteidigung wurde im 19. Jahrhundert zuerst von einem Inder gespielt, dem Brahmanen Moheschunder Bannerjee. In Europa wurde diese Eröffnung bekannt aus dessen Partien gegen den Engländer John Cochrane, der damals einer der weltbesten Spieler war. Die beiden spielten zwischen 1848 und 1860 häufig im Schachklub von Kalkutta gegeneinander, Cochrane gewann meistens knapp. Zwischendurch reiste er nach London, um von der Sensation zu berichten, dass »ein Bengale«, quasi »ein Wilder«, mit den besten europäischen Denkern mithalten könne. Cochrane hatte übrigens als Sergeant auf der Bellerophon gedient, dem Schiff, mit dem Napoleon 1815 nach Elba gebracht wurde.

Eine Deutsche Eröffnung gibt es nicht. Aber eine Preußische mit den Untervarianten Polerio, Fritz, Ulvestad und Fegatello. Schwarz könnte dabei zum Traxler-Gegenangriff kommen, falls es jemanden interessiert. Die deutsche Geschichte hat dennoch als Namensgeber in einer Eröffnung ein Denkmal gefunden. Denn wer gerne Beton anrührt, kann in der Spanischen Partie eine »Berliner Mauer« errichten. Der Schwarze ist dann »der Böse«, er mauert, und Weiß kann die Mauer nur schwer überwinden oder zerstören. Magnus

Carlsen hat sich im WM-Finale 2013 im indischen Madras dieser Verteidigungsstellung bedient. Obwohl die schwarzen Figuren sich in dieser fünften WM-Partie zeitweise kaum sinnvoll bewegen konnten, gelang es Vishy Anand mit Weiß nicht, sie mit seinem freieren Figurenspiel zu besiegen. Also: Wenigstens im Schach hat die Berliner Mauer eine nützliche Aufgabe. Und dort wird sie auch immer wieder aufgebaut werden, bis in alle Ewigkeit.

Für einen Schachspieler ist es eine hohe Ehre, eine neue Eröffnung oder mindestens eine neue Eröffnungsvariante zu erfinden. Schließlich muss sie der Überprüfung standhalten und sich in der Praxis bewähren. Die besten Spieler der Welt werden versuchen, sie zu widerlegen. Es ist, als behaupte jemand, ein Gemisch aus Senfkörnern und Tiefseeplankton verwandle sich unter dem Einfluss buddhistischer Gesänge in echtes Gold. Oder er habe ein Filmarchiv der Inkas entdeckt. Etwas nie Dagewesenes soll schon lange unbemerkt existiert haben?

Man lese den Trost, den der Schachjournalist Michael Dombrowsky in seinem Buch *Berliner Schachlegenden* dem genialen Kurt Richter (1900–1969), einem der besten deutschen Schachspieler der ersten Hälfte des 19. Jahrhunderts, nachruft: »Der große weiße König nahm den kleinen Kurt an die Hand und stieg mit ihm die Treppe hinauf. ›Schau, diese Skulptur stellt die Sizilianische Verteidigung dar und auf dem goldenen Schild prangt der Name Richter-Rauser-Angriff. Hier steht die Französische Verteidigung mit dem Schild Anderssen-Richter-Angriff, daneben wurde Richter-Weressow-Angriff in den Stein gemeißelt. Sieh, dort links ist nur Richter-Angriff ins Gold graviert. Die Variante der Skandinavischen Verteidigung hast du ganz für Dich allein.‹ Dann zog er den kleinen Kurt etwas ungeduldig weiter. ›Das hinterlässt du den Menschen hier unten. Dort oben erwarten dich schon die ganz Großen zum Turnier.‹«[25]

Der kleine Kurt hat eine neue Art des Denkens vorgeführt und ist daher ein geistiger Verwandter Friedrich Nietzsches und Albert

Einsteins. Er hinterließ der Menschheit einen kulturellen Schatz, auch Bücher wie *Hohe Schule der Schach-Taktik* und *Der Schachpraktiker*. Zwischen 1922 und 1948 war er acht Mal Berliner Meister, 1935 Deutscher Meister, 45 Partien spielte er für Deutschland bei Schacholympiaden.

12. GRUND

## Weil der Rausch im Mittelspiel betörend ist

Furcht und Schrecken, Sodom und Gomorra drohen im Mittelspiel; manchmal gelangt man aber in einen Garten Eden, in ein Südseeparadies. Die Gefühlsaufwallungen im Mittelspiel sind extrem widersprüchlich, denn es ist meistens der längste und dramatischste Spielabschnitt, es drohen schon der Untergang und der Spott der Allgemeinheit. Vielleicht führt man aber auch Kunststücke auf, für die man Beifall erhält und mit denen man in die Schachgeschichte eingehen kann. Rudolf Spielmann (1883–1942), der österreichische Schachmeister, formulierte deshalb den Ratschlag: »Spiel die Eröffnung wie ein Buch, das Mittelspiel wie ein Magier und das Endspiel wie eine Maschine.«[26]

Zwar brennt manchmal auch in der Eröffnung schon etwas an, auch da können Fehler passieren und gefährliche Überfälle stattfinden, aber meistens gibt es einige sichere Pfade, manchmal sogar ausgelatschte Wege, auf denen schon seit Jahrhunderten keine wilden Tiere gesehen wurden. Man kann sich in den ersten Zügen noch ein bisschen sonnen, es drohen noch keine Hagelstürme, die Vögel zwitschern noch. Das große Schlagen und Schlachten, das Ausgeweidet-Werden, wird meistens im Mittelspiel veranstaltet. Wie eine Spinne ihre Fäden zieht, werden Linien und Haltepunkte auf das Brett geworfen, man lauert auf Beute und kann doch selbst jederzeit gefressen werden.

Oftmals weiß man im Mittelspiel nicht, wo man sich eigentlich befindet – ob in einem Labyrinth, in einer Irrenanstalt, unter bekifften Indianern, auf einer Geburtstagsfeier unter Freunden. Viele unbegreifliche Dinge passieren. Da können Tote wieder auferstehen und es werden Bauwerke errichtet, deren Einsturz jeder Laie vorhersehen kann. Der Pfarrer auf der Kanzel predigt vom Glück auf Erden, »Halleluja, das Paradies wird kommen!«, da ruft der Pförtner: »Feierabend! Wir schließen jetzt! Hier gelten die gewerkschaftlichen Bestimmungen!«

13. GRUND

## Weil sich im Endspiel der Bessere durchsetzt

Oft muss man im Endspiel nur die Früchte der eigenen Arbeit ernten. Man hat sich das Glück erarbeitet, den Boden gut gepflügt. Man hat Jura studiert und sich als Winkeladvokat einen gewissen Ruf erarbeitet, jetzt gewinnt man mal wieder einen Gerichtsprozess. Das ist zwar ein Anlass zum Feiern, aber es war vorherzusehen.

Der Unterschied zwischen dem Mittel- und dem Endspiel erinnert an den zwischen Zwergen und Kindern. Zwerge tragen immer eine Mütze, Kinder nur manchmal. Mittelspiele sind immer aufregend (dramatisch oder tragikomisch), Endspiele nur manchmal. Es wurden zwar schon viele verrückte Endspiele gesehen, die spannend bis zur letzten Sekunde waren, aber auch schon viele Seifenopern, in denen alles vorhersehbar war.

Im Endspiel soll man kalt lächelnd den Gegner zum Tode am Strang verurteilen. Pardon darf nicht gegeben werden. Wenn ein

Hochhaus gesprengt werden soll, muss jemand auf den Knopf drücken. Matt, das heißt, es wurde aufgeräumt. Selbst die Kleinbürgerin lehnt sich zufrieden zurück und sagt: »So wird geputzt!« Als Verlierer reicht man dem Gegner die Hand und gratuliert ihm zum Sieg, das verlangt der ritterliche Kodex. Man stirbt in Würde und nicht mit einem Klagelaut auf den Lippen. Ehre, wem Ehre gebührt. Sollte es doch einmal zu einem Unentschieden kommen, zu einem lauen Friedensvertrag, so nur aus Einsicht in die Notwenigkeit. Das Gleichgewicht des Schreckens mag zum Frieden zwingen, aber ein Mahatma Gandhi ist man deshalb noch lange nicht.

Egal, wie das Spiel ausgeht, danach setzt man sich an einen Tisch, analysiert gemeinsam die Partie, tauscht Erfahrungen aus, teilt seine bösen Absichten mit, gesteht seine Furcht und seine Wünsche, seine Irrtümer und seine Schwächen.

14. GRUND

## Weil der Schachjargon so poetisch ist

Der Anziehende ist im Schach nicht etwa jemand, der sich anzieht, sondern der weiße Spieler, der einen Anzugsvorteil hat, weil er das Tempo und die Entwicklung des Spiels etwas stärker bestimmen kann als der schwarze Spieler. Dieser Anzugsvorteil drückt sich auch in der Statistik aus, denn unter gleichstarken Spielern gewinnt Weiß etwas mehr Partien, ungefähr 53 Prozent. Dementsprechend wird der Schwarze der Nachziehende genannt. Damit der Anzugsvorteil ausgeglichen wird, spielt man in Turnieren abwechselnd mit Weiß und Schwarz, in Mannschaftskämpfen erhalten die Spieler einer Mannschaft abwechselnd die weißen und schwarzen Figuren.

Geübte Schachspieler spulen die Eröffnungen herunter, erst später, in schlechterer Stellung, fischen sie oftmals im Trüben – sie versuchen mit einem inkorrekten Opfer oder durch eine billige Falle die Stellung zu verschärfen.

Etwas grob unterscheidet man im Schach Angriffs- und Verteidigungsspieler. So meinte der deutsche Schachgroßmeister Jan Gustafsson in einem Interview mit der *Frankfurter Allgemeinen Zeitung*: »Es gibt zwei Typen von Schachspielern, es gibt die, die gern gewinnen, und die, die nicht gern verlieren. Ich gehöre zu den Korrekten, den Risikovermeidern. (...) Mir machen Niederlagen immer sehr zu schaffen, vielleicht bin ich deshalb auch übervorsichtig. Ich fand schon immer Verlieren viel schlimmer als Nicht-Gewinnen.«[27]

Beim Angriff unterscheidet man zwischen Flügel- und Zentrumsangriff. Oft greift ein Spieler auf dem Königs-, der andere auf dem Damenflügel an. Am schönsten jedoch ist der Doppelangriff, die »Droppeldrohung«, wie man verballhornend sagen kann. Bei einem Doppelangriff wird nicht auf zwei Flügeln gleichzeitig angegriffen – dies sollte man in der Regel vermeiden –, sondern zwei Figuren des Gegners oder zwei Drohungen werden gleichzeitig aufgestellt. Oft ist der Springer an einem Doppelangriff beteiligt, weil mit der Springergabel zwei relativ weit voneinander entfernt stehende Figuren in einem Zug angegriffen werden können. Sehr beliebt ist auch die Gabeldrohung mit einem Bauern, der zum Beispiel zwei Türme, zwischen denen ein freies Feld ist, gleichzeitig bedrohen kann.

Eine Drohung möchte man am liebsten mit einer Gegendrohung parieren. Man möchte die angreifenden Figuren befragen, das heißt die Berechtigung des Angriffs überprüfen. Dies gelingt am besten mit aktiven Figuren, die weder gefesselt noch blockiert sind. Eine Figur ist echt gefesselt, wenn sie nicht ziehen kann, weil andernfalls der König im Schach stehen würde. Halb gefesselt ist sie, wenn die Figur zwar gesetzt werden kann, jedoch nicht in alle Richtungen –

etwa wenn ein Läufer von einem gegnerischen Läufer angegriffen wird und der König im Falle des Verlassens einer Diagonale im Schach stehen würde. Der angegriffene Läufer könnte dem drohenden Läufer jedoch entgegengehen, beispielsweise könnte ein auf d7 stehender Läufer, der von b5 aus angegriffen wird, auf das Feld c6 gesetzt werden. Wobei angenommen wird, dass der König auf e8 steht.

Kann der König von seinen Figuren nicht geschützt werden, so unternimmt er oft eine Königswanderung, das heißt, er wandert mehrere Züge hintereinander. Andere Figuren wandern nicht, sie ziehen, laufen oder springen. Auch die Bauern laufen, nämlich manchmal von alleine, dann sind es Freibauern. Dabei kann es passieren, dass der Gegner eine geschlossene Stellung anstrebt, er mauert und möchte durch seine passive Spielweise Verwicklungen vermeiden. Manchmal hilft dann nur ein Opfer, man wirft eine Figur ins Gefecht, um eine offene Stellung oder Druck auf den König zu bekommen. Dabei ist es schön, wenn man den Gegner mit einer Neuerung verblüffen kann, mit einem aus der Theorie und von Meistern noch nicht gespieltem Zug, der aber als logisch und sinnvoll anzusehen ist, als gerechtfertigt. Beispielsweise kann ein Pfahl im Fleisch den Gegner gehörig ärgern – ein in dessen Stellung eingedrungener Bauer. Es sei denn natürlich, dass der Bauernzug ein Patzer war, ein schlechter Zug, der von einem Patzer oder einer Patzmaus gemacht wurde. Patzmäuse neigen auch zum Racheschach, das heißt, sie sagen in verlorener Stellung noch einmal Schach, um zu zeigen, dass sie auch noch da sind. Manchmal hoffen sie dabei, durch Dauerschach, durch eine sogenannte Remisschaukel, noch zu einem Unentschieden zu kommen. Sie spielen, sagen die Kiebitze, um den Schönheitspreis, obwohl diesen eigentlich nur Sieger für die schönste Partie eines Turniers bekommen.

Gute Spieler hingegen machen auch mal einen stillen Zug, um den Gegner in Zugzwang zu bringen, um ihn zu zwingen, sich selbst zu schaden. Patzmäuse spielen eher auf Krawall.

# KAPITEL 2

# Vom Sklaven zum Bürger – alle wollen Schach spielen

## Weil das Schachspiel ein Kulturerbe der Menschheit ist

Das Schachspiel wurde sicherlich nicht an einem Tag und nicht von einem Menschen erfunden, obwohl dies in Legenden manchmal behauptet wird. So soll der Brahmane Sissa sich das Schachspiel ausgedacht haben, um einen grausamen Herrscher – möglicherweise den Inder Shihram – zur Milde zu bekehren und ihm zu zeigen, dass der König zwar immer die wichtigste Figur ist, jedoch auf die Hilfe anderer Figuren und Bauern angewiesen bleibt. Shihram war von dem Spiel so beeindruckt, dass er fortan weniger tyrannisch regieren wollte, so weiß die Legende. Stattdessen ließ er das Schachspiel verbreiten, damit alle Untertanen ihre Weisheit schulten.

Dem Brahmanen gewährte er als Dank einen freien Wunsch. Dieser wünschte sich nur Weizenkörner. Ein Korn solle auf das erste Feld des Schachbretts gelegt werden, zwei auf das zweite Feld, vier auf das dritte ... immer doppelt so viele wie auf dem vorherigen bis zum 64. Shihram soll gelacht haben. Solch einen bescheidenen Wunsch wollte er dem Brahmanen gern erfüllen. Doch als seine Rechenmeister nach einigen Tagen noch immer nicht die notwendige Menge der Reiskörner berechnet hatten, wurde er nachdenklich. Schließlich müssten 18,5 Trillionen Körner übergeben werden, um das Versprechen einzulösen. Mit dieser Menge könnte man ganz England bis zu einer Höhe von zehn Metern mit Weizen bedecken.

Eine andere Legende erzählt auch von buddhistischen Mönchen als den Erfindern des Schachs, weil die Zahl Acht im Buddhismus so wichtig ist. Der achtfache Pfad führt zur Erlösung, das achtspeichige Rad symbolisiert die ethische Disziplin, durch die der Geist gefestigt wird.

Tatsächlich hat sich Schach aus mehreren Spielen entwickelt, so aus dem etwa 3.000 Jahre alten chinesischen Liubo, das noch mit einem Würfel mit 18 Seiten gespielt wurde. Aus diesem Spiel entwickelte sich in China ab dem 9. Jahrhundert das Xiangqi, bei dem das Spielbrett zehn waagerechte Reihen und neun senkrechte Linien hat und die Spielsteine dicke Scheiben sind. Gespielt wird mit roten und schwarzen, manchmal roten und grünen Steinen, es gibt keine Dame, dafür aber Kanonen, die über eine beliebige Entfernung hinweg schlagen können.

Seit dem 6. Jahrhundert n. Chr. wurde in Indien das Chaturanga oder Chatrang gespielt, nun bereits auf 64 Feldern. Auch hier hat der König, der Raja, noch keine Königin an seiner Seite, sondern stattdessen einen Mantri, einen Berater. Die anderen Figuren sind denen des modernen Schachs schon sehr ähnlich, doch wurden die Türme Wagen, die Läufer Elefanten genannt, entsprechend der damaligen Kriegsführung. Es gewinnt der Spieler, der den König des Gegners zuerst »entblößt«, das heißt alle Steine bis auf den König gefangen hat.

Nach Westeuropa kam das Schachspiel ziemlich spät, erst zwischen dem 9. und 11. Jahrhundert, nach seiner Verbreitung in Nordafrika durch die Araber, im byzantinischen Reich und in Russland. Jedoch galt die Kunst des Schachspielens bald als ritterliche Tugend, neben dem Reiten, dem Fechten, dem Jagen, dem Schwimmen und dem Dichten.

Schach war besonders für Winterabende und schlechtes Wetter geeignet. Die Kritiker des Spiels mussten einsehen, dass ein Verbot wirkungslos bleiben würde. So wollte der Trierer Bischof im Jahr 1310 das Schachspiel verbieten, weil er – zu Recht – fürchtete, dass Schach ein Suchtmittel sei. Aber es war und ist eben auch ein Mittel, die Welt zu verstehen. Bereits im 13. Jahrhundert schrieb der in Bamberg lebende Schriftsteller und Rektor am geistlichen Stift St. Gangolf, Hugo von Trimberg (1230–1313): »Diese Welt gleicht einem Spielfeld, denn wie das Schach hat sie Könige, Grafen, Ritter,

Richter und Bauern. Und ganz so führt Gott mit uns sein Spiel durch. Wer sündigen Gedanken nachhängt, dem bietet der Teufel stets Schach und setzt ihm die Seele matt, falls er sich nicht gut zu schützen weiß.«[28]

In deutschen Landen fand der erste öffentliche Schachwettkampf 1467 in Heidelberg statt, nachdem die dortige »Gesellschaft des Schaffzabelspiels« die Schachfreunde von Nördlingen eingeladen hatte. Der Text der Einladung war etwas länger als heute üblich: »Den ehrsamen, weisen, unseren besondern und guten Freunden, Bürgermeister, Rat und Gemeinde zu Nördlingen, entbieten wir, die Gesellschaft des Schaffzabelspiels zu Heidelberg, unseren freundlichen, willigen Dienst und alles Gute zuvor und tun Euch zu wissen, dass wir von dem durchlauchtigen, hochgeborenen Fürsten und Herrn, Herrn Friedrich, Pfalzgrafen bei Rhein, Herzog in Bayern, des Heiligen Römischen Reiches Erztruchseß und Kurfürst, unserm gnädigen, lieben Herrn, erworben haben eine Gesellschaft und ein Schaffzabelspiel vorzunehmen, und darin mit seinen Gnaden mit Euch und anderen guten Freunden und Gesellen zu üben.«[29]

Der Kurfürst spielte also selbst mit. Und er setzte einen Preis von 22 Gulden aus, was nach heutigem Wert etwa 7.000 Euro wären. Die Gebühr für Teilnehmer betrug einen Gulden. Das Ergebnis des Turniers oder gar die Notationen sind leider nicht überliefert.

Das erste gedruckte Schachbuch veröffentlichte 1495 der Spanier Francesc Vicent mit dem Titel *Libre dels Jochs Partits dels Schacs en Nombre de 100 ordenat e compost*. Wikipedia gibt an, dass die letzten bekannten Kopien dieses Buches »1811 während des spanischen Unabhängigkeitskrieges verloren gingen, als französische Soldaten die Handschriften als Kanonenfutter missbrauchten«.[30] Doch wie soll man sich das vorstellen? Haben die Soldaten mit Büchern geschossen?

Das erste internationale Schachturnier der Geschichte wurde 1575 am Hofe des spanischen Königs Philipps II. in Madrid ausgetragen; es gewann der Sizilianer Giovanni Leonardo da Cutri. Der

König schenkte ihm außer dem Preisgeld von 1.000 Scudi einen kostbaren Hermelinmantel und einen mit Edelsteinen verzierten Salamander. Außerdem brauchte seine Heimatstadt Cutro einige Jahre lang keine Steuern zu zahlen!

## Weil auch Bürger Schach spielen wollen

Lange Zeit war das Schachspiel in Europa eine Unterhaltung für eine Minderheit von Privilegierten, für Adlige, Mönche und Philosophen. Doch mit der Emanzipation des Bürgertums im 19. Jahrhundert änderte sich das. Besonders in Kaffeehäusern konnte nun Schach gespielt und frei diskutiert werden, entsprechend dem aufklärerischen Anspruch, das Wissen der Allgemeinheit zugänglich zu machen.

Das wohl berühmteste europäische Kaffeehaus, in dem Schach gespielt wurde, war lange Zeit das Café de la Régence in Paris. Es wurde bereits 1681 gegründet, ab 1740 trafen sich dort die besten Schachspieler der Welt. Dort spielten zum Beispiel Benjamin Franklin, der den Blitzableiter erfand und einer der Gründerväter der Vereinigten Staaten von Amerika war, Napoleon Bonaparte, der Europa vereinigen wollte, und die Kollegen Rousseau und Diderot von der philosophischen Fakultät. Diderot beschrieb das Café de la Régence in seinem Roman *Rameaus Neffe* (*Le Neveu de Rameau*), und Karl Marx und Friedrich Engels trafen sich dort am 28. August 1844 zum ersten Mal persönlich, nachdem sie zuvor nur brieflich miteinander verkehrt hatten.

Doch nicht diese Prominenten waren die besten Spieler und inoffiziellen Weltmeister, sondern François Antoine de Legall (von

1730 bis 1745), François-André Danican Philidor (von 1745 bis 1795), Verdoni (von 1795 bis 1804), Alexandre Deschapelles (von 1804 bis 1820) und Louis-Charles Mahé de La Bourdonnais (von 1820 bis 1840). In dieser Zeit wetteiferten nicht mehr Spanien und Italien um den Titel »Beste Schachnation«, sondern Frankreich und England.

Schach war in den europäischen Metropolen zum Gesellschaftsspiel geworden. In den Kaffeehäusern herrschten keine Klassenschranken. In Paris gab es Mitte des 19. Jahrhunderts etwa 200 Kaffeehäuser, in denen erotische Tänze aufgeführt, satirische Lieder und Sketche vorgetragen und Schach gespielt wurde. Gute Schachspieler konnten sich ihren Lebensunterhalt verdienen, indem sie um Geld spielten. Auch Schachzeitungen wurden immer wichtiger. Die *Deutsche Schachzeitung* erschien von 1846 bis 1988 monatlich.

Für Frauen allerdings konnte der regelmäßige Besuch von Kaffeehäusern sich rufschädigend auswirken. Vor allem Schauspielerinnen und Tänzerinnen leisteten den Herren Gesellschaft, wie man zum Beispiel in Honoré de Balzacs Romanen immer wieder lesen kann.

In London wurde 1851 anlässlich der Weltausstellung das erste große internationale Schachturnier ausgerichtet. Der Initiator war der englische Schachspieler und -Publizist Howard Staunton, der auch als Favorit für dieses Turnier galt, aber schließlich nur Vierter wurde. Damals dauerten die Partien noch bis zu 16 Stunden, da ohne Schachuhr und ohne beschränkte Bedenkzeit gespielt wurde.

Während dieses Londoner Turniers wurde auch die womöglich berühmteste Partie der Schachgeschichte gespielt, die sogenannte unsterbliche Partie, und zwar als Freundschaftsspiel zwischen Adolf Anderssen (1818–1879) und Lionel Kieseritzky (1806–1853). Im Verlauf dieser Partie opferte Anderssen mit Weiß erst einen Läufer, dann beide Türme und schließlich noch die Dame, um Kieseritzky schließlich mit den beiden verbliebenen Springern und dem Läufer matt zu setzen. Kieseritzky als Schwarzer hatte allerdings auf die Figurenentwicklung weitgehend verzichtet, und das Getanze der

Dame erinnert an Räuberschach. Wir befinden uns in der romantischen Phase des Schachs:

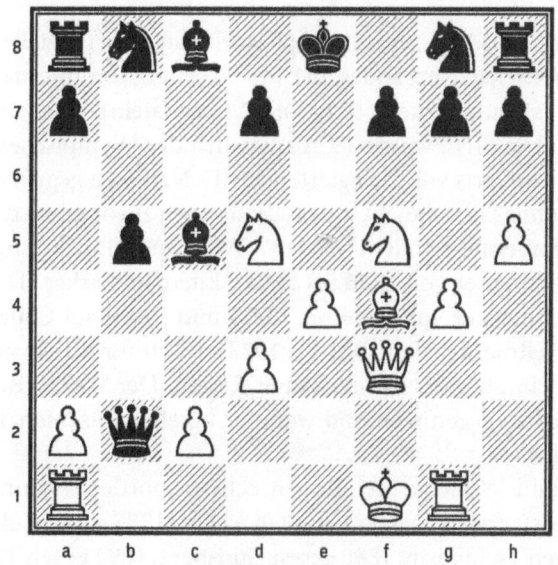

Anderssen – Kieseritzky, London, 1851

Stellung nach 17. ... Dxb2

*1. e4 e5 2. f4 exf4 3. Lc4 Dh4+ 4. Kf1 b5 5. Lxb5 Sf6 6. Sf3 Dh6
7. d3 Sh5 8. Sh4 Dg5 9. Sf5 c6 10. g4 Sf6 11. Tg1 cxb5 12. h4 Dg6
13. h5 Dg5 14. Df3 Sg8 15. Lxf4 Df6 16. Sc3 Lc5 17. Sd5 Dxb2
18. Ld6 Lxg1 19. e5 Dxa1+ 20. Ke2 Sa6 21. Sxg7+ Kd8 22. Df6+
Sxf6 23. Le7 matt, 1:0.*

## Weil die FIDE eine nützliche Organisation ist

Der weltoffene Geist des Schachspiels wird auch im offiziellen Motto des Weltschachverbandes, der FIDE (Fédération Internationale des Échecs), ausgedrückt: *Gens una sumus* (latein), »Wir sind eine Familie«. Die FIDE wurde 1924 anlässlich der Olympischen Sommerspiele in Paris von Delegierten aus 15 Nationen gegründet.

Auch ohne Hilfe dieser Organisation waren zuvor schon drei offizielle Weltmeister ermittelt worden – Wilhelm Steinitz (Österreich/USA, Weltmeister von 1886 bis 1894), Emanuel Lasker (Deutschland, Weltmeister von 1894 bis 1921) und José Raúl Capablanca (Kuba, Weltmeister von 1921 bis 1927). Doch für die Austragung der Titelkämpfe gab es keine klaren Regeln. Der Weltmeister entschied selbst, gegen wen und wann er bereit war, seinen Titel zu verteidigen.

Während Wilhelm Steinitz ein echter Sportler war und stets gegen die stärksten Gegner kämpfen wollte (1886 gegen Zukertort, 1889 gegen Tschigorin, 1890 gegen Gunsberg, 1892 gegen Tschigorin, 1892 gegen Lasker), spielte Lasker neun Jahre lang (1899 bis 1908) keine Titelkämpfe, er studierte und promovierte als Mathematiker. 1897 hatte er gegen den US-amerikanischen Meister Frank James Marshall gewonnen, 1908 besiegte er Siegbert Tarrasch, 1910 verteidigte er seinen Titel gleich zwei Mal, gegen Carl Schlechter und gegen den polnisch-französischen Meister Dawid Janowski. Dann jedoch gab es elf Jahre lang wieder keine Titelkämpfe, unter anderem wegen des Ersten Weltkriegs, aber auch, weil Lasker finanzielle Bedingungen stellte, die für seine potenziellen Herausforderer schwer zu erfüllen waren. Erst 1921 trat er gegen Capablanca an, der ihn in Havanna besiegte.

José Capablanca erwies sich als echter Gentleman und formulierte klare Bedingungen für die Herausforderer, verfasst in 21 Paragrafen, die 1923 im *American Chess Bulletin* veröffentlicht und von den stärksten Spielern akzeptiert wurden (Alexander Aljechin, Efim Bogoljubow, Richard Réti, Akiba Rubinstein, Savielly Tartakower). Demnach musste der Weltmeister seinen Titel innerhalb eines Jahres verteidigen, wenn er von einem der weltbesten Spieler herausgefordert wurde, falls dieser einen Preisfonds von mindestens 10.000 Dollar garantieren konnte.

Nach der Gründung der FIDE wurden auch offizielle Schacholympiaden der Mannschaften ausgetragen, die erste 1927 in London. Es gewann Ungarn vor Dänemark und England. Das erfolgreichste Land ist bis heute und wohl für lange Zeit die Sowjetunion beziehungsweise ab 1992 als Rechtsnachfolger Russland mit 24 Titeln.

Die Frauen zeigten sich kompromissbereiter als die Männer, weniger borniert und dünkelhaft, und sie waren wohl auch dankbarer für die Hilfe der FIDE, die 1927 zeitgleich mit der Schacholympiade die erste Weltmeisterschaft für Frauen organisierte. Gewinnerin wurde die tschechisch-britische Meisterin Vera Menchik, die bis zur ihrem Tod 1944 alle zwei Jahre ihren Titel verteidigen konnte. Sie starb zusammen mit ihrer Mutter und Schwester bei einem deutschen V1-Raketen-Angriff auf Kent. Anders als die männlichen Schachweltmeister bestimmte sie nicht die Regeln der Titelkämpfe, sie erwartete keine Sonderkonditionen, sondern ordnete sich den Vorgaben der FIDE unter.

Die FIDE beanspruchte nach ihrer Gründung auch die Schirmherrschaft über die Weltmeisterschaft der Männer, doch in den Titelkampf Capablancas gegen Alexander Aljechin wurde sie 1927 nicht einbezogen. Erst nach dem Zweiten Weltkrieg richtete die FIDE die erste offizielle Schachweltmeisterschaft unter ihrer Schirmherrschaft aus, und zwar 1948 in Den Haag und Moskau. Es gewann Michail Botwinnik vor Wassili Smyslow und Paul Keres.

Die fünf teilnehmenden Spieler (außer den Genannten noch der US-Amerikaner Samuel Reshevsky und der ehemalige niederländischer Weltmeister Max Euwe) spielten jeweils 20 Partien, also gegen jeden Spieler fünf Mal.

Die längste Partie bei einer Schacholympiade spielten Yasser Seirawan und Xu Jun in Thessaloniki 1988 mit 190 Zügen. Die kürzeste Partie gewann ausgerechnet ein lettischer Meister namens Hasenfuss nach nur vier Zügen: 1. e4 c5 2. d4 cxd4 3. Sf3 e5 4. Sxe5 Da5+. Weiß gab auf. (Combe gegen Hasenfuss, Folkestone 1933.)

Langsam gewann die FIDE an Autorität, wozu ab 1950 auch die Vergabe der Titel Großmeister (zunächst an 27 Spieler) und Internationaler Meister (93 Spieler) beitrug. Beide Titel werden auf Lebenszeit vergeben. Der Titel Großmeister soll übrigens eine Erfindung Zar Nikolaus II. gewesen sein. Er übernahm 1914 die Schirmherrschaft des Internationalen Schachturniers in St. Petersburg und verlieh den besten fünf Spielern des Turniers diesen Titel – Lasker, Capablanca, Aljechin, Tarrasch und Marshall. Heute gibt es etwa 1.300 Großmeister und mehrere tausend Internationale Meister. Um den Großmeistertitel zu bekommen, muss man normalerweise drei Großmeisternormen erfüllen und eine Elo-Zahl von mindestens 2.500 haben. Die FIDE kann den Titel auch für andere Leistungen vergeben, zum Beispiel für den Gewinn der Seniorenweltmeisterschaft. Auch für Schachkompositionen wird der Titel Großmeister inzwischen vergeben, wobei die Qualität der Studien oder Kompositionen von drei Punktrichtern bewertet wird.

Der jüngste Großmeister war lange Zeit Bobby Fischer (mit 15 Jahren und vier Monaten), bis die einen Monat jüngere Ungarin Judit Polgár 1991 den Titel erwerben konnte. Am 2. August 2002 wiederum wurde Sergei Karjakin mit zwölf Jahren und sieben Monaten in den erlauchten Kreis aufgenommen. Zehn Jahre später wurde Karjakin Schnellschachweltmeister vor dem späteren Weltmeister Magnus Carlsen.

Der jüngste Spieler, der je einen amtierenden Weltmeister besiegte, war der damals 14-jährige Michail Botwinnik gegen Capablanca, jedoch in einer Simultanpartie, 1925 in St. Petersburg. Botwinnik hatte erst zwei Jahre zuvor seine erste Schachpartie gespielt.

Angesichts der inflationären Zunahme der Titel verwendete man seit den 1980er Jahren für Großmeister ab einer Elo-Zahl von 2.600 die inoffizielle Bezeichnung Super-Großmeister. Heute liegt die Grenze bei 2.700 Elo-Punkten. Derzeit (Mai 2014) gibt es 47 Super-Großmeister.[31]

Um das Schachspiel für das Publikum interessanter und dramatischer zu gestalten und um es besser vermarkten zu können, beschloss der FIDE-Kongress im Jahre 2000 in Teheran die Verkürzung der Bedenkzeit. Demnach sollte die Spielzeit für eine klassische Schachpartie nur noch 75 Minuten für die ersten 40 Züge sowie 15 Minuten für den Rest der Partie betragen, plus einem Bonus von 30 Sekunden pro Zug. Dies rief besonders unter den Spitzenspielern heftigen Protest hervor. Heute beträgt die Spielzeit 90 Minuten für die ersten 40 Züge und 30 Minuten für den Rest der Partie, plus 30 Sekunden Zuschlag pro gespieltem Zug.

## 18. GRUND

## Obwohl der FIDE-Präsident von Außerirdischen entführt wurde

Umstrittener Präsident der FIDE ist seit 1995 Kirsan Nikolajewitsch Iljumschinow. Iljumschinow war von 1993 bis 2010 auch Präsident der in Russland gelegenen autonomen und buddhistischen Republik Kalmückien. Das FIDE-Motto von der einen Familie möchte man mit diesem Mann eigentlich nicht teilen. Iljumschinow hat zwar viel Geld in den internationalen Schachsport investiert, jedoch dessen Image auch sehr geschadet. Denn das Finanzgebaren der FIDE ist ähnlich undurchsichtig wie das der FIFA im Fußball.

Wie schlecht der Ruf der FIDE bei den Spitzenspielern ist, zeigt die Reaktion des englischen Großmeisters Nigel Shorts in einem Interview vom 14.10.2013 in Jarkarta, das man sich im Internet ansehen kann.[32] Nigel Short lacht schallend, als die Journalistin im Zusammenhang mit der FIDE von Regeln spricht. »Sie sprechen über die FIDE, und Sie sprechen über Regeln, ach, lassen Sie das.« Er lacht fast eine Minute lang und fügt hinzu: »Ich hatte noch nicht verstanden, dass Sie eine Komödiantin sind.« Und er schlägt die Hände über dem Kopf zusammen.

Jene Regeln, auf die er sich bezieht, sollten eigentlich verhindern, dass die Vermarktung des Schachsports monopolisiert wird. Die FIDE hat jedoch unter Iljumschinow der Firma Agon die Vermarktungsrechte für alle großen Wettkämpfe gegeben, für Grand-Prix-Wettbewerbe und WM-Kandidatenturniere.

Kirsan Nikolajewitsch Iljumschinow pflegte sich auch mit Diktatoren wie Saddam Hussein und Muammar al-Gaddafi zu treffen – gegen Letzteren spielte er im Juni 2011, während des Bürgerkriegs in Libyen, auch eine Schachpartie.

Außerdem erzählte der FIDE–Präsident im russischen Fernsehen allen Ernstes, er sei von außerirdischen Wesen entführt worden. Und zwar am 18. September 1997, wie er freundlich lächelnd dem Moderator Wladimir Posner erzählte. »Ich fühlte, wie die Balkontür aufging, und ich ging durch eine halbtransparente Röhre. Dort sah ich Leute in gelben Raumanzügen. Wir verständigten uns telepathisch.«[33] Die gelben Männchen zeigten ihm angeblich ihr Raumschiff. Sie wollten nur von jedem Planeten eine Probe mitnehmen, seien also nur kurz gelandet. Iljumschinow will ihnen vorgeschlagen haben, ein Fernsehstudio zu besuchen und zu den Menschen zu reden. Die Antwort der Außerirdischen: Die Menschen seien noch nicht bereit dafür. Wohl aber Iljumschinow, dieser höher entwickelte Mensch.

Bescheiden meinte er, er könne manchmal selbst nicht glauben, dass ihm diese Entführung passiert sei. Doch es gebe drei Zeugen, seinen Fahrer, einen Minister und eine Assistentin, die eine Stunde lang nach ihm gesucht hätten, nur die offene Balkontür sei ihnen in seiner Wohnung verdächtig erschienen. Er selbst sei verschwunden gewesen, dann aber plötzlich aus dem Schlafzimmer getreten.

Auch derzeit (Anfang 2014) gibt es wieder Bestrebungen prominenter Spieler, die FIDE zu reformieren und den umstrittenen Präsidenten abzulösen. Garri Kasparow hat seine Kandidatur um das Amt des FIDE-Präsidenten angemeldet. Man wird sehen, was daraus wird. Immerhin attestiert der Deutsche Schachbund der FIDE »gesicherte Finanzen und eine gut funktionierende Verwaltung mit dem Hauptbüro in Elista (Kalmückien)«.[34]

19. GRUND

## Weil der Deutsche Schachbund
## eine weltoffene Organisation ist

Der Deutsche Schachbund (DSB) wurde am 18. Juni 1877 in Leipzig gegründet, unter anderem von den Schachmeistern Adolf Anderssen, Max Lange, Johannes Hermann Zukertort und dem Philosophen Carl Göring, dem Namensgeber des Göring-Gambits in der Schottischen Verteidigung (1. e4 e5 2. Sf3 Sc6 3. d4 e5xd4 4. c3).

Beim Gründungskongress wurde auch der erste Deutsche Meister ermittelt. Den Titel errang jedoch kein deutscher Schachspieler, sondern der Österreicher Bertold Englisch. Die Kongresse (also Turniere) waren von Anfang an offen für ausländische Spieler. Auch in den folgenden vier Turnieren gewannen keine deutschen Spieler die Titel, sondern der Engländer Joseph Henry Blackburne 1881 in

Berlin, der Pole Szymon Winawer 1883 in Nürnberg, der für England spielende Isidor Arthur Gunsberg 1885 in Hamburg und der US-Amerikaner George Henry Mackenzie 1887 in Frankfurt am Main. Erst 1889 in Breslau konnte ein Deutscher, Siegbert Tarrasch, den Titel gewinnen.

Man sieht: Schon bei seiner Gründung war der Deutsche Schachbund weltoffen. Das goldene bürgerliche Zeitalter endete 1914 jedoch vorerst, von da ab wurde das Turnier als nationale Meisterschaft ausgetragen, Ausländer durften nicht mehr mitspielen. Das Turnier in Mannheim 1914 wurde wegen des Kriegsausbruchs abgebrochen, der Exilrusse Alexander Aljechin hatte geführt. Im April 1933 wurde der DSB-Präsident Walter Robinow gezwungen, von seinem Amt zurücktreten, weil er Jude war. Zwischen 1971 und 1983 wurden (in der BRD) Internationale Deutsche Meisterschaften ausgetragen, zusätzlich zu den Meisterschaften der DDR und der BRD. Seit 1991 werden wieder gesamtdeutsche Meisterschaften gespielt.

Wie stark sich die politischen Wirren auf das Schachspiel auswirkten, zeigt das Beispiel des deutschen Großmeisters Lothar Schmid, der 1943 bei der Reichsmeisterschaft der Hitlerjugend in Wien den zweiten Platz belegte, 1947 die Deutsche Jugendmeisterschaft und im gleichen Jahr die Meisterschaft der Sowjetischen Besatzungszone gewann und ab 1959 die Bundesrepublik Deutschland bei elf Schacholympiaden vertrat.

Seit 1995 gilt auch für den Schachsport das sogenannte Bosman-Urteil, wonach Sportler innerhalb der EU überall spielberechtigt sind. Vorher durften wie im Fußball höchstens zwei ausländische Spieler eingesetzt werden. Heute kann es passieren, dass in einer Mannschaft der 1. Bundesliga fast nur ausländische Spieler vertreten sind. Beim SK Turm Emsdetten etwa spielen Anish Giri, Dariusz Świercz, Daniil Dubov, Mikheil Mchedlishvili, Alexander Ipatov, Nils Grandelius, Wouter Spoelman, Mustafa Yilmaz, Roeland Pruijssers, Twan Burg, Jonny Hector, Ruud Janssen und Martin Zumsande. Auch der OSG Baden-Baden hat mit Peter Svidler, Étienne Bacrot, Francisco Vallejo Pons, Rustam Kasimjanov, Sergej Movsesjan, Alexei Shirow und Liviu-Dieter Nisipeanu mehrere Spieler nicht deutscher Herkunft in seiner Mannschaft. Den Zuschauern ist das egal, Hauptsache, es wird gutes Schach geboten. Ausländerfeindlichkeit ist im Schach quasi unbekannt, es sind denkende, kultivierte Menschen, die sich da treffen.

Die Abkürzung DSB muss sich der Deutsche Schachbund übrigens mit dem Deutschen Sängerbund, dem Deutschen Schaustellerbund, dem Deutschen Schützenbund und dem Deutschen Schwerhörigenbund teilen.

20. GRUND

**Weil auch in der DDR hervorragendes Schach gespielt wurde**

Schach wurde natürlich auch in der DDR gespielt, allein in Ostberlin in 37 Vereinen und Betriebssportgemeinschaften. Sogenannte Trägerbetriebe halfen bei der Finanzierung, stellten kostenlos Räume zur Verfügung, übernahmen Fahrtkosten zu Auswärtsspielen und stifteten Preisgelder. Heute würde man es Sponsoring nennen. Einige dieser Ostberliner Schachgemeinschaften sind heute noch aktiv, so die SG NARVA (ehemaliges DDR-Glühlampenwerk), die SV BAU-UNION (ehemalige DDR-Baubetriebe), der SV Empor Berlin (ehemals DDR-Handelsorganisation), EAW Treptow (Elektro-Apparate-Werke), BSG Medizin Marzahn.

Für Schach als Breitensport waren die Bedingungen in der DDR in mancherlei Hinsicht besser als heute. In einem nicht öffentlichen Beschluss wies die Führung des Deutschen Turn- und Sportbundes der DDR (DTSB) die Kritik zurück, dass in der DDR nicht genug für den Schachsport getan werde. »Nicht zugestimmt werden kann (...) der These, dass bei der Popularisierung des Schachsports durch die Massenmedien unzureichende Beiträge geleistet werden. Wie keine zweite Sportart in der DDR ist das Schach Gegenstand von Beiträgen im *ND*, in den Organen der Bezirksleitungen der SED, in der *Jungen Welt*, im *Sportecho* und anderen Tageszeitungen (...) Auch das Fernsehen und der Rundfunk leisten unter Beachtung der Spezifik der Darstellung dieser Sportart eine verantwortungsbewußte Arbeit (...) Die DDR ist das Land, in dem die reichhaltigste Schachliteratur in der Welt produziert und der Bevölkerung angeboten wird.«[35]

Letzteres stimmte womöglich sogar! »Schachbücher von Suetin und mehreren anderen sowjetischen Autoren wurden zwar in Russisch geschrieben, aber es waren großteils trotzdem Originale und so in der Sowjetunion nicht verfügbar«, erzählt der Großmeister Rainer Knaak. »Die DDR besaß tatsächlich eine überragende Schachliteratur, dass man sich gleich auf Platz 1 setzte, war unbescheiden und vielleicht nicht ganz korrekt, aber auch nicht völlig falsch.«[36]

Sehr begehrt waren die Bücher des sowjetischen Theoretikers Alexei Suetin (1926–2001), die Eröffnungsbücher *Schwarze Reihe* und die Endspielstudien von Juri Awerbach. Auch westdeutsche und Westberliner Schachspieler kauften sie bei Ostberlin-Besuchen gerne, zumal sie ja das Geld vom Zwangsumtausch loswerden mussten. Die *Moderne Schachtaktik* vom tschechoslowakischen Großmeister Luděk Pachman (1924–2003) war ebenfalls sehr beliebt, solange sie noch verlegt und nicht eingestampft worden war, von 1954 bis 1972. Pachman war 1972 – dank Vermittlung der FIDE – in den Westen ausgereist. Danach rechnete er mit der Dubček-Ära ab und schrieb antikommunistische Enthüllungsbücher wie *Jetzt kann ich sprechen* (1973) und *Gott lässt sich nicht verbannen* (1974).

Weil die DDR und die Sowjetunion enge Verbündete waren, kam es bei vielen Gelegenheiten auch zu schachlichen Wettkämpfen zwischen Vertretern beider Länder. Dabei spielten nicht nur die Nationalmannschaften gegeneinander, sondern auch Soldaten-, Studenten-, Betriebs-, Politiker- und Städtemannschaften. Eine Meldung aus der Zeitung SCHACH aus dem Jahre 1988: »Den traditionellen Freundschaftsvergleich zwischen der sowjetischen Botschaft und der BSG ›German Titow‹ gewannen erneut unsere sowjetischen Freunde mit 13:9 (5½:5½ und 7½:3½). Jeweils 2 Punkte erzielten Slobin, Tolkatschjew, Istratow (alle Botschaft) sowie Hoppe, Sutton und Kalies. Bericht: Frank Hoppe.«[37]

Die sowjetische Schachprominenz gab regelmäßig Gastspiele in der DDR. Anatoli Karpow trat 1973 bei den Weltfestspielen zu einem Simultanturnier an. 1988 »prüfte« der dreimalige Weltmeister die DDR-Großmeister Rainer Knaak und Lutz Espig und IM Raj Tischbierek in einem Vierer-Schnellturnier, so meldete es die SCHACH.

Soldaten und Offiziere der Roten Armee nahmen in der DDR an Einzelturnieren teil, unter anderem die heute in der Bundesliga aktiven Großmeister Rustem Dautow (geb. 1965) und Sergei Kalinitschew (geb. 1956). Rustem Dautow leistete in einer Sportabteilung der sowjetischen Armee seinen Wehrdienst und gewann 1986 das Meisterturnier des Dresdner Schachfestivals. Sergei Kalinitschew war ab 1984 Schachtrainer der Gruppe der Sowjetischen Streitkräfte in Deutschland, er nahm als Gast an vielen DDR-Turnieren teil und gewann zum Beispiel 1985 das 5. Einladungsturnier der BSG Post Dresden und im Jahre 1987 das Meistersturnier des Dresdner Schachfestivals.

Von der Sowjetunion lernen heißt siegen lernen, hieß es in der DDR oftmals, doch leider galt das nicht für Schach. Auf diesem Gebiet ahmte man das große Vorbild nicht nach. Zu einer Massensportart, wie in der frühen Sowjetunion, wurde Schach nicht erklärt. Aber warum nicht?

Ein kompetenter Zeuge dieser Zeit ist der Großmeister Rainer Knaak, der rund 30 Jahre Schach in der DDR miterlebte und neben Wolfgang Uhlmann der stärkste Spieler der DDR war.

»In der DDR wurde Schach zunächst so ähnlich wie andere Sportarten behandelt«, schreibt er auf seiner Homepage, »so führte man
ein Förderungssystem ein, dass für die Sportler der Spitzenklasse
unter anderem vorsah, dass sie bezahlt wurden, als ob sie einem Beruf
nachgingen, doch in Wirklichkeit konnten sie sich fast ausschließlich
ihrem Sport widmen (außer wenn sie in der Ausbildung waren). Im
Schach bedeutete dies praktisch, dass man wie ein Berufssportler
trainierte, aber die in den westlichen Staaten existierenden Existenz-
risiken nicht auf sich nehmen musste. Man war im Alter abgesichert
und mit den Einnahmen, die man zusätzlich bei Turnieren machte
(teilweise in harter Währung), erreichte man einen Lebensstandard,
der ganz deutlich über dem Durchschnitt lag.«[38]

Rainer Knaak war ab 1979 als Programmierer beim Forschungs-
institut für Körperkultur und Sport in Leipzig angestellt. 1975 errang er den Großmeistertitel. Außer ihm schafften das noch fünf
Spieler aus der DDR, Wolfgang Uhlmann (1959), Wolfgang Pietzsch
(1966), Lothar Vogt (1976) Lutz Espig (1983) und Uwe Bönsch
(1986). Die besten Platzierungen, die DDR-Spieler in der Weltrangliste je erreichten, waren Platz 17 (Wolfgang Uhlmann 1971) und
Platz 25 (Rainer Knaak 1979).

»Die DDR-Mannschaftsmeisterschaften wurden bereits in den
50er Jahren in einer das ganze Land umfassenden Liga ausgetragen«,
erzählt Rainer Knaak. »Nachdem lange Zeit mit 6 Mannschaften gespielt wurde, erhöhte man die Zahl 1966 auf 10. Aber schon im Jahr
darauf gab es eine äußerst starke Polarisation: die vier Spitzenverei-
ne aus Berlin, Leipzig, Dresden und Halle dominierten die Oberliga
völlig und waren teilweise auch mit den zweiten Mannschaften in
der höchsten Spielklasse vertreten. Nur so ist zu erklären, was dann
geschah: Man führte 1968 eine Sonderliga mit nur 4 Mannschaften ein und es gab keinen Ab- und Aufsteiger mehr. Außerdem
kam das volle Scheveninger System zur Anwendung, d. h. jeder
Spieler bekam alle 8 Bretter der gegnerischen Mannschaften zum
Gegner – für die jungen Spieler an den hinteren Brettern war das

eine reizvolle Sache. Die 24 Einzelrunden wurden so verteilt: An drei Wochenenden kamen jeweils 4 Runden zur Austragung, nämlich am Freitag eine, am Samstag zwei und am Sonntag noch eine. Dann wurden noch 12 Partien in einer zentralen Endrunde gespielt. Für die meisten Spieler war das in der sozialistischen DDR kein Problem: man bekam von seinem Betrieb bezahlte Freistellungen für diese Veranstaltungen. Die Sonderliga mit nur 4 Mannschaften war natürlich umstritten. In der Saison 1972/73 wurde die Zahl der Teams wieder auf 8 erhöht. Schach zählte ab 1972 nicht mehr zu den geförderten Sportarten, das machte sich auch an der Basis bemerkbar.«[39]

1972 wurde auf einer geheim gehaltenen Tagung des DTSB der sogenannte Leistungssportbeschluss gefasst, der besagte, dass künftig nur die medaillenträchtigen olympischen Sportarten gefördert würden, wie etwa Leichtathletik, Schwimmen, Rudern und Boxen. Die Aktiven nichtolympischer Sportarten konnten fortan nicht mehr an internationalen Meisterschaften teilnehmen oder ins westliche Ausland reisen. Man wollte wohl Devisen sparen. »Und nicht zu vergessen ist der riesige Sicherheitsapparat: Eine DDR-Mannschaft, die nicht zur Schacholympiade fuhr, musste auch nicht vorher überprüft werden.« (Rainer Knaak) Das Fernschach jedenfalls wurde nicht eingeschränkt, denn das kostete nichts. Die DDR hatte zwei Fernschachweltmeister, Horst Rittner (von 1971 bis 1975) und Fritz Baumbach (von 1988 bis 1990).

Über die Gründe für den Leistungssportbeschluss kann nur spekuliert werden, da er nicht öffentlich begründet und auch nicht immer konsequent umgesetzt wurde. »Wir Schachspieler der Nationalmannschaft erfuhren von dem zunächst sehr geheimen und auch später nie veröffentlichten Beschluss bei einem Lehrgang 1973«, erzählt Rainer Knaak. »Doch die bittere Wahrheit dämmerte uns erst so richtig im Jahre 1974, als die DDR tatsächlich nicht an der Schacholympiade in Nizza teilnahm. Nach einigen Jahren des Übergangs – wir spielten die Zonenturniere 1975, Uhlmann nahm sogar am Interzonenturnier 1976 in Manila teil – kamen nun für das DDR-Schach die Jahre hinter dem Eisernen Vorhang.«

Mancher DDR-Bürger wunderte sich, warum die Zeitschrift SCHACH von den Schacholympiaden sehr ausführlich berichtete, die DDR aber nicht teilnahm. An den schachlichen Leistungen konnte es nicht liegen, weil Länder wie Rumänien und Polen bei den Olympiaden mitspielten, obwohl sie bei Länderwettkämpfen von der DDR regelmäßig besiegt wurden.

Rainer Knaak spielte nach der Wiedervereinigung bei der SG Porz, dem SV Werder Bremen und beim SC Stadthagen in der Schachbundesliga. 1993 beendete er seine Profikarriere. Seit 1994 ist er hauptberuflicher Mitarbeiter bei der Firma ChessBase.

*Wie denkt er heute über die Schachzeit in der DDR? Trauert er verpassten Chancen nach? Wie verliefen die Wettkämpfe mit sowjetischen Schachspielern – »durften« die DDR-Spieler gewinnen oder gab es interne Direktiven, »die Freunde« gewinnen zu lassen?* Fragen, die ich dem Großmeister per E-Mail stelle.

»Die Erinnerungen an meine Schachzeit in der DDR sind fast ausschließlich positiv. So, wie es war, war es eben. Klar habe ich sieben Schacholympiaden verpasst, aber ich konnte es nicht beeinflussen. Eher bereue ich heute manche konkrete schachliche Entscheidung, zum Beispiel war mein Eröffnungsrepertoire nicht universell genug. Und die Bedingungen für den Breitensport waren vielfach besser, nicht nur im Schach. Gegen die sowjetischen Schachspieler gab es keine Direktiven, es wurde ganz normal gespielt.«

*Und wie hat sich der Schachsport inzwischen entwickelt?*

»Heute ist das Niveau viel höher. Dank der Computer ist besseres Training möglich.«

*Lässt die Lust am Schachspielen im Alter nach?*

»Bei mir ja, im Allgemeinen wohl nicht.«

*Und eine Frage zum neuen Weltmeister. Was halten Sie vom neuen Weltmeister Magnus Carlsen? Stimmt es, dass er »seelenloses Schach« spielt, wie der Ehrenpräsident des DSB, von Weizsäcker, meinte?*

»Carlsen spielt großartiges Schach, und dass er keine Kurzremisen macht, kann man nur uneingeschränkt begrüßen. Ich verstehe, was von Weizsäcker sagen will. Er sieht, wie Aronjan und Kramnik bereits in der Eröffnung sehr kreativ spielen, aber man sollte es Carlsen nicht zum Vorwurf machen, dass er seine Kreativität erst auf spätere Partiephasen setzt.«[40]

21. GRUND

## Weil die Schachuhr gnadenlos gerecht ist

In grauer Vorzeit, als Schach noch ohne Uhren gespielt wurde, dauerten Partien oft den ganzen Tag. Acht bis neun Stunden waren keine Seltenheit, weil jeder Spieler so lange überlegen konnte, wie er wollte. Besonders Howard Staunton war als langsamer Denker bekannt, seine Spiele gegen Pierre Saint-Amant (1800–1872) dauerten bis zu 20 Stunden.

Wirklich gerecht war das Spielen ohne Uhren natürlich nicht, denn ein fairer Vergleich der schachlichen Leistungen ist erst möglich, wenn beide Spieler die gleiche Bedenkzeit haben. Deshalb wurden ab Mitte des 19. Jahrhunderts die ersten Schachuhren verwendet, und zwar zunächst drehbare Sanduhren. Zum ersten Mal wurde eine solche wahrscheinlich 1861 in einem Wettkampf zwischen Adolf Anderssen (1818–1879) und Ignaz von Kolisch (1837–1889) benutzt. Das Prinzip, nach dem die Bedenkzeit gemessen wurde, war das gleiche wie heute bei mechanischen und elektronischen (digitalen) Uhren – nach dem Ausführen seines Zuges drehte der Spieler seine eigene Sanduhr in die waagrechte und die des Gegners in die senkrechte Position. Bei mechanischen wie bei elektronischen Uhren werden heute die Knöpfe beziehungsweise Hebel gedrückt. Der Spieler, der seinen Zug ausgeführt hat, startet die Uhr des Gegners.

1886, als Adolf Anderssen und Wilhelm Steinitz in London die erste inoffizielle Weltmeisterschaft austrugen, wurden Stoppuhren verwendet, die vom Schiedsrichter bedient wurden. Ab 1883 konnte dann die erste mechanische Doppeluhr benutzt werden, die der englische Uhrmacher Thomas Bright Wilson (1843–1915) unter Berücksichtigung von Ratschlägen des Schachmeisters Joseph Henry Blackburne gebaut hatte. Diese Uhr bestand noch aus zwei Pendeluhren. Sie wurde zuerst beim Internationalen Turnier in London eingesetzt, wo 14 der stärksten Spieler der Welt aufeinander trafen.

Die einzige Neuerung, die für das exakte Anzeigen des Überschreitens der Bedenkzeit noch fehlte, waren die Fallblättchen. Diese Konstruktion setzte sich 20 Jahre später durch, nach einer Idee des Sekretärs der Niederländischen Schachvereinigung, H. D. B. Mejer. Die Spitze des Uhrzeigers beginnt in den letzten fünf Minuten, das Blättchen anzuheben. Genau mit dem Ende der verfügbaren Zeit, auf Punkt zwölf, fällt es herunter. Auch heute noch wird in vielen Vereinen und bei vielen Schachturnieren mit solchen Uhren gespielt und der Ausruf »Blättchenfall!« gehört zu den häufigsten Worten, die man bei Schach-, insbesondere Blitzturnieren hört. Ein anderer wichtiger Ausruf ist: »Matt geht vor Blättchenfall«, das heißt im Blitz ist ein Matt auch dann gültig, wenn das Blättchen schon vor dem finalen Zug gefallen ist.

Die vorerst letzte revolutionäre Neuerung in der Geschichte der Schachuhren ist dem Niederländer Ben Bulsink zu verdanken, der 1985 noch als Student eine elektronische Schachuhr baute. Ab 1993/94 wurden diese Uhren in Serie hergestellt und vom Weltschachverband zur ersten offiziellen FIDE-Schachuhr erklärt. Die Romantiker unter den Schachspielern bedauern, dass die elektronischen Schachuhren keine Tickgeräusche mehr von sich geben, empfindsamere Spieler hingegen begrüßen das geräuschlose Messen der Zeit. Unbestrittener Vorteil der elektronischen Uhren ist das genauere Messen der Bedenkzeit. Außerdem ermöglichen sie flexiblere Bedenkzeiten, etwa solche mit einem Bonus-Modus, bei dem die Spieler nach jedem vollzogenen Zug eine kleinere Zeitgutschrift erhalten.

## 22. GRUND

### Weil Schach auch für Schiedsrichter interessant ist

Wozu benötigt man bei Schachturnieren eigentlich einen oder mehrere Schiedsrichter? Welche Fouls sollten auf den 64 Feldern verübt werden? Hat man im Schach schon Blutgrätschen gesehen?

Man braucht nur an die WM-Kämpfe Fischer gegen Spasski 1972 und Karpow gegen Kortschnoi 1978 zu denken, um einzusehen, dass manchmal erst die diplomatischen Bemühungen eines Schiedsrichters einen Wettkampf ermöglichen. Ohne die geschickte Verhandlungstaktik des Schiedsrichters Lothar Schmid (1928–2013) hätten diese Duelle sicherlich nicht stattfinden können.

Die Gefahr von Regelverletzungen während des Spiels ist meistens in Zeitnot am größten. Zeitnot herrscht, wenn nur noch wenige Minuten oder Sekunden Bedenkzeit zur Verfügung stehen, aber noch etliche Züge gemacht werden müssen. In der Hektik kann es dann schon mal passieren, dass eine Figur umfällt oder dass man einen unmöglichen, regelwidrigen Zug macht – etwa den König ins Schach stellt. Oder eine dreifache Zugwiederholung, die laut Regel zum Remis führt, wird von einem der Spieler geleugnet oder nicht bemerkt. Dann muss der Schiedsrichter entscheiden. Falls nötig, wird der Spielverlauf an einem zweiten Brett rekonstruiert.

Viele Streitfälle entstehen, weil ein Spieler versucht, den anderen in einer Stellung, die eigentlich als Remis zu bewerten ist, »über die Zeit zu heben«. Wenn beispielsweise beide Spieler noch jeweils einen Turm haben, beide Könige im Zentrum stehen und Gewinnmöglichkeiten nicht erkennbar sind, ist es nicht sonderlich fair, den Zeitvorteil auszunutzen. Schwieriger zu entscheiden ist folgender Fall: Ein Spieler nimmt eine Figur in die Hand, die nur einen legalen Zug machen kann, nämlich den Gegner matt zu setzen. Dann entscheidet sich der Spieler dafür, diese Figur wieder hinzustellen und eine andere zu ziehen. Soll der Schiedsrichter nun auf die Einhaltung der Regel »Berührt – geführt« bestehen, wodurch derjenige, der durch die Regel beschützt werden soll, bestraft werden würde? Soll er der Patzmaus den Gewinn zusprechen?

Der Schiedsrichter wird auch dann gebraucht, wenn beide Spieler ihre Bedenkzeit schon überschritten, dies aber nicht bemerkt haben. Elektronische Uhren zeigen mit einer Flagge an, welcher Spieler zuerst seine Bedenkzeit überschritten hatte, bei mechanischen Uhren aber sieht man nur, dass beide Blättchen gefallen sind, und nicht, welches zuerst. Hier gilt der FIDE-Artikel 6.11: »Wenn beide Fallblättchen gefallen sind, aber nicht feststellbar ist, welches zuerst, a) wird die Partie fortgesetzt, falls dies in einer beliebigen Zeitperiode außer der letzten geschieht; b) ist die Partie remis, falls dies in der Zeitperiode geschieht, in welcher alle verbleibenden Züge vollendet werden müssen.«[41] Zuschauer dürfen auf Ablaufen der Zeit nicht aufmerksam machen. Sie und die Spieler anderer Partien dürfen nicht über eine Partie reden oder sich auf andere Weise einmischen.

Das Regelwerk der FIDE besteht aus 14 Artikeln, unterteilt in Grundspiel- und Turnierschachregeln, sowie einen Anhang. In diesem werden Schnell- und Blitzschach geregelt, außerdem die »Algebraische Notation« (die Regeln für das Mitschreiben der Züge), die »Endspurtphase ohne Anwesenheit eines Schiedsrichters«, die »Wettkämpfe mit sehbehinderten Teilnehmern« und »Schach-960-Regeln« für das von Bobby Fischer erfundene Fischer Random Chess (dazu später).

Viele Turnierspieler haben die FIDE-Regeln niemals gelesen. Man kennt die meisten eben aus der Praxis. Man muss nicht wissen, dass es die Regeln 6.7 b und 6.7 c sind, die bestimmen, wie man die Schachuhr berühren darf: »Ein Spieler muss seine Uhr mit der gleichen Hand betätigen, mit der er seinen Zug gemacht hat. Einem Spieler ist es verboten, seinen Finger auf oder über dem Knopf zu behalten. Die Spieler müssen die Schachuhr angemessen behandeln. Es ist verboten, auf sie draufzuhauen, sie hochzuheben oder umzuwerfen. Unangemessenes Umgehen mit der Uhr wird gemäß Artikel 13.4 bestraft.«[42]

Welche Strafen sind möglich? Dies regelt Artikel 13.4: »Der Schiedsrichter kann eine oder mehrere der folgenden Strafen verhängen: a) eine Verwarnung, b) das Verlängern der Restbedenkzeit des Gegners, c) das Verkürzen der Restbedenkzeit des zu bestrafenden Spielers, d) den Verlust der Partie, e) eine Kürzung der Punktzahl im Partieresultat der zu bestrafenden Partei, f) eine Erhöhung der Punktzahl im Partieresultat des Gegners bis zu der dieser Partie erreichbaren Höchstzahl, g) den Ausschluss vom Turnier.«[43]

Dass ein Spieler wegen schlechten Benehmens von einem Turnier ausgeschlossen wird, passiert natürlich kaum einmal. Je besser die Spieler, je hochkarätiger die Turniere, desto seltener kommt es zu Streitereien, erzählt der FIDE-Schiedsrichter Martin Sebastian, als wir uns am Rande eines Bundesligawettkampfs treffen: »Spieler in der Bundesliga kennen meistens ihre Bedenkzeit, im Gegensatz zu Spielern im Amateurschach.« Falls eine Uhr ausfalle und die

Zeiten neu eingestellt werden müssten, könne er sich stets auf die Angaben der Spieler über die noch vorhandenen Bedenkzeiten verlassen. Auch stritten Weltklasse-Spieler nicht darüber, ob es eine dreifache Stellungswiederholung gegeben hat, wie das in unteren Ligen durchaus vorkommen kann.

Ein FIDE-Schiedsrichter muss zwei der drei FIDE-Sprachen (Deutsch, Russisch und Englisch) beherrschen. Um Schiedsrichter werden zu können, muss er zunächst einmal die Lizenz eines Turnierleiters erwerben. Nachdem man sich als Turnierleiter ein Jahr lang bewährt hat, darf man eine Ausbildung zum regionalen Schiedsrichter beginnen. Nach wiederum zwei Jahren Turnierpraxis kann die Prüfung zum Nationalen Schiedsrichter abgelegt werden.

# KAPITEL 3

# Ob Greis, ob Kind –
# der Mensch wächst
# an seinen Aufgaben

## Weil der Zwang, sich entscheiden zu müssen, die Persönlichkeit fördert

Im Schach muss man wie ein mündiger Bürger handeln, Opportunismus wird bestraft, anders als in der Gesellschaft. Während im gewöhnlichen Leben Anpassungsbereitschaft verlangt und der Wille zum Gehorsam belohnt wird, zwingt das Schachspiel jeden Einzelnen immer wieder zu existenziellen Entscheidungen.

»Du musst wissen, was du tust, denn du bist es, der deine Ideen und Handlungen verantworten muss! Wenn du versagst, kann es das Ende der Welt sein – zumindest der Welt, die du dir vorgestellt hast. Hast du alle Figuren gerecht bewertet? Hast du ein Risiko unterschätzt, dir eine Schwäche schöngeredet? Hast du nichts übersehen, alle Argumente geprüft?«

Das Spiel zwingt zur Selbstbefragung, wobei Leichtsinn und Überheblichkeit üble Folgen haben können. Wer von einer hohen Klippe auf einen gefrorenen See springt, darf sich nicht wundern, wenn er sich die Beine bricht. Es werden mehr Partien durch Überheblichkeit als durch Unvermögen verloren.

Man ist zum Handeln gezwungen, die Uhr tickt, es ist nicht gestattet, einen Zug auszusetzen oder gar den Spieler auszuwechseln. Nichtstun ist gleichbedeutend mit Sterben, denn die Spiel- oder Lebenszeit verrinnt.

Der Zwang, sich entscheiden zu müssen, ums eigene Überleben zu kämpfen, schult das Vermögen, sich eine Vielzahl von Möglichkeiten und die Zukunft vorzustellen, sie im eigenen Sinne zu gestalten. Gute Schachspieler tapsen nicht in die kleinbürgerliche Falle, in jeder Situation das Richtige machen zu wollen. Oft gibt es nur schlechte Wege und Antworten, oft muss man Kompromisse eingehen. Die langfristigen Folgen einer einzelnen Handlung sind häufig schwer einzuschätzen, wenn ein schwarzes und ein weißes Universum sich ineinander verkrallen.

Aktive Schachspieler werden oft gefragt, ob ihnen die schachliche Ausbildung bei wichtigen Entscheidungen helfe, etwa im Beruf. Da in der modernen Arbeitswelt Selbstlob nicht als peinlich gilt, könnten schachspielende Bewerber sich demnach eine »hohe Problemlösungskompetenz« bescheinigen. Aber wo werden in der modernen Arbeitswelt strategische Fähigkeiten verlangt? Die meisten derjenigen, die auf dem Schachbrett napoleonische Qualitäten entwickeln, müssen im Alltag funktionieren und Anweisungen ausführen.

Weil man im Schach mit seiner ganzen Persönlichkeit kämpft, ist es zweifellos ein erzieherisch wertvolles Spiel. Vor allem Kinder können beim Schachspielen lernen, dass man Mut braucht, um Entscheidungen zu treffen; dass es sich aber auch lohnt, etwas zu wagen, zu einer schwierigen Reise aufzubrechen. Die Klage »Das kann ich nicht« gilt nicht. »Auch du kannst witzige Ideen haben! Andere kochen auch nur mit Wasser.«

Nicht zuletzt ist Schach ein nobles Spiel, in dem die Autorität des Königs geachtet wird, worauf der Publizist Johannes Gross (1932–1999) hingewiesen hat: »Schach ist ein höfliches, ritterliches Spiel. Der König kann verfolgt, bedroht, schließlich matt gesetzt, aber nicht geschlagen und des Feldes verwiesen werden. Demokratischem Empfinden ist es fremd, dass das Oberhaupt des besiegten Gegners geschont werden soll.«[44]

## Weil im Schach Kinder und Erwachsene ebenbürtig gegeneinander kämpfen können

Es gab nur wenige Großmeister, die gegen Bobby Fischer eine ausgeglichene Bilanz vorweisen konnten, einer von ihnen war Juri Awerbach. Er spielte allerdings nur eine einzige Turnierpartie gegen Bobby Fischer, als dieser 15 Jahre alt war. Nach dem Remis sagte der junge Amerikaner: »Ich hatte Angst, gegen einen russischen Großmeister zu verlieren, und er hatte Angst, gegen ein Kind zu verlieren.«[45]

Tatsächlich fühlen sich die meisten Erwachsenen gehemmt, wenn sie bei Schachturnieren gegen Kinder spielen müssen. Sobald die Kleinen zwei, drei Jahre lang gelernt haben, die Figuren zu ziehen, entwickeln sich manche von ihnen zu frechen Monstern. Angst haben sie sowieso nicht, denn sie haben sich ja noch nicht oft genug die Stirn blutig gerieben. Zumindest in taktischer Hinsicht sind sie Erwachsenen häufig ebenbürtig. Aber wie kann das sein, wo es ihnen doch an Lebenserfahrung fehlt, also an Material zum Vergleichen?

Kinder knobeln bekanntlich gern, sie lieben Rätsel und haben ein sehr gutes bildliches Gedächtnis, man merkt es beim Memory-Spiel. Außerdem schützt ihre mangelnde Erfahrung sie auch vor Vorurteilen. Oftmals sind sie erfinderischer als Erwachsene. Ob sie oberflächlich oder tiefgründig denken, vermag man aus ihrem Verhalten meistens nicht abzulesen. Auch wenn sie zappeln, in der Nase popeln und auf fremde Bretter häufiger als auf das eigene gucken, hat das wenig zu bedeuten. Vielleicht langweilen sie sich bloß, während der erwachsene Gegner Blut und Wasser schwitzt? Vielleicht quälen sie ihr Gegenüber noch mit spöttischen Blicken?

Judit Polgár kam als Elfjährige bei Turnieren mit einem Teddybär ans Brett, und die Reminiszenz an den Weltmeister Alexander Aljechin, der beim Schachspielen gern seine Katze neben sich hatte, war für ihre Gegner, oft männliche Großmeister, sicherlich kein Trost. Nach jedem Zug soll Judith ihrem Gegner einen »Killerblick« zugeworfen haben. »›I krraashed them‹, stellte sie nach solchen Spielen fest.«[46] Ich zerschmetterte sie, nun ja.

Für den erwachsenen Spieler kann es eine ziemlich deprimierende Erfahrung sein, ein Kind als ernsthaft denkendes Wesen zu erleben und von ihm vielleicht sogar dominiert zu werden – es ist, als habe man in den letzten Jahrzehnten nichts oder nur wenig gelernt. Nicht jeder Vereinsspieler erzählt seiner Frau oder der lieben Verwandtschaft von solch einer Schmach. Man stelle sich vor, die Familie sitzt bei Kaffee und Kuchen beisammen, und Tante Helga erklärt ihrem neuen Freund: »Unser Helmut ist ein großer Schachmeister, er hat schon gegen indische Großmeister gewonnen. Das stimmt doch, Helmut, gegen indische Großmeister? Und wie hast du heute gespielt? Heute waren doch wieder eure Meisterschaften? Helmut beschäftigt sich den ganzen Tag mit Schach, er trainiert sogar richtig vor den Spielen.«

Soll Helmut jetzt sagen, dass er gegen ein Mädchen aus der vierten Klasse verloren hat? Man weiß nicht, ob ihm die Sahnetorte in diesem Moment noch schmeckt. Alle Gäste gehen einer ordentlichen Arbeit nach oder sind ihr nachgegangen, die Mutter war Lehrerin, der Vater Polizist, der Cousin ist Atomphysiker, ein Bruder Direktor bei der Eisenbahn und Tante Helga ist vielleicht eine ehrbare Schuhverkäuferin. Doch Helmut, das schwarze Schaf der Familie, spielt nur Schach und verliert gegen ein Kind. Den Sieg gegen den indischen Großmeister wird man ihm dann kaum noch glauben.

Helmut könnte ganz offen über seine Schwächen reden, er wäre nicht der erste Erwachsene, der von einem Kind vorgeführt wurde. Selbst dem zweimaligen Vizeweltmeister Viktor Kortschnoi passierte das im Jahre 2002. Der damals elfjährige Sergei Karjakin spielte gegen ihn, er wurde wenig später jüngster Großmeister aller Zeiten. Kortschnoi war siebzig Jahre jung und hatte schon Tausende Turnierpartien gespielt. »Im Blitzen kam es zum Remis«, erinnert sich Karjakin in einem Interview. »Ich war sehr stolz, er aber schrecklich wütend. Später erklärte man mir, sein Spitzname wäre ›Wütender‹, er konnte es nicht leiden, wenn Leute mit ihm am Brett mithalten konnten. Im Sinne persönlicher Abneigung ist Schach im Vergleich zu früher viel ruhiger geworden, Kortschnoi ist aber gleich geblieben. (…) Kortschnoi erlebte schreckliche Zeiten, die Familie hatte es schwer. Für ihn ist Schach – Krieg.«[47]

Man sollte dazu wissen, dass Viktor Kortschnoi von den sowjetischen Behörden übel mitgespielt wurde, nachdem er 1976 in den Westen emigriert war. Er hatte vier Mal den Titel des UdSSR-Meisters gewonnen (1960, 1962, 1964, 1970). Sechs Mal gewann er mit der sowjetischen Mannschaft bei Schacholympiaden die Goldmedaille (1960, 1966, 1968, 1970, 1972 und 1974). Er war ein Star, ein international bekannter Sportler. Seine Familie ließ man nicht ausreisen. Der »Verräter« wollte Titelverteidiger Karpow die Schachkrone abjagen! Inzwischen hat Viktor Kortschnoi fast 5.000 Turnierpartien gespielt – so viel wie kein anderer Spieler der Welt.

Sehen Sie in der nebenstehenden Abbildung, wie ich als Erwachsener von einem Kind beinahe überlistet worden wäre. Zwar hatte der damals 11-jährige Silvio Alten in dieser Partie keine Gewinnchance, aber er hätte trotz der für ihn deprimierenden Stellung beinahe noch ein Remis geschafft:

*Stellung nach 59. Kh3. Schwarz hat eine Dame mehr und zwei Freibauern.*

Ich wollte den Sieg also gemütlich nach Hause tragen und schlug den weißen Turm mit **59. … Kxh5.** Silvio zog **60. g4!** Im ersten Moment war ich sehr erschrocken, zumal Silvio vom Stuhl aufsprang,

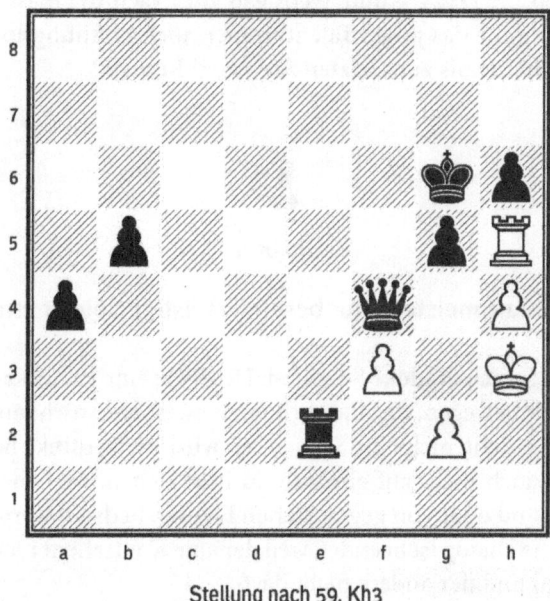

Stellung nach 59. Kh3

durch den Saal lief und begeistert »Patt! Patt!« rief. Vielleicht war diese starke Reaktion sogar meine Rettung. Denn hätte ich routiniert Kg6 zugezogen, wäre tatsächlich ein Patt eingetreten. Als patt gilt eine Partie, wenn der König und keine andere Figur mehr gesetzt werden können, ohne dass der König im Schach steht. Das Resultat ist ein Unentschieden.

Nach **60.** ... Kg6 hätte Weiß einfach den h-Bauern mit Schach vorsetzen können. Der König hätte aus dem Schach gemusst, danach hätte Weiß nicht mehr ziehen können. Dieser Ausgang der Partie hätte mich natürlich sehr geärgert, schließlich kann man »fetter« als in dieser Stellung kaum stehen. Und außerdem werden nur Patzer patt gesetzt!

Wie kann Schwarz das verhindern? Nach g4 muss er die Dame opfern! **60. ... Dxg4** – und Weiß gab auf. Nach **61.** fxg+ Kg6 ist die Stellung für das junge Talent immer noch hoffnungslos. Aber gekämpft hat er bis zum letzten Atemzug! Respekt!

25. GRUND

### Weil das Patt meistens nur besonders listige Spieler erreichen

Ein Patt ist eine paradoxe Situation. Denn die eine Partei kann sich nicht mehr bewegen, die andere könnte es, ist aber nicht am Zuge. Der König steht nicht im Schach, er wird nicht direkt bedroht, darf aber auch nicht auf ein anderes Feld ziehen, weil alle Felder blockiert sind oder von gegnerischen Figuren bedroht werden Der schachliche Dialog ist beendet, weil der eine Kontrahent nicht sprechen kann und der andere nicht darf.

So lauten die Regeln, es ist ein *pactum* (latein), ein Vertrag oder Pakt. Ein *patto*, wie es im Italienischen heißt, wo das Wort zuerst im schachlichen Zusammenhang verwendet wurde. Als politische Metapher taugt der Begriff Patt nur bedingt, da sich in der Politik die Regeln und das Recht ändern können. Aber im Schach gilt in dieser Situation, dass das Spiel beendet ist. Der Konflikt bleibt ungelöst.

Ein Patt entsteht im Schach manchmal auch aus Zufall, in der Zeitnotphase, in unübersichtlichen Endspielen. Es anzustreben, ohne dass der Gegner es bemerkt, dazu gehört auch ein wenig Schauspielkunst. Denn an und für sich gibt es im Schach ja keine Geheimnisse.

Sehen Sie hier, wie Gerd Schönfeld, der Berliner Seniorenmeister von 2008, seinen Gegner Alexander Jugow in die Falle gelockt hat. Schwarz hat drei gesunde Mehrbauern und möchte den Sieg nach

Hause fahren. Doch Gerd Schönfeld findet ein Patt, das an Schönheit kaum zu überbieten ist:

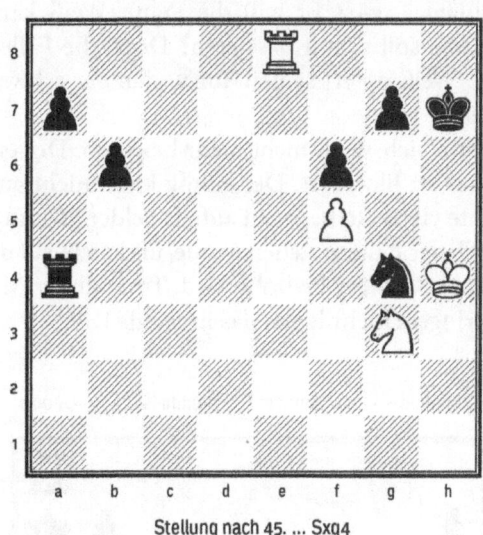

Schönfeld – Jugow, Berliner Seniorenmeisterschaft, 2008

Stellung nach 45. ... Sxg4

*1. d4 d5 2. c4 e6 3. Sc3 c6 4. cxd5 exd5 5. Lf4 Sf6 6. e3 Lb4 7. Ld3 0-0
8. a3 Ld6 9. Lxd6 Dxd6 10. Dc2 Te8 11. Sf3 Sbd7 12. 0-0 Sf8
13. Lf5 Sg6 14. Lxc8 Taxc8 15. b4 Se4 16. Sxe4 dxe4 17. Sd2 De6
18. Tac1 Tcd8 19. Dd1 Td5 20. Tc5 b6 21. Txd5 cxd5 22. f4 Se7
23. Da4 Sf5 24. Te1 Ta8 25. g4 Sh4 26. f5 Dd6 27. Dc2 h5 28. Tf1 hxg4
29. Sxe4 Dh6 30. Sg3 Dxe3+ 31. Df2 Sf3+ 32. Kh1 Te8 33. h3 Dxf2
34. Txf2 Te1+ 35. Sf1 Sxd4 36. hxg4 Ta1 37. Kg2 Txa3 38. Td2 Sc6
39. Txd5 Sxb4 40. Td8+ Kh7 41. Tf8 f6 42. Sg3 Sd5 43. Kh3 Se3
44. Kh4 Ta4 45. Te8 Sxg4*

**46. Se4!?** Ein scheinbar vernünftiger Verteidigungszug, da der Springer auf e4 vom eigenen Turm gedeckt und gleichzeitig der schwarze

81

Springer vom weißen König angegriffen wird. Aber Schwarz kann doch mit **46. … Se5** antworten? Dann ist doch der weiße Springer gefesselt? Jugow scheint nichts zu ahnen. Auch nicht, als Weiß **47. Kh5** zieht. Der König will aus der Fesselung gehen.

Jugow schlägt Txe4?? Er will die Figur. Weiß kann ja kein Matt sagen, was soll schon passieren? Doch die Falle schnappt zu: **48. Th8+.** Weiß opfert seinen Turm, den der schwarze König schlagen muss.

Danach kann sich Weiß nicht mehr bewegen. Der einzige verbliebene Bauer ist blockiert. Der König kann nicht auf die vom Turm bedrohte vierte Reihe, nicht auf die Felder h6 und g5, weil er dort im Schach der Bauern stehen würde, und nicht auf das Feld g6, weil dieses vom Springer bedroht wird. Trotz dreier Mehrbauern und eines Springers mehr lautet das Ergebnis ½:½.

Schönfeld – Jugow, Berliner Seniorenmeisterschaft, 2008

Stellung nach 48. … Th8+

Alexander Jugow saß noch lange nach dem Ende des Spiels kopf-schüttelnd vor dem Brett. So gemein wird man selten überlistet.

In einem anderen Turnier hatte Gerd Schönfeld einen Gegner mit seiner Spielweise einmal derart irritiert, dass dieser aufsprang und verzweifelt ausrief: »Das ist ja Schach aus der Psychiatrie!« Für Gerd war das natürlich höchstes Lob. Er hatte noch 15 Minuten Bedenkzeit auf der Uhr gehabt, zwölf davon hatte er ungerührt verstreichen lassen. Dann spielte er so schnell, dass der Gegner, der selbst noch fünf Minuten Bedenkzeit hatte und sich nunmehr im Zeitvorteil wähnte, gänzlich verwirrt war, zwei Figuren und gleich auch das Spiel verlor.

26. GRUND

## Weil Schach das Sprachverständnis fördert

Nehmen wir an, ein Pharmakonzern hätte eine Wunderpille ent-wickelt, deren Wirkung auf dem Beipackzettel wie folgt beschrieben wird:

»Die Einnahme dieser Pille erleichtert es Kindern, komplexe Zu-sammenhänge zu erkennen. Es ist wissenschaftlich erwiesen, dass sich das Sprachverständnis eines Kindes dank unseres Produkts um das Zweieinhalb- bis Dreifache verbessert. Unsere Pille führt bei regelmäßiger Einnahme zu deutlichen Leistungssteigerungen in Mathematik, sie erhöht zudem die Konzentrationsfähigkeit und schärft das räumliche Vorstellungsvermögen. Sie verbessert aber nicht nur die kognitiven Fähigkeiten, sondern auch das soziale Verhalten. Dank unserer Pille lernen Kinder und Jugendliche, Ent-scheidungen bewusst zu treffen, weshalb man unser Produkt auch Emanzipationspille nennt. Wir garantieren, dass nach der Einnahme keinerlei schädliche Nebenwirkungen auftreten. Da die Herstellungskosten sehr gering sind, können wir diese Wunderpillen quasi kostenfrei verteilen.«

Ach, nein, Letzteres würde nicht funktionieren. Ein Mittel mit diesen Wirkungen sollte umsonst zu haben sein? Das wäre aber verdächtig, schließlich besagt die kapitalistische Ideologie, dass alles Kostbare Geld kosten muss und käuflich ist.

Eine solche Pille gibt es natürlich schon, sie heißt, man ahnt es, Schach. Regelmäßiger Schachunterricht von wöchentlich einer Stunde würde bei Grundschülern zu den oben beschriebenen Effekten führen. Eine Stunde Schach anstelle einer Stunde Mathematikunterricht, nicht zusätzlich zum Lehrplan!

Ein solches Experiment wurde im Schuljahr 2003/04 an der Grundschule Trier-Olewig von der Psychologin Sigrun-Heide Filipp vom Zentrum für Psychologische Diagnostik und Evaluation an der Universität Trier durchgeführt. Überraschend erscheint an dem Resultat zunächst vor allem, dass ausgerechnet das Sprachverständnis, die Lese- und Rechtschreibkompetenz, so stark zunimmt. Tatsächlich um das Zweieinhalb- bis Dreifache, so das Ergebnis der »in sieben Bundesländern durchgeführten Vergleichsarbeiten für die vierten Grundschulklassen«.[48]

Aktive Schachspieler wird dieser Befund jedoch kaum erstaunen. Wer die Beziehungen zwischen Schachfiguren erkennen und variieren kann, dem fällt es auch leichter, die grammatischen Beziehungen zwischen Worten zu erlernen und auf Feinheiten in der Sprache zu achten. Man lernt, mit Worten zu spielen, statt falsche Ehrfurcht vor ihnen zu empfinden. Der Mut zum Widerspruch und zum eigenständigen Denken (an sich weißer Schimmel) wird geradezu herausgefordert. Im Unterschied zum Mathematikunterricht macht das Schachspielen und -lernen fast immer Spaß. Man kann spielerisch Methoden erlernen, Aufgaben gedanklich zu lösen, und schult somit Fähigkeiten, die auch für andere Unterrichtsfächer nützlich sind.

In anderen Ländern ist Schach bereits Schulfach, so in England mit dem Programm »Chess in schools«. In Indien setzt sich der Schachweltmeister Anand zusammen mit der Mind Champions Academy des Nationalen Institutes für Informationstechnologie (NIIT) dafür ein, Schach landesweit an die Schulen zu bringen. »Seit 2002 haben wir anderthalb Millionen Schüler in mehr als 15.000 Schulen unterrichtet, auf dem Land wie in der Stadt«, berichtete Anand 2013 im ZEIT-Interview.[49]

Auch in Armenien ist Schach ein Pflichtfach, zunächst nur für Zweitklässler. Obwohl der Staat fast bankrott ist, gab er in den letzten Jahren umgerechnet mehrere Millionen Euro für Schachfiguren, Lehrbücher und Personal aus, 1.360 Schachlehrer wurden ausgebildet. Das ist ein Verdienst des armenischen Großmeisters Smbat Lputjan, der auch Vizepräsident des Armenischen Schachverbandes ist und in der Hauptstadt Eriwan eine Schachakademie für Kinder gegründet hat. »Es ist ein ehrliches Spiel«, sagt Lputjan. »Das ist das Wichtigste. Das lernen die Kinder gleich: Sie lernen ehrlich zu spielen: ehrlich zu gewinnen oder zu verlieren. Und das ist doch wichtig im Leben.«[50]

In Ungarn wiederum hat es Judit Polgár geschafft, die Politiker und die ungarische Öffentlichkeit vom Sinn des Schachspielens zu überzeugen. Auf ihre Initiative hin beschloss Ungarn, Schach als Schulfach anzubieten. Schach sei wie Musik oder eine Fremdsprache zu lernen, es bringe Menschen zusammen, sagte Judit Polgár gegenüber der ZEIT.[51]

Neuerdings hat sich auch das Europäische Parlament für Schach in der Schule ausgesprochen, dank einer Initiative Garri Kasparows. 2012 hat man hat eine entsprechende Empfehlung formuliert, wie schön.

Auch in Deutschland wird offenbar an immer mehr Schulen Schach gelehrt. Genaue Zahlen liegen aber nicht vor.

**Weil man auch im hohen Alter noch gutes Schach spielen kann**

An einem Freitagabend kam er in den Schachklub, recht wacklig auf den Beinen, offenbar schwerhörig. Ein betagter Mann, 85 Jahre alt. Er wollte am Blitzturnier teilnehmen, ausgerechnet in der schnellen Disziplin, in der jeder Spieler pro Partie nur fünf Minuten Bedenkzeit hat. Aber bitte schön, warum nicht, bei uns ist jeder willkommen! Er sagte, er habe noch nie in einem Schachverein gespielt. Er habe lange in New York gelebt und dort hin und wieder im Central Park und am Washington Square geblitzt. Das war, wie die meisten von uns wussten, zwei widersprüchliche Aussagen. Nie im Verein gespielt, das signalisierte Unbedarftheit. Doch dieses Signal wurde abgelöst von den Assoziationen Zocker, harte Schule, spielt schnell, hat Überblick. Die New Yorker Straßenschule darf man nicht unterschätzen. Aber das Alter! Man hatte Angst, er könne gleich umfallen, so unsicher schien sein Gang. Und die Figuren setzte er langsam, seine Hand zitterte. Man sparte als jüngerer Spieler schon allein deshalb viele Sekunden, weil man den Arm schneller bewegen und die Uhr schneller drücken konnte.

Beim obligatorischen Handschlag vor dem Spiel lächelte er. Ein freundlicher, sympathischer Mensch ohne Allüren oder Spleens. Nur eben ein bisschen tattrig. Aber wem die Hände zittern, dessen Gedanken müssen nicht fahrig oder wirr sein. Meistens spielte er klassische positionelle Eröffnungen. Er riskierte anfangs nicht zu viel, wich aber keiner Konfrontation aus. Im Gegenteil, freche Züge beantwortete er ebenso frech, auf einen Angriff antwortete er mit einem Gegenangriff, statt sich zurückzuziehen.

Da ist man als jüngerer, austrainierter Spieler (einige zocken die Nächte durch und spielen sonst auch zweiminütige Partien) ziemlich verblüfft. Der Alte hält dagegen! Der zückt sogar schon das Messer, als man noch glaubt, zusammen die Friedenspfeife zu rauchen. Seltsam. Man will ihn abschütteln, den alten Mann, aber er bleibt hartnäckig. Man hält ihm den Arm fest, er drückt dagegen.

Ja, er greift sogar zu fiesen Mitteln, nutzt die erste Schwäche aus, dreht das Messer in der Wunde. Man denkt, was soll dieses Pieksen, hör doch auf! Ich brauche meinen Punkt, den Sieg! Warum versteht der Alte das nicht? Es kann ja nicht mehr lange dauern, dann ist seine Zeit abgelaufen, egal, wie gut er steht, wie stark sein Angriff gerade ist.

Es dauert eine Weile, bis man begreift, dass man unrettbar verloren ist, dass die eigene Zeit verrinnt, während der Alte wissend nickt und lächelt. Dann reicht man ihm die Hand und gratuliert ihm zum Sieg. Fairerweise könnte man noch zugeben, dass man keine Chance gegen ihn hatte, nicht in dieser Partie. Zwar schafft er es bei keinem Turnier auf die vorderen Plätze, aber doch hat jeder Respekt vor ihm, vor ihm als Spieler – spätestens, seitdem er zwei Mal gegen unseren Vereinsmeister gewonnen hat.

## 28. GRUND

### Weil Zeit etwas Relatives ist

Viele Laien denken: Wie kann man fünf oder sechs Stunden unbeweglich vor einem Brett sitzen, ohne sich zu langweilen? Aber Schachspieler langweilen sich nicht, sondern erleiden eher Panikattacken, wenn sie scheinbar stoisch am Brett sitzen. Die Zeit rast, viel zu kurz ist sie, um alle verführerischen Möglichkeiten gründlich zu durchdenken. Albert Einstein meinte sogar, Schach sei das schnellste Spiel der Welt, weil man in jeder Sekunde tausend Gedanken ordnen müsse. Vielleicht nicht tausend, einer wäre schon genug.

Zwischen dem äußeren Erscheinungsbild der Schachspieler und den Stürmen, die in ihren Köpfen toben, besteht jedenfalls ein starker Kontrast, der einen Teil des Reizes ausmacht. Für einen Zug hat man in den klassischen Turnierpartien durchschnittlich drei Minuten Zeit; in manchen Situationen sollte und möchte man aber einige Dutzend Züge berechnen, einschätzen, überprüfen. Mindestens ebenso wichtig wie die Züge, die man macht, sind ja diejenigen, die man nicht macht.

Garri Kasparow hat 1987 im Weltmeisterschaftskampf in Sevilla gegen Anatoli Karpow 83 Minuten über die Antwort auf einen Bauernzug nachgedacht, die Hälfte der Spielzeit. 83 Minuten, weil Karpow im frühen Mittelspiel einen Bauern ein Feld vorgesetzt hatte! Im späteren Verlauf der Partie geriet Kasparow in Zeitnot und vergaß einmal sogar, die Uhr zu drücken – wohl zum ersten und letzten Mal in seiner Karriere.

Der deutsche Schachmeister Friedrich Sämisch (1896–1975) verlor 1969 bei einem Turnier gar alle seine Partien durch Überschreiten der Bedenkzeit. Schon als junger Mann, als er gegen den als nahezu unbesiegbar geltenden José Raúl Capablanca gewinnen konnte, war er als langsamer Spieler bekannt. So schaffte er 1938 in einer Partie in Prag nur zwölf Züge, dann war seine Bedenkzeit abgelaufen.

29. GRUND

## Weil sich im Blitzschach wahre Meisterschaft zeigt

Bei einem Blitzturnier fragte ein Schachfreund mich: »Du hast wohl dein Gehirn in den Fingerspitzen?« Das war eines der schönsten schachlichen Komplimente, die mir je gemacht wurden. In den langsamen, klassischen Formaten fehlt mir oft die Geduld. Ich sollte meine Lebenszeit dem Schreiben, nicht dem Schachspielen widmen, ermahne ich mich manchmal, während ich auf den nächsten Zug des Gegners warte. Das Blitzschach aber macht mir solchen Spaß, dass ich dabei kein schlechtes Gewissen wegen der »verschenkten« Lebenszeit habe.

Für eine Blitzpartie hat jeder Spieler fünf Minuten Bedenkzeit. Natürlich hat man in diesem Format mehr Möglichkeiten zum Tricksen und Mauscheln, den Gegner aus dem Konzept zu bringen, zu verwirren, schwindlig zu spielen. Oft erweist es sich als erfolgreich, möglichst früh die ausgelatschten Theoriepfade zu verlassen und Graupel- oder Krautvarianten zu spielen. Gerade stupide Spieler reagieren oft hilflos, wenn sie von Anfang an Neuland betreten müssen. Viel stärker als in langsamen Partien muss man im Blitzschach seiner Intuition vertrauen und bildhaft denken, für das sorgfältige Rechnen bleibt meistens nicht genug Zeit. Auch werden die Kreativität und der Erfindungsreichtum schneller belohnt, da es in der Eile schwieriger ist, ein Opfer oder eine gewagte Kombination zu widerlegen.

Im Blitzschach zeigt sich auch, ob man ein wahrer Sportler ist. Eine Schachweisheit besagt, dass im klassischen Schach noch nie jemand gegen einen gesunden Gegner gewonnen habe – denn Verlierer lieben es, auf ihre schlechte Tagesform, ihre Erkältung und ihren Schlafmangel hinzuweisen. »Computer sind die einzigen Gegner, die nicht immer eine Ausrede auf Lager haben, wenn sie gegen mich verlieren«, meinte Bobby Fischer.[52]

Im Blitzschach ist die beliebteste Ausrede: »Ja, wenn ich mehr Zeit gehabt hätte!« Und ein dummer Vorwurf lautet: »Du hast ja nur auf Zeit gespielt!« Der Hinweis, dass die Zeit eben auch zählt und dass beide Spieler gleich viel davon zur Verfügung haben, stößt bei solchen schlechten Verlierern meistens auf taube Ohren. Ein Hundertmeterläufer kann ja auch nicht sagen, wenn das Rennen noch drei Stunden gedauert hätte, hätte er bestimmt gewonnen.

Besonders unangenehm ist mir ein Spieler in Erinnerung, dem ich vorgeschlagen hatte, die letzte Partie der Vereinsmeisterschaft auszublitzen. Wir konnten beide nicht mehr auf- und nicht mehr absteigen, waren etwa gleichstark, insofern erschien es mir sportlich, die spaßige Blitzvariante zu wählen. Nachdem ich drei zu null gewonnen hatte, stand er wütend auf und sagte: »Das hast du nur vorgeschlagen, weil du weißt, dass du besser blitzt als ich!«

Bis dahin hatte ich ihn als fairen Sportler eingeschätzt, seitdem aber begegne ich ihm mit einiger Skepsis. Er hätte den Vorschlag ja ablehnen können. Oder sich später zumindest für die patzige Äußerung entschuldigen können. Zu seinem Wort sollte man stehen, auch und gerade im Schach, Vertrag ist Vertrag.

## 30. GRUND

### Obwohl man der Schachsucht kaum widerstehen kann

Das Schachspiel gehört auch objektiv betrachtet zu den schnellsten Sportarten. Denn es gibt Sprintdisziplinen, in denen die gesamte Spielzeit nur zwei Minuten minus den Hauch einer Sekunde beträgt. Jeder Spieler hat dann nur eine Minute Bedenkzeit. Weil auch in so schnellen Partien 30 bis 40 Züge vorkommen können, muss jeder Zug also durchschnittlich innerhalb von zwei Sekunden ausgeführt werden. Im Internet sind diese schnellen Spiele sehr beliebt. Weil man dort die Figurensymbole mit dem Zeiger der Maus bewegen kann, kann man schneller ziehen als an einem realen Schachbrett. Da man keine physischen Figuren bewegen muss, spart man Zeit, die zum Betrachten der Stellung verwendet werden kann. An einem echten Brett würde die gleiche Partie etwa drei Minuten dauern.

Aber tiefgründiges Schach wird in der Kürze der Zeit natürlich nur selten entstehen.

Ein Erfahrungsbericht: Seit ich das Internet nutze, bin ich ein neuer Mensch geworden, mit neuen Süchten und neuen Pawlowschen Reflexen. Eine Pause beim Schreiben, und ich suche »Erholung« beim Schachspielen. Nur wenige Klicks – der Finger zuckt, der Speichel fließt – und ich »befinde« mich in einem »Raum«, in dem Menschen aus aller Welt gegeneinander Schach spielen. Die Holzschraffur des Bretts, die schmatzenden Geräusche, die das Aufschlagen der Figuren vortäuschen, der Beifall für den Sieger – alles soll so echt und klar wie möglich wirken.

Weil mir die Geduld fehlt, gründlich zu denken – ich will mich ja nur ablenken –, wähle ich die kürzeste Disziplin. Manche der Gegner sind offenbar komplett irrsinnig. Einer, mit dem ich automatisch verbunden werde, nennt sich »NaziGermany« und spielt auch so: eklig gemein, rasend schnell, brutal und dumm. Nach 30 Sekunden und 20 Zügen habe ich zwar zwei Figuren mehr als er, aber es droht dennoch ein schwer zu widerlegendes Matt.

Ich igle mich ein, wie man im Schachjargon sagt, ich pariere seine Finten, verbrauche aber zu viel Zeit und verliere. Auf eine Revanche lässt er sich nicht ein, typisch für hinterhältige Naturen. Ich »verfolge« ihn, sehe mir an, wie er mit dem nächsten Gegner umgeht, will wissen, ob das ein Islamist oder was sonst ist. Sein Gegner spielt ebenso schnell wie er, nach 30 Sekunden haben beide 30 Züge gemacht, die Stellung ist kompliziert, der mit Weiß spielende NaziGermany hat aggressiver gespielt als sein Gegner, aber außer einem Raumvorteil hat er nichts erreicht.

Der anonyme Gegner macht schließlich einen »Fingerfehler«, er verzieht sich, wickelt falsch ab, hat danach einen Turm weniger, verteidigt sich aber noch zehn Züge lang. Dann fehlen ihm die Mittel, diesem bösen Menschen, der das Spiel zum Politikum macht, standzuhalten, oder ihm gar zu zeigen, dass das Böse besiegt werden kann. Ein Trauerspiel.

Mich fordert währenddessen NostradamusIII heraus. Er spielt nicht sehr verheißungsvoll, sondern gemütlich und solide und übersieht im 31. Zug eine Springergabel, als er noch zwölf Sekunden zum Überlegen hat, ich noch 15.

Der Spieler Psycho Graz hingegen macht seinem Name Ehre. Er setzt im zweiten Zug die Dame vor die Bauern, zeigt quasi seinen nackten Hintern. Na warte, dir werde ich es zeigen. Man muss ruhig bleiben, wenn einer so provozierend auftritt und glaubt, dass man in der Kürze der Zeit den Schwachsinn nicht mit kühlem Verstand widerlegen könne. Ich baue eine geschlossene Stellung auf, treibe die Bauern vor. Ich werde ein Drahtnetz über seine Dame werfen und mich um seinen König, der ungeschützt auf der Grundreihe herumturnt, später kümmern. Seine Dame irrt zwischen meinen Figuren umher, aber ich kann sie nicht fassen, sie ist glibberig, er tänzelt.

Dann gibt Psycho Graz unerwartet auf. Er beendet einen Konflikt, der noch gar nicht ausgereift war. Er hat Angst vor den Konsequenzen. Sein Computer steht tatsächlich in Österreich, wie ich an der Länderflagge sehe. Vielleicht zockt er in einem Wiener Kaffeehaus? Ich sehe, dass er alle seine Gegner so narrt – er zieht nach dem ersten Bauern die Dame vor, er irrlichtert mit ihr durch die gegnerische Stellung und gibt dann auf.

Andere Spieler lieben es, den Gegner in Zeitnot durch sinnlose Züge unter Druck zu setzen, gerade dann tragen sie Clown-Masken; der Rationalismus, den das Brett und die Regeln vorgeben, ruft bei ihnen nur Hohngelächter hervor.

Im Blitzschach lernt man den Gegner, den man nicht sieht oder hört, manchmal ziemlich gut kennen. Man steigt in kranke Hirne hinein. Auch in das eigene. Weshalb ärgert es mich, gegen einen Gegner zu verlieren, der schlechtere Züge als ich macht, aber schneller spielt? Er hat kein solides Wissen, er ist ein schlechter Rhetoriker, seine Argumente blenden. Ich hingegen, als ehrlicher Mensch, suche seine Schwächen, will die schlimmstmögliche Wendung erreichen, mit dem Skalpell seine Kombinationen zerschneiden, ich will fehlerfrei spielen, was natürlich auch ein irrsinniger Anspruch ist in der Kürze der Zeit.

Man lernt in aller Bescheidenheit, dass man mit Hilfe der Maschine zu verblüffenden Leistungen fähig ist. Die Reflexe und das Reaktionsvermögen werden trainiert. Man vertraut den ersten Gedanken, spielt raffiniertere Kombinationen als in langsamen Partien. Je kürzer das Spiel, desto wagemutiger die Ideen. Das Täuschen und Tricksen wird belohnt.

Steigt man danach in eine höhere Disziplin ein, etwa mit je drei Minuten Bedenkzeit, wirkt es wie ein Wechsel vom Raumschiff in die Pferdedroschke. Wie kann der Mensch, ob er nun im Iglu oder an der Wolga sitzt, nur so langsam spielen? Drei Minuten sind nichts für echte Kämpfer. Die Züge werden lieblich, die Absichten plüschig, wir befinden uns in der Phase der Trägheit und Dekadenz. Stotterer erzählen Witze, die Pointen verpuffen. Zwei Minuten sind mein Ideal. Da kann ich noch denken, noch mehrzügige Kombinationen entdecken. Es herrscht ein bolschewistisches Tempo. Die Erdanziehungskraft ist in diesem Raum außer Kraft gesetzt. Das Licht der Erkenntnisse blendet. Ob das Selbst oder das Ich weiterspielen will, ist mir nicht klar. Je länger ich auf dem Feld des Wahnsinns herumtorkle, desto stärker lässt das Unterscheidungsvermögen nach.

Anthropologisch gesehen bin ich mit dem Menschen, der ich vor 25 Jahren einmal war, kaum noch verwandt. Damals hätte ich in ein echtes Schach-Café oder zu Freunden gehen müssen, um den Spielrausch zu erleben. Ich hätte Schweiß riechen und Stimmen hören müssen. Heute klatscht eine Maschine mir Beifall. Wenn ich wütend bin, schlägt sie die Figuren hart aufs Brett, damit der Gegner eingeschüchtert wird.

Wir Schachmenschenmaschinen industrialisieren unser Bewusstsein. Wir sind unsterblich und genial. Wir beißen uns ins Knie, wenn unser Zeigefinger eine Zehntelsekunde langsamer gezuckt hat als der des Gegners.

Kann man vom Schach wieder loskommen? Wenn man möchte – ja; wenn man nicht möchte, dann eben nicht. Wir sind keine Motorrad-Gang, die abtrünnige Mitglieder bestraft. Wir drücken nur unser Bedauern aus, doch ohne mahnende Zeigefinger. Wer sich erholen möchte vom Kampfsport Schach, wem es zu anstrengend ist, am Abend noch mathematische Gleichungen zu studieren, bitte schön. Man kann ja auch irrewerden mit diesem Spiel, weil es so unbegreiflich schön ist.

31. GRUND

**Weil Schachspieler so schöne Spitznamen haben**

Wenn der »Tiger von Madras« gegen das »Biest aus Baku« kämpft, wenn »Viktor der Schreckliche« gegen den »Hexer von Riga« spielt und wenn der »Mozart des Schachs« die »ukrainische Wundertüte« niederringen möchte, dann wissen Eingeweihte, welche Spieler damit gemeint sind – Viswanathan Anand, Garri Kasparow, Viktor Kortschnoi, Magnus Carlsen und Wassyl Iwantschuk.

Vishy, der indische Tiger, hat sich diesen Spitznamen durch seine elegante und listige, aber auch grausame und erbarmungslose (konsequente) Spielweise verdient. Viktor Kortschnoi gehörte noch als fast 80-Jähriger zu den 100 besten Spielern der Welt. Und der Norweger Magnus Carlsen hat schon als 13-Jähriger das schnaufende Alphatier Kasparow gehörig ins Schwitzen gebracht. Danach hat ihn Kasparow »Harry Potter des Schachs« getauft.

Erhielten früher nur ausgewählte Spieler einen Spitznamen, so kann sich heute jeder selber taufen. Seit man im Internet Schach spielen und sich dabei »eine Identität auswählen«, irgendeinen Namen geben kann, ist in der Schachkultur ein neues Genre entstanden: die Spitznamenpoesie. Das Netz erlaubt das Spiel mit Masken, und das ist schön.

Natürlich ist jede Selbstbezeichnung auch eine Selbstaussage. Sage mir, wie du heißt, und ich sage dir, wer du nicht bist. Wenn einer sich Shakespeare nennt und keine schachlichen Gedanken äußert, löst sein Name eben nur ein müdes Lächeln aus. Und wenn jemand sich »Michail Tal« nennt, also wie der frühere Schachweltmeister und Kombinationskünstler, dann sollte er auch mehr als zwei Züge vorausdenken. Könnte er aber so spielen wie der Lette, würde er sich nicht Michail Tal nennen, sondern versuchen, seinen eigenen Namen in der Schachgemeinde mit einem kultischen Nimbus zu versehen. Der nicht gerade für seine Bescheidenheit bekannte Garri Kasparow hat wahrscheinlich nach dem Ende seiner offiziellen Karriere jahrelang unter dem Decknamen Raffael im Internet gespielt – ganz gesichert ist seine Identität nicht, aber es kommt kaum jemand anders dafür in Frage. Ein Raffael nicht der Malerei, aber des Schachs war Kasparow zweifellos. Insofern sei ihm die alberne Selbsttaufe verziehen.

Manche Spieler wählen derart geschmacklose Namen, dass sie, die Spieler, einem eigentlich leid tun müssten. »Hundehaufen«, »Kindergarten«, »Sauhund«, »ContractKiller aus Vatikanstadt« – Geschmack ist offenbar nicht jedermanns Sache. Was mag wohl im Kopf eines Menschen vor sich gehen, der sich »Herzischwein« nennt? Ein Dummkopf nennt sich »Röhm«, ein anderer Dummkopf nennt sich »Dummkopf«, wie originell. Sehr beliebt sind auch die Namen der Raubtiere Löwe, Tiger und Wolf.

Andererseits ist es aber auch erstaunlich, wie viele sympathische Namen sich die Spieler so ausdenken. »Listiger Freitag«, »Igor, der Igel«, »Kamerad Stumpfsinn«, »Blendwerk«, »Flitzflitz« – da muss man schmunzeln und fühlt sich gleich aufgefordert, spaßig zu denken.

## Weil man im Schach die Sinne schult

Auch wenn Schachspieler scheinbar stoisch am Brett sitzen, schulen sie doch ihre Sinne. Durch intensives Nachdenken öffnen sich generell, nicht nur beim Schach, die Geschmacksknospen, die gustatorische Wahrnehmung wird verbessert. Diese Eigen- oder Körperempfindung, die Propriorezeption, ist Voraussetzung für das Unterscheidenkönnen von Wahrheit und Lüge, für die Befragung des Gewissens. Sie befähigt zur Selbstkritik und Selbstreflexion, ist also unentbehrlich bei der Suche nach den besten Zügen, Gedanken, Plänen.

Weiterhin wird beim Schachspielen der Gleichgewichtssinn, der vestibuläre Sinn, gestimmt und verfeinert. Dies geschieht nicht etwa, weil die Spieler sich anstrengen müssten, nicht von ihren Stühlen zu fallen, sondern weil der Gleichgewichtssinn für das Raumgefühl unerlässlich ist, für die Einschätzung von Entfernungen, für das Erkennen von Strukturen und Mustern. Beim Schachspielen werden Räume gedanklich entworfen, eingeschätzt, erfunden.

Je weiter der gedachte Raum vom realen Geschehen auf dem Brett entfernt ist, je mehr Züge die Spieler also vorausdenken, desto wichtiger wird auch der Tastsinn, mit dem man sich in dunklen Räumen bewegt. Schachspieler sind Höhlenforscher ohne Licht und Kletterseil.

Der Sehsinn hingegen wird geschärft, indem man lernt, auf Details zu achten, »hinter die Dinge« zu sehen, sich die transzendentale Dimension vorzustellen. Der sogenannte sechste Sinn, welcher der außersinnlichen Wahrnehmung zugeordnet wird, ist beim Schachspielen aber die Königsdisziplin. Instinkte, Gefühle, Ahnungen hat der Computer nicht, Gott sei Dank.

Das Schmerzempfinden wird beim Schachspielen ebenfalls trainiert. Man muss es aushalten, bedroht und gequält zu werden. Und man muss die Scham nach einem schlechten Zug oder nach einer Niederlage ertragen. Doch Schachspieler haben nicht nur Nervenschmerzen beim Spielen, sondern auch Bauch-, Muskel- und Kopfschmerzen. Der Witz, noch niemand habe gegen einen gesunden Gegner gewonnen, ist so zu verstehen.

Der armenische Super-Großmeister Lewon Aronjan zum Beispiel schildert, was in ihm während einer Partie vorgeht, so: »Manchmal habe ich so viel Blut im Kopf, dass ich nicht mehr denken kann, dass ich keinen klaren Blick mehr für die einfachsten Dinge habe. Ich bin dann völlig vernebelt.« Das sei ein Gefühl wie Verliebtsein. »Dann schießt mir das Adrenalin durch die Adern, dann wird mir ganz heiß.«[53]

Und nicht zuletzt werden viele Spieler beim Schach vom Hörsinn gequält. Bei hoher nervlicher Anspannung stört manchmal jedes Geräusch. Womit wir beim Thema Geräuschempfindlichkeit wären.

33. GRUND

**Weil man im Schach lernt, Geräusche auszuhalten**

Kaum eine andere Spezies ist so geräuschempfindlich wie Schachspieler. Ihre Antworten auf die Frage, welche Geräusche und Verhaltensweisen des Kontrahenten am meisten stören, bezeugen höchste Sensibilität. So meint der Schachfreund mit dem Spitznamen Kobra:

»1. Der obligatorische Apfel, möglichst knackfrisch und mit halb offenem Mund verspeist, auch darf der Fruchtsaft gern beim Abbeißen breitflächig über die Zughand laufen.

2. Die Wasserflasche mit Schraubverschluss. Flasche greifen, aufdrehen … gluck, gluck, gluck … zudrehen, abstellen, Kunstpause, Flasche greifen, aufdrehen … gluck, gluck, gluck … zudrehen, abstellen, Kunstpause, durstig gucken, Flasche greifen …

3. Das virtuelle Insekt. Es hat a) die Eigenart, sich nur dann auf dem Schachbrett niederzulassen, wenn der Gegner am Zug ist; b) wird immer erst dann entdeckt, wenn der Gegner gerade in einer komplizierten Berechnung steckt, die ihm höchste Konzentration abverlangt und die bereits von kleineren Störungen zunichte gemacht werden kann; c) lässt sich immer auf einem vom Insektenjäger maximal weit entfernten Feld nieder, sodass der Arm des Jägers das gesamte Brett überdecken muss; d) ist widerspenstig und lässt sich niemals mit nur einer kurzen Handbewegung vertreiben; e) wird zur kalten Jahreszeit durch das ebenso beliebte wie virtuelle Haar vertreten.«[54]

Umstritten ist dagegen unter Schachspielern, ob es unhöflich ist, während der Partie ein Buch zu lesen. Ein Spieler, der sich gestört fühlte, weil der Kontrahent *Kabale und Liebe* von Friedrich Schiller las, wollte dies gleich beim Schiedsrichter melden und geahndet sehen. In der entsprechenden FIDE-Regel über das Verhalten am Brett heißt es nur, man dürfe den Gegner nicht ablenken, verärgern oder stören. In diesem Sinne argumentierte der beschuldigte Spieler, das Lesen eines Buches mache keine Geräusche, es rieche nicht und beschäftige auch nicht die optische Aufmerksamkeit des anderen. Ein Grimassen schneidender, nervöser Gegner wie Garri Kasparow würde ihn mehr irritieren als ein Schiller lesender.

Manche Spieler sagen allerdings auch, sie seien unempfindlich gegenüber Geräuschen – »Meine Gegner sollen von mir aus den Grill nebenbei anwerfen (…), mir egal. Das Einzige, was mich stört, sind Personen, die auf 15 cm rankommen, um die Partie zu beobachten«, meint ein Spieler im Schachforum.[55]

Als störend wird auch empfunden, wenn ein Spieler seinen Hund mitbringt und dieser unter dem Tisch vernehmlich knurrt, sobald er Zeichen der Angst oder der Aggressivität beim Gegner seines Herrchens spürt.

Am häufigsten aber ärgern Schachspieler sich über andere Spieler, die nach dem Ende ihrer Partien zu reden beginnen. Sie sind ja fertig, sie müssen sich nicht mehr konzentrieren. Wenn dann selbst leise und höfliche Ermahnungen nicht helfen, kann es im Turniersaal auch mal zu lauten Streitereien kommen.

# KAPITEL 4

# Schach und Kunst – von Nero bis ABBA

## Weil das Schachspiel die Filmkunst bereichert

Weil das Schachspiel als Motiv dramatische Situationen verstärken, illustrieren und leicht verständlich darstellen kann, wird es immer wieder in Kunstwerken verwendet, insbesondere in der Malerei, in Filmen, in der Fotografie, in der Literatur und in der Oper. Allerdings nicht immer richtig. So spielen in dem Film *Quo vadis?* der römische General Marcus Vinicius (Robert Taylor) und der Senator Petronius (Leo Genn) gegeneinander Schach. Doch im Jahre 64 nach Christus war das Schachspiel in Europa noch gar nicht bekannt.

Der häufigste handwerkliche Fehler in Schachszenen ist wohl das um 90 Grad verdrehte Brett. Sogar einer der stilbewusstesten Regisseure der Filmgeschichte, der Ungar Béla Tarr, ließ diese Sünde zu, und zwar in seinem Film *The Man from London* (*A Londoni férfi*, 2007). Der Rangiermeister Maloin (Miroslav Krobot) und der Wirt (Gyula Pauer) setzen sich geruhsam an einen Tisch, Maloin legt das Schachbrett hin, rechts unten ist deutlich ein schwarzes Feld zu sehen. Beide Schauspieler bauen die Figuren auf, der Wirt stellt den weißen König ganz fachmännisch auf ein weißes Feld, die Dame auf ein schwarzes. Dann zoomt die Kamera weg.

Auch auf dem Umschlagfoto des Gesprächsbandes *Zug um Zug* der beiden SPD-Politiker Helmut Schmidt und Peer Steinbrück steht das Brett verkehrt. Die beiden können zweifellos Schach spielen, aber nicht einmal sie bemerkten offenbar die peinliche Nachlässigkeit, als sie fotografiert wurden. Peinlich, weil geübte Schachspieler den Fehler bereits nach einem Blick auf das Brett bemerken sollten und dabei Schmerz empfinden müssten, schließlich verletzt solch ein Anblick ästhetische Gefühle.

Helmut Schmidt und Peer Steinbrück hätten eigentlich auch wissen müssen, dass nicht beide Spieler zur gleichen Zeit eine Figur setzen können, wie auf dem Foto dargestellt. Statt Tiefsinn und strategisches Können zu demonstrieren, wirkte die Inszenierung unfreiwillig komisch und angeberisch.

Vor allem in Filmen werden immer mal wieder unmögliche Stellungen auf dem Brett gezeigt oder unmögliche Züge gemacht, weil der Regisseur und die Schauspieler vom Schach keine Ahnung haben, weil man keinen kundigen Schachspieler als Berater engagierte oder in der Hektik auf solche »Kleinigkeiten« wie unmögliche Züge nicht achtete.

Wie genau allerdings die schachspielenden Zuschauer solche Filmszenen betrachten, zeigt ein Tagebucheintrag des Schriftstellers Helmut Krausser. Über Wolfgang Petersens Film *Schwarz und weiß wie Tage und Nächte* mit Bruno Ganz in der Hauptrolle notiert er: »Kleine Mängel wie folgender: Der arrogante Weltmeister lacht hämisch, als der von Rosenmund programmierte Computer 1. e4 e6 2. d4 d5 3. Sd2 a6!? zieht. Wurde laut Chess-Base '77 von Krogius zum ersten Mal gespielt, ist bald ein anerkanntes System geworden. Man hätte ja zum Beispiel 3. ... h6 auswählen können, worauf das Lachen angebrachter gewesen wäre.«[56]

Der erste Schachfilm der Geschichte wurde 1925 unter der Regie von Wsewolod Pudowkin in der Sowjetunion gedreht. In dem 28 Minuten lange Stummfilm *Schachfieber* (Шахматная горячка) sind einige der berühmtesten Schachspieler der damaligen Zeit zu sehen, darunter so wichtige Theoretiker wie Carlos Torre Repetto, Frank Marshall, Richard Réti und Ernst Grünfeld. Und der damalige Weltmeister José Raúl Capablanca spielt sich selbst in einer entscheidenden Nebenrolle. Der Film wurde während des Moskauer Turniers gedreht, in dem Efim Bogoljubow vor Emanuel Lasker und José Raúl Capablanca siegte.

In dieser Komödie wird ein schachverrückter junger Mann von seiner Freundin verlassen, die jedoch im nicht minder schachverrückten Moskau überall schachspielende Menschen trifft – bald auch den gut aussehenden Kubaner José Raúl Capablanca, dem sie hinterherläuft, natürlich zu einem Schachturnier, wo sie, nun selbst vom Schach begeistert, ihren Geliebten trifft und sich mit ihm versöhnt, woraufhin er ihr ein Schmuckstück im Schachbrettmuster schenkt. Ein erstaunlich guter Film mit einigen witzigen Szenen. Das Schachspiel dient hier nicht nur der Illustration des Geschehens, sondern ist selbst Thema.

Von historischer Brisanz, zumindest für das russisch-polnische Verhältnis, ist Raymond Bernards Film *Der Schachspieler* (*Le Joueur d'échecs*) von 1927. Der Schachspieler ist hier ein Automat, in dem sich ein Mensch verstecken kann. Vorbild für diesen Automaten war der Schachtürke, der 1769 von dem österreichisch-ungarischen Hofbeamten Wolfgang von Kempelen gebaut wurde. Im Film versteckt sich der polnische Revolutionär Boleslas im Innern des Automaten, er will in ihm nach Deutschland fliehen. Boleslas hat einen russischen Soldaten ermordet, der eine polnische Tänzerin vergewaltigen wollte. Der Mord löst einen Aufstand der Polen aus, die aber den Russen hoffnungslos unterlegen sind. Diese romantische Geschichte spielt in Wilna, im heutigen litauischen Vilnius, das jahrhundertelang zu Polen gehörte, 1776 aber unter russischer Besatzung stand. In der arte-Filmkritik heißt es dazu: »In atemberaubenden Bildern prallen Tausende von hoffnungslos unterlegenen Polen wie Wellen am Ufer an der russischen Armee ab, laufen Widerstandskämpfer in die Bajonette der feindlichen Besetzer.«[57]

Auf dem deutschen Filmplakat von 1927 steht noch der Untertitel »Der Gefangene der Zarin«. Denn kurz vor der Grenze spielt die russische Zarin Katharina die Große gegen den Schachspieler und gewinnt. Der Film wurde 1990 in einer aufwendig restaurierten Neufassung auf arte gesendet. »Bernards ambitioniertes Werk beeindruckt mit stilvoller Fotografie und einer zeitweilig fast schon ›entfesselten‹ Kamera – langweilt aber auf Dauer«, urteilt die Zeitschrift CINEMA.[58]

In dieser Frühzeit der Filmgeschichte spielten fast nur Männer Schach, das hat sich inzwischen glücklicherweise geändert. In dem französisch-deutschen Film *Die Schachspielerin* (*Joueuse*) aus dem Jahre 2009 ermöglicht das Schachspiel einer Frau, sich von ihrem Mann und ihrer Herkunft zu emanzipieren. Der Film entstand nach dem Roman von Bettina Henrichs. Das Dienstmädchen Hélène, gespielt von Sandrine Bonnaire, sieht im Hotel ein Liebespaar begeistert Schach spielen. Sie ist so fasziniert von diesem Anblick, dass sie mit Hilfe eines Schachcomputers das Spiel erlernt. Für ihre neue Leidenschaft riskiert sie ihren guten Ruf und ihre Ehe, ihr Mann bezeichnet sie als Schachverrückte. Doch sie sagt: »Wenn man ein Risiko eingeht, kann man verlieren, aber wenn man kein Risiko eingeht, verliert man auf jeden Fall.« Nachdem sie einen Amateurwettkampf gewinnen kann, bekommt sie endlich die Anerkennung, von der sie immer geträumt hat, und auch ihr Mann zeigt sich geläutert und überwindet seinen Neid und seine Eifersucht.

Der Kritiker Fritz Göttler wies anlässlich dieses Films in der *Süddeutschen Zeitung* auf den »erotischen Mehrwert des Schachs« hin. »Sandrine Bonnaire ist hinreißend als Hélène, unbeirrbar und hexenhaft, sie kriegt wunderbare Kanten an der Stirn, wenn sie sich ganz konzentriert.«[59]

Ein anderer Kritiker hingegen meinte: »Diese Überstrapazierung des Schachspiels als Allegorie für alles und jedes sowie die frustrierend unverständliche Anziehung, die es auf Hélène ausübt, kreieren eine zwanghafte, stark konstruiert wirkende Filmgestalt. Hélène verbringt Nächte beim Lernen mit dem Schachcomputer, verkracht sich mit Mann und Tochter und geht ohne große Hemmnisse über die sozialen Schranken«.[60]

Weniger allegorisch ist der indische Film *Die Schachspieler* von 1977. Er spielt im Jahre 1856: Der Herrscher Wajid Ali Shah (Amjad Khan) spielt lieber Schach, vergnügt sich lieber mit Frauen und schreibt lieber Gedichte, als sich um das Schicksal seines Königreichs zu kümmern, das von der britischen East India Company erobert werden soll.

Weitere berühmte Filme, in denen Schach vorkommt: *Die Grünstein-Variante* (1985) von Bernhard Wicki, basierend auf dem gleichnamigen Hörspiel von Wolfgang Kohlhaase. *Lushins Verteidigung* (*The Luzhin Defence*, 2000) nach dem Roman von Vladimir Nabokov, unter der Regie von Marleen Gorris, mit John Turturro und Emily Watson. *Ein mörderisches Spiel (Knight Moves*, USA 1992) mit Christopher Lambert und Diane Lane in den Hauptrollen. Ein Psychothriller vom Feinsten! Ein Schachgroßmeister wird während eines Turniers des Mordes verdächtigt – spielt aber ungerührt weiter. Das Mordmotiv hat tatsächlich mit Schach zu tun.

Im zweiten James-Bond-Film *Liebesgrüße aus Moskau* (*From Russia with Love*, 1963) spielen Kronsteen, der geniale Stratege der Verbrecherorganisation Phantom, und MacAdams die Schachpartie zwischen Spasski und Bronstein aus der UdSSR-Meisterschaft 1960 nach. In *Casablanca* studiert Humphrey Bogart eine Stellung der Französischen Partie und spielt dann einen Springerzug für Weiß. Im *Hund von Baskerville* aus dem Jahre 1959 spielen Sherlock Holmes und Dr. Watson eine Partie Schach. In dem Film *Zugzwang* (1989) unter der Regie von Mathieu Carrière wird ein Pianist schachsüchtig. Als Gast tritt Ex-Weltmeister Anatoli Karpow in einer Nebenrolle auf.

Die Großmeister Viktor Kortschnoi, Michail Tal und Mark Taimanow spielen hingegen in dem Film *Grossmeyster* (1972) mit. Für den schweizerisch-französischen Schachfilm *Gefährliche Züge* (*La Diagonale du fou,* 1984) bot die Weltmeisterschaft zwischen Viktor Kortschnoi und Anatoli Karpow die Vorlage. Michel Piccoli spielt den alternden und sterbenden Weltmeister.

In dem Film *Thomas Crown ist nicht zu fassen (The Thomas Crown Affair)* aus dem Jahr 1968 zelebrieren Steve McQueen und Faye Dunaway nicht nur den für lange Zeit längsten Kuss der Filmgeschichte (55 Sekunden), sie spielen zuvor auch fast sechs Minuten lang gegeneinander Schach – und natürlich gewinnt die Außenseiterin.

In zwei Harry-Potter-Filmen wird Schach gespielt, in *Harry Potter und der Stein der Weisen* (*Harry Potter and the Philosopher's Stone*, 2001) und in *Harry Potter und die Kammer des Schreckens* (*Harry Potter and the Chamber of Secrets*, 2002).

Weitere Film-Klassiker mit Schachszenen: *Blade Runner*, ein 1982 erschienener US-amerikanischer Science-Fiction-Film des Regisseurs Ridley Scott. *Liebe sich wer kann* (*Whatever works*, 2009) von Woody Allen. *Independence Day* (1996) von Roland Emmerich. *Stalag 17* von Billy Wilder, gedreht 1953. Der Film spielt in einem deutschen Kriegsgefangenenlager, in dem US-amerikanische Offiziere einsitzen. Ebenfalls von Billy Wilder: die Komödie *Eins, Zwei, Drei* (1962) mit James Cagney, Liselotte Pulver und Horst Buchholz in den Hauptrollen.

Auch Stanley Kubrick hat in zwei Filmen Schachszenen eingebunden, in *Die Rechnung ging nicht auf* (*The Killing*, 1956) und *2001: Odyssee im Weltraum* (*A Space Odyssey*, 1968).

All diese Beispiele zeigen, dass wohl keine andere Sportart in Filmen so häufig gezeigt wird wie Schach. Zwar ist Fußball populärer, aber die intime Dramatik, die das Schach bietet, ist für Filmkunst besser geeignet.

35. GRUND

## Obwohl Schach oft klischeehaft dargestellt wird

Wohl kein Mensch hat alle oder auch nur die Mehrheit der Filme gesehen, in denen Schach gespielt wird. Deshalb ist die Beurteilung, ob schachspielende Menschen in Filmen oft klischeehaft dargestellt werden, eigentlich unmöglich. Als ich das Thema aber im Schachverein erwähne, fällt jedem Schachfreund ein anderes Filmklischee ein – einzügige Matts werden übersehen, Laien oder Kinder gewinnen gegen Meister, man spielt mit Kunstfiguren, während »richtige« Schachspieler doch die einfachen Holzfiguren bevorzugen.

Dank des Internets konnte ich mir einen Zusammenschnitt von 101 Matt-Szenen aus Spielfilmen ansehen. Das Matt ist natürlich der Moment der Tragödie! Er dauert in *101 Checkmates in films* durchschnittlich 7,4 Sekunden.[61] Nahezu in jeder Szene passiert tatsächlich in einer Hinsicht das gleiche – der Gewinner macht einen Zug und sagt matt, der Verlierer ist überrascht, gar schockiert, oft fühlt er sich gedemütigt. Er hat die Drohung vorher nicht gesehen. Das passiert aber im Schach auch Laien eher selten, guten Spielern in 100 Partien vielleicht ein Mal. Meistens wird in den Filmen mit der Dame matt gesagt, und diese große Figur übersieht man nicht so einfach. Matts kündigen sich in der Regel über mehrere Züge hinweg an, ein plötzliches Mattmotiv ist ziemlich selten.

Deshalb sind die Reaktionen des Publikums auch so unwahrscheinlich – die Zuschauer brechen in Gelächter aus oder jubeln, als sei wie im Fußball »aus heiterem Himmel« ein Tor gefallen. Niemand scheint den einen entscheidenden Zug vorhergesehen zu haben. Ein wichtiges Klischee wird also erfüllt.

Nachdem ich mir den zwölfeinhalb-minütigen Film zweimal angesehen hatte, kam ich zu dem Schluss, dass noch mehr Klischees bedient werden – ich hatte den Eindruck, dass in den 101 Filmszenen die Frauen immer gegen Männer spielten, nie gegen Kinder, und dass sie immer gewannen. Dass die Kinder immer Jungs waren und immer gegen die Erwachsenen gewannen, oft gegen Männer im Großvater-Alter, um die Dramatik zu erhöhen.

Dann überprüfte ich dieses Gefühl und stellte fest, dass die erwarteten Muster nicht den Szenen im Film entsprachen, sondern in meinem Kopf entstanden waren. Denn tatsächlich gewinnen in dem Zusammenschnitt die Frauen fünf Partien gegen Männer, die

Männer sechs gegen Frauen. Unter den Kindern sind zwei Mädchen und neun Jungs. Zwei Jungs verlieren, einer bekommt noch den Ausruf seines älteren Gegners an den Kopf geknallt: »Checkmate, you little Patzer!«

Es wird in diesen Filmauszügen auch nicht überwiegend mit Zier- oder Kunstfiguren gespielt, sondern mit den üblichen Staunton-Figuren. Der sozialen Schicht nach gehören die meisten Figuren der gehobenen Mittelschicht oder der Oberschicht an, oft sind es Offiziere, Adlige, Dandys.

Man sieht: Ganz so einfach ist es nicht mit den Klischees. Einige treffen zu, andere nicht. Und es ist ja eigentlich ein Kompliment fürs Schach, dass es so häufig wie kaum eine andere Sportart in Filmen vorkommt – wenn auch nur für 7,4 Sekunden.

36. GRUND

## Weil das Schachspiel die Literatur bereichert

So viele klischeehafte Darstellungen von Schachspielern wie in Filmen gibt es in der Literatur nicht. Romane werden nicht arbeitsteilig geschrieben. Und da kluge Autoren nur über das schreiben, was sie gut kennen, wird man in der Hochliteratur solche primitiven Fehler wie den des verdrehten Bretts nicht antreffen. Mir ist jedenfalls kein einziges Beispiel für die falsche Darstellung des Schachspiels in der Literatur bekannt.

Doch das Schachspiel wird manchmal auch in der Literatur bloß zu illustrierenden Zwecken verwendet, insbesondere in Kriminalromanen. Ein häufiges Klischee lautet, dass Schachspieler strategisch denken können und deshalb strategisch geplante Morde begehen, wie etwa in Jeffrey B. Burtons Krimi *Der Schachspieler*. Dort jagen die Helden vom FBI das raffinierte Böse. Der Mörder steckt seinen Opfern gläserne Schachfiguren in die Wunden. Deshalb hat das FBI seinen Schachexperten für die Untersuchung der Mordfälle herangezogen, der haarscharf schlussfolgert: »Der Täter spielt auf meisterlichem Niveau und ist dem Gegner immer einige Züge voraus. Seine Strategie ist schnell und überfallsartig. Der Durchschnittsspieler geht eher vorsichtig zu Werke, weil er schon manche Niederlage erlebt hat, wenn er zu ungestüm vorging. Ein großer Spieler weiß genau, wann er zum Sturmangriff übergehen kann. Er erkennt die Schwachstellen des Gegners und nutzt sie gnadenlos aus.«[62]

Wenn der Täter real wäre, müsste man das FBI bedauern, denn dieser Schachexperte taugt nichts. Einen Durchschnittsspieler gibt es nämlich nicht, allenfalls einen mittelmäßig Spielenden. Dieser aber zeichnet sich nicht durch besondere Vorsicht aus, sondern eher dadurch, dass sein Temperament ihn zu Entscheidungen verführt, die er hinterher bereut. Der Meister wägt ab, wählt viele Perspektiven, denkt gegen die Muster, er schöpft aus der Substanz; der Amateur hingegen folgt Chimären, er bildet sich ein, alle Drohungen zu sehen, seine Gedanken zerfasern, er beschwichtigt seine Furcht, weil er zu faul zum Denken ist. Auch ist eine schnelle, gar überfallsartige Strategie ein Widerspruch in sich, denn strategisches Denken ist langfristig angelegt.

Überzeugender und substanzieller ist da schon die Darstellung des Schachspiels im ersten Schachroman der Geschichte, *Anastasia und das Schachspiel* von Johann Jakob Wilhelm Heinse (1749–1803). Heinse war selbst ein guter Schachspieler, in seinem Briefroman verwendete er Analysen des italienischen Schachmeisters Giambattista Lolli.

Das Buch enthält Berichte eines schachspielenden Italienreisenden und sogar eine Sammlung von Mattaufgaben. Die eigentliche Hauptfigur dieser romantischen Erzählung ist die Schach-Amazone Anastasia, die von hochgebildeten Schachspielern erzogen wird – eine typische Männerfantasie.

Heinse stellt in diesem Roman auch das nach seiner Figur benannte Anastasia-Matt vor, eine Mattkombination, die auch heute noch zum klassischen Repertoire gehört. Es kommt häufig durch Einbruch in eine Kurze-Rochade-Stellung zustande, nachdem ein den König deckender Springer abgedrängt wurde:

*1. e4 e5 2. Sf3 Sc6 3. Lb5 Sf6 4. 0-0 Sxe4 5. Te1 Sd6 6. Sc3 Sxb5 7. Sxe5 Sxe5 8. Txe5+ Le7 9. Sd5 0-0? (Hier wäre der unorthodoxe Zug 9. ... Kf8 nötig gewesen. Nach 10. Sxe7 d6 11. Txb5 Dxe7 ist die Stellung etwa ausgeglichen.) 10. Sxe7+ Kh8 11. Dh5 d6 (11. ... g6 hilft auch nicht: 12. Dh6 Te8 13. Th5! gxh5 14. Df6 matt.) Weiß opfert die Dame – 12. Dxh7+!! Kxh7 13. Th5 matt.*

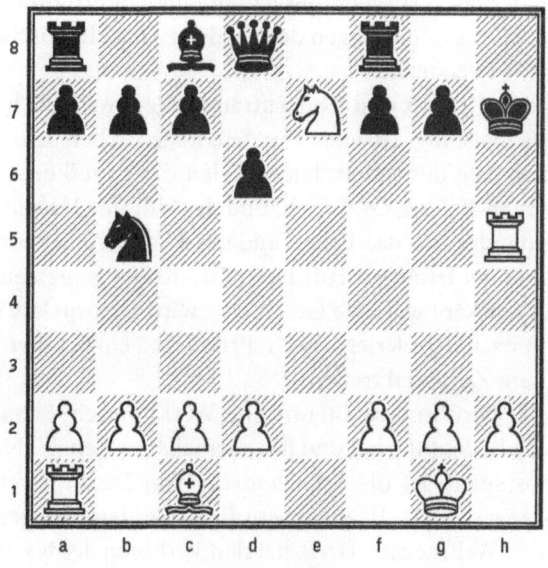

Emmanuel Lasker, 1894

Anastasias Matt

Ganz und gar nicht romantisch ist die Situation, in welcher der 16-jährige Jude Isaak in dem Roman *Remis für Sekunden* gegen den Gettokommandanten Schoger nicht nur um sein eigenes Leben spielen muss, sondern auch noch um das vieler jüdischer Kinder.

»Wenn ich das Spiel verliere, müssen die anderen es büßen, und ich bleibe am Leben. Wenn ich gewinne, geschieht den anderen nichts, ich aber muss sterben. Gibt es ein Remis – werden alle zufrieden sein.« Die Betroffenen, über deren Schicksal entschieden wird, schauen dem Spiel zu. »Hunderte von Augen starrten auf die Spieler. Das ganze Ghetto war versammelt und bildete einen großen Kreis um die beiden.« Gettokommandant Schoger will gewinnen »und sich den Partner erhalten«, er will morden (lassen) und Schach spielen.[63]

Der litauische Autor dieses Romans, Icchokas Meras, wurde 1934 in der litauischen Stadt Kelmė geboren. Seine Eltern wurden gleich zu Beginn der faschistischen Besetzung Litauens ermordet. Meras und seine Schwester entgingen dem Tod, weil eine litauische Familie sie bis 1944 versteckte.

Das Thema Schach und Konzentrationslager wird auch in dem Roman *Die Lüneburg-Variante* von dem italienischen Schriftsteller Paolo Maurensig behandelt. Hier spielen der Lagerkommandant des KZ Bergen-Belsen, Dr. Frisch, und der jüdische Häftling Tabori gegeneinander um das Leben anderer Häftlinge Schach. Beide haben schon bei früheren Turnieren ihre Kräfte gemessen, wobei Tabori der Stärkere war. Die Geschichte wird retrospektiv erzählt, sie beginnt nach dem Krieg, als Dr. Frisch und ein Schüler Taboris sich in einem Zugabteil treffen.

Das wohl berühmteste literarische Werk, in dem Schach eine existenzielle Bedeutung hat und das ebenfalls zur Zeit des Nationalsozialismus spielt, ist die *Schachnovelle* von Stefan Zweig. Hier spielt ein gewisser Dr. B. auf einem Passagierdampfer gegen den amtierenden Weltmeister. Dr. B. hat den Verhören der Nazis widerstanden, indem er aus einem Schachbuch 150 Partien auswendig lernte und dann im Kopf gegen sich selbst spielte. Nach einem Nervenzusammenbruch wurde er entlassen, was wohl nicht gerade als typischer Ausgang einer Haftstrafe unter den Nazis anzusehen ist. Sei es drum, im Spiel gegen den Weltmeister, der ein ziemlich arroganter Schnösel ist, sitzt Dr. B. zum ersten Mal an einem richtigen Brett, er gewinnt, wieder befällt ihn das »Nervenfieber«, das man heute posttraumatische Störung nennen würde.

Stefan Zweig hat die Novelle 1941 im Exil geschrieben, sie wurde auch mit Curd Jürgens in der Hauptrolle verfilmt.

Kaum weniger bekannt als die *Schachnovelle* ist der Roman *Lushins Verteidigung* von Vladimir Nabokov. Lushin ist zwar der typische, klischeehafte Schachspieler – außerhalb des Bretts vertrottelt und lebensunfähig, beim Spielen aber ein klarer und genialer Denker –, doch dank Nabokovs sprachlicher Meisterschaft ist es doch ein lesenswertes Buch. Nabokov, der selbst ein hervorragender Schachkomponist war und zahlreiche Schachaufgaben erfunden hat, veröffentlichte 1970 auch das Buch *Poems and Problems* mit 53 Gedichten und 18 Schachproblemen.

In der neueren Literatur ist Thomas Glavinics Roman *Carl Haffners Liebe zum Unentschieden* hervorzuheben. Hier gilt das Streben nach dem Remis als die hohe Kunst des Schachspiels. Das Vorbild für die Romanfigur Carl Haffner ist der Wiener Schachspieler Carl Schlechter (1874–1918), der 1910 gegen den amtierenden Weltmeister Emanuel Lasker (1868–1941) um den WM-Titel kämpfte und dabei in den vereinbarten zehn Partien acht Mal ein Unentschieden schaffte. Die fünfte Partie hatte er gewonnen, sodass er, wenn er auch im letzten Spiel ein Remis geschafft hätte, neuer Weltmeister geworden wäre. Doch Schlechter übersah in einer Kombination zwischen dem 34. und 37. Zug ein Zwischenschach und verlor.

Der Weltmeister Emanuel Lasker hat auch selbst eine Erzählung geschrieben, die dem Schach gewidmet ist. *Wie Wanja Meister wurde* beschreibt in 20 Kapiteln den Lebensweg des Moskauer Schachspielers Wanja. Sowohl in dessen Lehrer als auch in dem jungen Wanja porträtiert Lasker sich selbst. Lasker schrieb die Erzählung 1937 in Moskau, wo er nach der Machtergreifung der National-sozialisten zwei Jahre lang im Exil lebte. Er spielte dort auch Simultanturniere, was der Legende widerspricht, in der Sowjetunion sei Simultanschach verboten gewesen.

Zusammenfassend lässt sich sagen, dass in nahezu allen Romanen mit Bezug zum Schach die Hauptfiguren introvertierte, oft tragische Einzelgänger sind. Erstaunlicherweise wurde offenbar noch nie ein Roman geschrieben, in dem die Mannschaft der Held ist. Dabei hat es schon viele dramatische und prestigeträchtige Mannschaftskämpfe gegeben und die dramaturgischen Möglichkeiten wären um einiges vielfältiger als das Muster des tragischen Genies.

37. GRUND

## Weil Jean Paul das Schachspiel liebte

Wohl in keinem anderen literarischen Werk eines bedeutenden deutschen Schriftstellers sind das Schachspiel und die Schachsprache derart stark vertreten wie bei Jean Paul (1763–1825). Als Kind wurde Jean Paul von einem Kaplan in Philosophie, Geografie und auch im Schachspiel unterrichtet, wobei ihn das Schachspiel deutlich mehr beschäftigte als die anderen beiden Fächer, wie man diesem Auszug aus seiner *Selberlebensbeschreibung* entnehmen kann: »Diese Stunden des Kaplans setzt ich endlich auf ein Schachspiel und sie wurden verspielt, weil – nicht gespielt wurde. Zuweilen nämlich beschloß der Kaplan den geographischen Unterricht mit einem im Schach; mein liebstes Spiel bis noch jetzt, ob ich gleich darin wie in jedem andern der Anfänger geblieben, als der ich gleich anfangs aufgetreten.«[64]

Bald verbesserte sich sein Spiel, und er vermochte sogar seinen Vater in arge Bedrängnis zu bringen, jedoch kommt etwas dazwischen, genauer gesagt ein Vierbeiner: »Um 12 Uhr nachts. Ich bin außer mir. Wer hätt' es von meinem Vater geglaubt? Mein Spiel konnte kaum besser stehen – es war auf meines Vaters Sekundenuhr, die neben dem Schachbrett lag, schon viel über halb Zwölf – er hatte nur drei Offiziere und ich noch alle meine – ohn' ein Wunderwerk war er in 18 Minuten matt – eine fliegende Röte spannte einmal ums andre sein ganzes Gesicht – wir wurden zuletzt ordentlich beklemmt, und selbst der Doktor sagte kein lustiges Wort mehr – bloß mein weißes Miezchen marschierte schnurrend auf dem Spieltisch herum – kein Mensch denkt natürlicherweise auf die Katze, und er bietet mir im Spiele das erste Schach – nun mocht' er (oder war ichs? denn ich schlage zuweilen auch solche Pralltriller auf dem Tische) mit den Fingern einen auf der Bande machen – wie der Blitz fährt die Bestie, die es für eine Maus halten muß, darauf hin und schmeißet uns das ganze Spiel um und da sitzen wir!«[65]

Auch als Jean Paul als Erwachsener in seiner Schrift *Levana oder Erziehlehre* das Verhältnis des Kindes zur Welt und zu Gott beschreibt, greift er auf Schachmetaphern zurück: »Was der Papst Sixtus V. roh aussprach: Zahlenlehre sei am Ende auch Eseln beizubringen; – und die bekannte Beobachtung in der französischen Enzyklopädie, daß einige Blödsinnige gut Schach spielen gelernt – da das Schachspiel eine mathematische Kombinazion ist, und das Schachbrett zum Probiertiegel oder Kredenztisch mathematischer Kräfte dienen könnte.«[66]

Nicht nur sich selbst, auch einen Adligen beschreibt er als schachsüchtig: »Ermüdet schon Sitzung Fürsten, wieviel mehr, wenn einer, wie Marggraf, die Minute durchaus gar nicht erwarten kann, in der er aufstehen und den sechzehn dürren Schachfiguren – worunter nur drei reich genug an Gold und Silber waren, nämlich die Miniaturmaler an Muschelgold und -silber – zehn Goldludwige (nämlich jeder Figur) auf die Tafel hinlegen kann, sondern wenn er ordentlich vor Ungeduld zappelt und wie ein Schullehrer denkt: häuslicher Fleiß könnte ja das Beste tun und mich ausmalen.«[67]

In seiner Schrift *Vorschule der Ästhetik* teilt er auch den Grund für seine Schachbegeisterung mit: »Das Feld der Wirklichkeit ist eben ein in Felder geschachtes Brett, auf welchem der Autor so gut die gemeine polnische Dame als das königliche Schachspiel, sobald er in einem Falle nur Steine, und im andern Figuren und Kunst, spielen kann.«[68]

Was er allerdings nicht spielen kann, ist Fernschach. In einem Brief an den Pfarrer Vogel lehnt er am 26. Juli 1783 dessen Angebot, mit ihm »Briefschach« zu spielen, ab. »Warum wolten wir, gleich gewissen holländischen Kaufleuten, durch Briefe Schach spielen und uns der Unbequemlichkeit aussezen, erst durch die Post erfaren zu können, wie der Gegenpart das neuliche Schach dem König ausparirt habe, da wir den Spas an Einem Tische vornemen können. – Freilich wird durch Briefe das Spielen erleichtert, aber auch verlängert.«[69]

Auch in seinem literarischen Werk gibt es immer wieder Schachszenen, so in dem Roman *Titan*: »›Du gehst fort?‹, fragte sie. ›Ja!‹, sagt’ er und bat sie sehr, weniger heftig zu sein; denn er wusste, wie leicht ihn fremder Ungestüm ansteckte, da er ohne Zorn nicht einmal lange Schach spielen oder fechten konnte.«[70]

An den mechanistischen Unsinn, dass eine Maschine Schach spielen könne, wie der Baron von Kempelen seinen Zuschauern weismachen wollte, konnte Jean Paul nicht glauben. So enthält seine *Auswahl aus des Teufels Papieren* ein »Bittgesuch der Spieler und Damen gegen die Einführung der Kempelischen Spiel= und Sprachmaschinen«: »… und es kann uns nicht einmal iemand Bürge werden, daß nicht H. v. Kempele künftighin in seinen Maschinen hin und wieder Triebwerke eingesezt, mittelst welcher sie entsetzlich fluchen und betrügen können. Wer mit seiner Schachmaschine gespielet, der wird sagen, wir übertreiben gar nichts. – Das Wichtigste ist noch, daß diese Maschinen so überaus dumm und unwissend sind, wenn anders solche edle und nur für lebendige Menschen nicht zu hohe Ausdrücke sich für Maschinen schicken.«[71]

Jean Paul wollte Schach mit echten Menschen spielen, die ihm gegenübersaßen, denn (so in einem Brief): »Außer den Philosophien weis ich kein so gutes Treibmittel des Gehirns als höchstens Kaffee und Schach.«[72]

38. GRUND

**Weil Marcel Duchamp lieber Schach spielte,
als den Kunstmarkt zu bedienen**

»Du musst unbedingt über Duchamp schreiben«, sagt Schachfreund TW, als wir nachts in einem Berliner Klub einige Biere zischen. »Duchamp war einer der größten Spötter des 20. Jahrhunderts! Er hat ein Pissoir zu Kunst erklärt, und als er endlich Erfolg hatte, hat er keine Kunst mehr gemacht, sondern nur noch Schach gespielt. Und er ist bei einem Lachkrampf gestorben, einen schöneren Tod kann man sich doch gar nicht vorstellen.«

Nun ja, etwas verkürzt ist diese Darstellung schon, aber sie war der Anlass, mich nach langer Zeit noch einmal mit dem seltsamen Leben des Marcel Duchamp zu beschäftigen.

Henri-Robert-Marcel Duchamp wurde 1887 in Blainville-Crevon bei Rouen geboren. Drei seiner Geschwister wurden ebenfalls bedeutende Künstler – die Brüder Gaston und Raymond und die Schwester Suzanne. Marcel Duchamp malte tatsächlich 1918 sein letztes Gemälde auf Leinwand. Das Werk trug den vielsagenden Titel *Tu m'*, was interpretiert werden kann als »Tu m'emmerdes« –

»Du nervst mich«, »Du langweilst mich«. Geschmack, betonte er immer wieder, sei für ihn der größte Feind der Kunst.

Bereits in den Jahren zuvor hat er die gängigen Traditionen, wie so viele andere Künstler seiner Zeit, radikal verlacht. So konstruierte er 1913 ein *Fahrrad-Rad* aus dem Speichenrad eines Fahrrads, einer Vordergabel und einem weiß lackierten Küchenhocker.

»Das Rad zu drehen war sehr wohltuend, sehr beruhigend«, sagte er. »Ich schaute gerne darauf, genauso wie ich es mag, die tanzenden Flammen in einem Kamin zu betrachten.«[73]

Noch provozierender jedoch war seine *Fountain*, ein Urinal, das er auf einen Sockel stellte und zu Kunst erklärte. Seiner Meinung nach war die Auswahl eines Gegenstandes bereits ein künstlerisches Werk. Das Pissoir ging unter anderem auch deshalb in die Kunstgeschichte ein, weil es von der Ausstellung der Society of Independent Artists – in der Duchamp selbst Mitglied war – ausgeschlossen wurde. Er hatte es unter dem Pseudonym R. Mutt eingereicht.

1915 übersiedelte er nach New York, wo er mit kubistischen Gemälden viel Geld hätte verdienen können, doch er wollte keiner Schule zugeordnet werden und sich keiner Theorie unterwerfen, sodass er lieber als Französischlehrer arbeitete.

Zurück in Paris, spielte er intensiv Schach und wurde sogar Mitglied der französischen Nationalmannschaft. Er nahm fünf Mal an Schacholympiaden teil, 1924 in Paris, 1928 in Den Haag, 1930 in Hamburg, 1931 in Prag und 1933 in Folkestone. Zusammen mit dem Schachkomponisten Vitali Halberstadt veröffentlichte er das Buch *L'opposition et les cases conjuguées sont réconciliées* über Bauernendspiele (dt. *Opposition und Schwesterfelder*).

Wie zuvor das Drehen des Rads beim Fahrrad-Rad begeisterten ihn die Bewegungen der Schachfiguren. Nicht jeder Künstler könne Schach spielen, aber alle Schachspieler seien Künstler, sagte er. Er spielte unter anderem gegen Savielly Tartakower und im Rahmen einer Performance auch gegen den Komponisten John Cage (1912–1992). Durch Sensoren im Schachbrett wurden dabei Tonfolgen ausgelöst.

Als Duchamp 1960 für den *New Yorker* von Calvin Tomkins interviewt wurde, sagte er, er sei schlichtweg ein Atmender.

Möglicherweise ist er tatsächlich an einem Lachkrampf gestorben. Seine Frau Teeny fand ihn kurz nach Mitternacht tot im Badezimmer liegend, nach einem fröhlichen Abend mit Freunden, unter anderem dem Fotografen und Filmregisseur Man Ray.

Man Ray und Duchamp haben sich übrigens auch beim Schachspielen gefilmt, als beide auf dem Dach des Théâtre des Champs Elysées saßen – bis ein Regenguss sämtliche Figuren vom Brett spülte.

39. GRUND

## Weil Schachfiguren singen können

Unter einem Massenansturm von Zuschauern leiden Schachwettkämpfe bekanntlich nicht. Anders ist es, wenn eine populäre Popgruppe ein Schach-Musical geschrieben hat. So haben Benny und Björn, die beiden männlichen Mitglieder der schwedischen Gruppe ABBA, das Musical *Chess* komponiert. Das Musical wurde mehrere Jahre lang im Prince Edward Theatre im Londoner West End aufgeführt. Die beiden populärsten Lieder aus diesem Stück sind *One Night in Bangkok* und *I know him so well*. Vorbilder für die beiden Schachspieler, einen US-Amerikaner und einen Russen, sind wahrscheinlich Viktor Kortschnoi und Bobby Fischer gewesen.

Doch auch in dem etwas ernsteren Genre, der Oper, wurde das Schachspiel mehrmals auf die Bühne gebracht. Als die lettische Hauptstadt Riga 2004 Kulturhauptstadt Europas war, wurde die dem lettischen Exweltmeister Michail Tal gewidmete Oper *Michail und Michail spielen Schach* (*Mihails un Mihails spele sahu*) aufgeführt. Der Komponist Kristaps Pētersons nutzte als dramaturgische Vorlage den Wettkampf bei der Schachweltmeisterschaft 1960 in Moskau, als Michail Tal den Weltmeister Michail Botwinnik schlug. Herz schlägt Verstand (mit 12,5 zu 8,5 Punkten), so konnte der Konflikt zwischen den beiden Spielern verstanden werden, denn Michail Tals Stil, so sahen es viele Beobachter und auch der Komponist Pēterson, beruhte mehr auf Intuition und Improvisation, während Botwinnik eine rationalere und akademischere Spielweise bescheinigt wurde. Der Wettkampf selbst wurde in der Form einer multimedialen Vorlesung nachgespielt.

Der spanische Komponist Cristóbal Halffter wiederum hat Stefan Zweigs *Schachnovelle* vertont. »Oper über Schach, Widerstand und Wahn für großes Orchester, Soli und Chor (sowie Ballett ad libitum)« so lautet die offizielle Bezeichnung. Das Libretto schrieb Wolfgang Haendeler, die Uraufführung fand am 18. Mai 2013 im Theater Kiel statt. Eine Besucherin schrieb: »Es war ein wirkliches Klangerlebnis und zudem eine Inszenierung, die sich glücklicherweise auf Wesentliches zu beschränken wusste, ganz entlang der Idee, die Geschichte aus der radikalen Begegnung eines Menschen mit dem Schachspiel zu entwickeln.«[74]

Auch Kinder kann man mit Hilfe der Oper für das Schachspiel interessieren. Der Wiener Opernsänger Peter Mitschitczek hat zuerst ein Schachbuch für Kinder geschrieben, *Fang den König!* heißt es, danach hat er eine gleichnamige Mini-Oper komponiert. Anders als in Franz Kafkas Erzählung *Die Verwandlung* erwacht die Hauptfigur am Morgen nicht als Käfer, sondern als weißer König. »Grad war ich noch in meinem Bett, und nun stehe ich auf einem … Schachbrett«, so singt er, und die Schachfiguren erzählen ihm »allerlei Wundersames«. Peter Mitschitczek reist mit dieser Kinderoper durch Deutschland und Österreich und führt sie an Schulen auf. Die Kinder sind, wie man in Videos im Internet sehen kann, begeistert.[75]

# KAPITEL 5

# Humor und Magie –
# auch Genies
# sind Menschen

## Weil Schach ohne Humor undenkbar ist

Humor ist bekanntlich ein Zeichen von Intelligenz. Da Schach eine Denksportart ist, sind viele Partien witzig und lustig, manche unfreiwillig komisch. Je stärker die Kombination, desto schärfer der Humor. Im Unterschied zum Witz kann nach einer gelungenen Pointe im Schach allerdings oft nur einer lachen, der Gewinner.

Hier eine der witzigsten Partien, die ich kenne, kommentiert vom Schwarzspieler Michael Schilke. Helmut Kracht vom SK Kaltenkirchen war der Weißspieler beim ZMD-Open 2005 in Dresden.

*1. e4 c5 2. f4*
Grand Prix!

*2. … d5 3. Sf3*
Was tun? In die Vorbereitung des Gegners laufen und e4 nehmen oder langweilig fortsetzen?

*3. … dxe4 4. Sg5 Sf6 5. Lc4*
Was passiert eigentlich, wenn ich nun Lg4 spiele, mein Gegner wird doch nicht die Dame opfern?

*5. … Lg4 6. Lxf7+*
Er tut es!!! (Nach der Partie erklärt mir der freundliche Schachmensch, dass er das System selber ausgeknobelt hat. Einen Internationalen Meister hat er mit der »Kracht-Attacke« schon skalpiert!)

*6. … Kd7 7. Dxg4+*

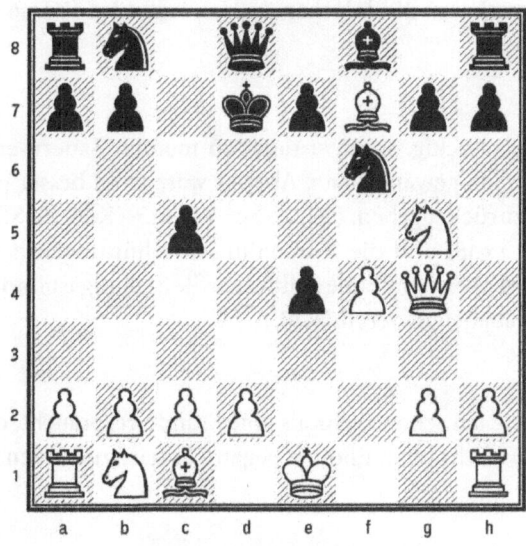

Stellung nach 7. Dxg4+

**7. ... Sxg4 8. Le6+**
Nun habe ich eine schwierige Entscheidung zu lösen. Ke8 (wohl mit Zugwiederholung) oder Kc6 oder Kc7?

**8. ... Kc6 9. Lxg4 e5**
Ich brauchte Luft und wollte mich auch nicht kleinlich zeigen. Aber e7-e6 wäre eindeutig stärker gewesen.

**10. Sf7 Df6**
10. ... Dh4+ hätte nichts gebracht! 11. g3 Dxg4 (11. ... Df6) 12. Sxe5+ gewinnt die Dame mit Gewinnstellung.

**11. Sxe5+**
Nun mutieren beide Springer zu Monstergäulen.

*11. ... Kc7 12. Sc3 Dd8.*
Wieder zurück und d5 abdecken. (**12. ... Kd8 13.** Sd5 Da6 **14.** Sf7+
Ke8 **15.** Sxh8)

*13. Le6 b5?*
Jetzt war ich bockig, sollte er doch an meinen Bauern ersticken,
Hauptsache ich gewann Platz. Aber es wäre wohl besser gewesen,
die Dame zurückzugeben. (**13. ...** Sc6 **14.** Sd5+ Kd6 **15.** Sf7+ Kxe6
**16.** Sxd8+ Txd8, und die Adrenalin-Ausschüttungen hätten auf
wundersame Weise ein Ende gefunden; die Stellung ist immer noch
spannend, aber stark vereinfacht.)

*14. Ld5*
Bis hier hatte ich schon mehr als eine Stunde verbraucht, der Gegner circa fünf Minuten. Endlich begann er nachzudenken.

*14. ... Sd7*
Eines der Monster hätte ich gerne bekommen.

*15. Sf7 De8 16. Sxh8 Tb8 17. Lf7 Dd8 18. 0-0*
**18.** Le6 wäre nun stark gewesen!

*18. ... Sf6?*
**18. ...** c5-c4 wäre besser gewesen. Aber ehrlich, ich war mental schon
weichgeklopft! (**18. ...** c4 habe ich nicht gesehen, **19.** Kh1 Lc5)

*19. d3*
**19.** Le6 wäre immer noch gegangen!

*19. ... Dd4+*
Meine Zeit war schon arg fortgeschritten, den Abtausch auf d3 hat-
te ich perspektivisch schlecht eingeschätzt, wegen der Möglichkeit
Td1. (**19. ...** exd3 **20.** Td1 c4 **21.** Le3 [**21.** cxd3 Lc5+ **22.** d4])

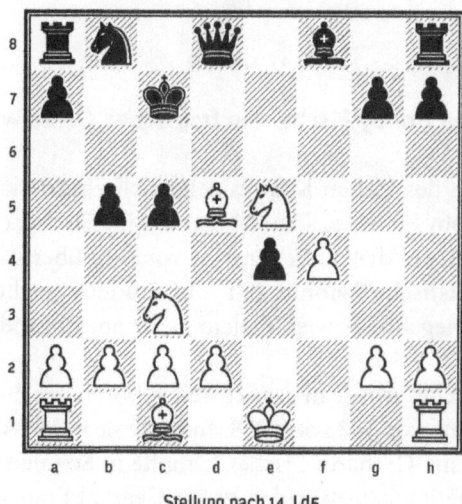

Kracht – Schilke, Dresden, 2005

Stellung nach 14. Ld5

**20. Kh1 e3?** *(20. ...exd3)* **21. Tf3 Sg4 22. Lxe3**
Zum Glück hat er nicht einfach h2-h3 gespielt, dann wäre mein aktionistisches Gebaren offengelegt worden.

**22. ... Sxe3 23. Txe3 Ld6 24. Tf1**
Er gibt den Damenraub nicht auf. Es droht Te4 nebst Sd5.

**24. ... g5 25. Te8 Lxf4?**
Besser wäre gxf4.

**26. Tfe1?**
Das hatte ich gehofft. Endlich ein Fehler!!!

**26. ...Txe8 27. Lxe8** *(27. Txe8? Df2 28. Te7+ Kc8 29. Te8+ Kd7)*
**27. ... Dxh8 28. Lxb5**
Er hat Remis angeboten. Endlich Ruhe! ½:½.

## Weil Bobby Fischer ein tragisches Genie war

Die Paranoia des Kalten Krieges zeigt sich eindrucksvoll an der Biografie Bobby Fischers. Seine Mutter Regina Fischer (1913–1997) wurde seit seinem dritten Lebensjahr vom FBI überwacht, weil sie als kommunistische Spionin galt – und Bobby wollte und sollte im Kalten Krieg »die Sowjets« allein besiegen, zumindest auf dem Schachbrett.

Regina Fischer wurde in der Schweiz geboren, wuchs in St. Louis in den USA auf, von 1933 bis 1938 studierte sie in Moskau Medizin. Ihr Mann Hans-Gerhardt Fischer kämpfte in Spanien auf der Seite der internationalen Brigaden gegen General Franco. Weil Frau Fischer nach Einschätzung des FBI eine Komintern-Ausbildung absolviert hatte, wurde sie nach ihrer Rückkehr in die USA bis 1973 überwacht, die Akte umfasst 900 Seiten. Die Überwachung endete erst, nachdem ihr Sohn Bobby Fischer Schachweltmeister geworden war.

Robert James Fischer kam am 9. März 1943 in Chicago zur Welt, sein juristischer Vater Hans lebte damals aber wohl schon in Chile. Sein biologischer Vater, der Alimente für ihn zahlte, ihn ins Restaurant ausführte und dabei seine Tischsitten kritisierte, war der ungarische Mathematiker und Ingenieur Paul Nemenyi (gest. 1952), dem er als Erwachsener auch sehr ähnlich sah.

Die Mutter zog Bobby und seine in Moskau geborene Schwester Joan allein auf. Regina galt unter Freunden und Nachbarn als streit- und prozesssüchtig, als extrem ichbezogen. Sie trat aber als Friedensaktivistin auf und demonstrierte gegen den Vietnamkrieg. Sie arbeitete als Krankenschwester in Brooklyn, New York, auch als Schweißerin und Telegrafistin, studierte weiter, sprach mehrere

Sprachen und vernachlässigte ihre Kinder, weshalb Paul Nemenyi das Jugendamt verständigte.

Auch die Mutter wollte vom Amt Hilfe bei der Erziehung ihres Sohnes bekommen – als Robert bereits 14 Jahre alt und schon US-amerikanischer Meister (der Erwachsenen!) war. Er interessiere sich für nichts außer Schach, so Regina Fischer. Ein Jahr später brach er dann auch die Schule ab, um sich nur noch dem Spiel zu widmen.

Als 13-Jähriger spielte er gegen Donald Byrne die »Partie des Jahrhunderts«, die vom Altmeister Hans Kmoch (*Die Kunst der Bauernführung*) so getauft wurde.

Auch in der Sowjetunion wurde die Partie analysiert, Juri Awerbach, der Chefredakteur von *Schachmaty w SSSR*, äußerte über sie: »Nachdem ich die Partie gesehen hatte, war ich überzeugt, dass der Junge teuflisch talentiert ist.«[76]

Fischer tanzt Byrne regelrecht aus, er stellt ein raffiniertes Feuerwerk an Drohungen auf, bietet Damenopfer an, die aber doch nur zum Matt des Gegners führen, er treibt den gegnerischen König mit zwei Läufern, einem Springer und einem Turm die Grundreihe entlang, während die weiße Dame gezwungen ist, dem Untergang des Königs vom Feld b8 aus zuzusehen, das auch noch von einem gedeckten Bauern blockiert wird:

1. Sf3 Sf6 2. c4 g6 3. Sc3 Lg7 4. d4 0-0 5. Lf4 d5 6. Db3 dxc4 7. Dxc4 c6 8. e4 Sd7 9. Td1 Sb6 10. Dc5 Lg4 11. Lg5 Sa4 12. Da3 Sxc3 13. bxc3 Sxe4 14. Lxe7 Db6 15. Lc4 Sxc3 16. Lc5 Te8+ 17. Kf1 Lxe6 !! 18. Lxb6 Lxc4+ 19. Kg1 Se2+ 20. Kf1 Sxd4+ 21. Kg1 Se2+ 22. Kf1 Sc3+ 23. Kg1 axb6 24. Db4 Ta4 25. Dxb6 Sxd1 26. h3 Txa2 27. Kh2 Sxf2 28. Te1 Txe1 29. Dd8+ Lf8 30. Sxe1 Ld5 31. Sf3 Se4 32. Db8 b5 33. h4 h5 34. Se5 Kg7 35. Kg1 Lc5+ 36. Kf1 Sg3+ 37. Ke1 Lb4+ 38. Kd1 Lb3+ 39. Kc1 Se2+ 40. Kb1 Sc3+ 41. K1 Tc2, matt. 0:1.

Byrne – Fischer, New York, 1956

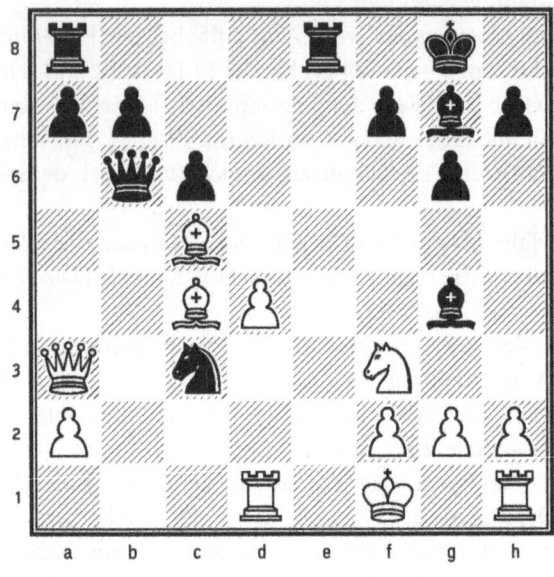

Stellung nach 17. Kf1

Bobby Fischer war zweifellos ein exzentrischer Mensch. Als er das Angebot erhielt, für ein Kaugummi zu werben, antwortete er: »Ich kann dafür nicht werben, weil ich das nicht benutze. Ich habe aber ein Sony-Radio, das finde ich gut, dafür kann ich werben.«[77]

Gern erzählt wird auch diese Anekdote: In einem Simultanturnier schlug Fischer die Dame eines Gegners. In der nächsten Runde stand die Dame wieder auf dem Brett, der Gegner hatte gemogelt. Fischer tat so, als hätte er es nicht bemerkt, schlug einige Züge später die Dame erneut – und steckte sie in die Tasche seines Jacketts.

Im jugendlichen Leichtsinn formulierte Bobby seinen Lebenstraum: Schachweltmeister zu werden und es möglichst 20 Jahre lang zu bleiben. Als er dann 1972 in Reykjavík gegen Boris Spasski die

Chance hatte, um den Titel zu kämpfen, wollte er zu dem Wettkampf nicht mehr antreten. Wie Bartleby, die berühmte Romanfigur Herman Melvilles, sagte er: »Ich möchte lieber nicht.« Dabei hatte er zur Vorbereitung auf den Titelkampf noch spezielles Krafttraining gemacht, um den sowjetischen Weltmeister mit einem starken Händedruck zu beeindrucken.

Boris Spasski, der in der Schachszene wegen seines virtuosen Spiels als Künstler geschätzt wurde, musste ebenfalls eine schwere Bürde tragen – die Sowjetunion wollte mit seinem Sieg ihre Überlegenheit über den dekadenten Kapitalismus zeigen. Seit 1948 waren alle Schachweltmeister aus der Sowjetunion gekommen, nun wollte nach 24 Jahren ausgerechnet ein US-Amerikaner den Titel gewinnen. Bei den Ausscheidungswettbewerben hatte Fischer seine Gegner wie Fliegen vom Brett gefegt – Mark Taimanow in Vancouver und Bent Larsen in Denver jeweils mit 6:0 und Exweltmeister Petrosjan mit 5:1. Der arme Taimanow war auch Konzertpianist und durfte nach dieser Niederlage eine Zeit lang nicht mehr öffentlich auftreten.

Bobby Fischer war zu dieser Zeit beinahe unschlagbar, er schaffte eine Serie von 20 Siegen hintereinander gegen die besten Spieler nach ihm. Nie zuvor und nie wieder danach hat jemand den Schachsport so dominiert.

Die Weltpresse und die Schachfreunde konnten den Kampf »der Helden der freien Welt« gegen die Kommunisten, »die Feinde der Freiheit«, kaum erwarten, doch das war dem menschenscheuen Fischer egal. Er wollte nicht den Clown spielen, schon gar nicht angesichts der schlechten Bezahlung.

Im letzten WM-Finale Spasski gegen Petrosjan hatte der Preisfonds, den sich der Sieger und der Zweite ⅔ zu ⅓ teilen mussten, nur 3.000 Dollar betragen. Lächerlich wenig natürlich, wenn man bedenkt, welche Sensationen ein Bobby Fischer den Medien weltweit lieferte, wie viele Menschen der »Muhammad Ali des Schachs« mit seinen Künsten verblüffte.

Bobby Fischer wollte, dass sein geliebtes Spiel seinem Wert entsprechend geschätzt und bezahlt wurde. Deshalb wollte er im besten Hotel in der teuersten Luxussuite wohnen, außerdem sollte ihn eine Polizeieskorte bis zur Turnierhalle begleiten und das Auto ein Diplomatenkennzeichen haben. Den meisten seiner Forderungen wurde stattgegeben, das Preisgeld wurde auf 150.000 Dollar erhöht, hinzu sollten Einnahmen aus Fernsehrechten kommen, doch auch das war Fischer nicht genug. Erst als der Londoner Banker James Slater noch einmal 125.000 Dollar drauflegte und der US-amerikanische Außenminister Henry Kissinger ihn persönlich bat, nach Reykjavík zu fliegen (»Amerika wünscht sich, dass Sie hinfahren und den Russen besiegen«), zierte sich die Diva nicht länger.

In der Presse wurden die Wünsche Fischers überwiegend als Spleens abgetan, doch tatsächlich hat sein Beharren auf akzeptablen Turnierbedingungen und einer vernünftigen Entlohnung dem Schachsport sehr geholfen. Die Einschätzung des späteren Vizeweltmeisters Viktor Kortschnoi in seinem Buch *Mein Leben für das Schach* wird oft zitiert: »Die Schachspieler der ganzen Welt sind ihm zu Dank verpflichtet, dass Schach diese Popularität erreicht hat, dass die Preise in Turnieren erhöht wurden und dass es in dutzenden Ländern möglich geworden ist, sich als Schachprofi zu betätigen.«[78] Kasparow meinte kurz und knapp, ohne Bobby Fischer gebe es kein Profischach.

Als die erste Partie in Reykjavík endlich gestartet wird, erscheint Bobby Fischer sechs Minuten zu spät am Brett, dann schlägt er im 29. Zug in ausgeglichener Stellung mit dem Läufer einen »vergifteten« Bauern, woraufhin er die Figur und auch das Spiel verliert. Der Herausforderer hat einen Anfängerfehler gemacht beziehungsweise sich verspekuliert.

Zur nächsten Partie tritt er gar nicht erst an, weil die Fernsehkameras ihm zu laut sind. (Sein Leben lang litt er unter abnormer Geräuschempfindlichkeit.) Spasski wird ein kampfloser Punkt zugeschrieben, er führt schon 2:0.

Obwohl ab der dritten Partie in einem Nebenraum ohne Zuschauer gespielt und das Geschehen mit nur einer Kamera übertragen wird, ist Fischer noch immer nicht zufrieden. Dabei hätte Spasski Gründe, sich zu beklagen. Er sitzt auf einem Polsterstuhl mit hölzernen Armlehnen und nicht verstellbarer Rückenlehne; der Herausforderer hingegen benutzt einen Drehsessel aus Leder. Für Spasski wird später aus den USA der gleiche Sessel eingeflogen, den Fischer benutzt. Das Thema Stühle beschäftigt auch den KGB, dessen Mitarbeiter Fischers Stuhl geröntgt haben sollen, weil sie Wanzen vermuteten.

Der deutsche Schiedsrichter Lothar Schmid packt die beiden Spieler schließlich an den Armen, drückt sie auf Stuhl und Sessel und befiehlt ihnen: »Nun spielt Schach!«[79]

Der höfliche Spasski, der sich vor dem Publikum verbeugt und Fischer nach dessen Sieg in der sechste Partie sogar applaudiert, hätte dem Umzug in den neuen Saal gar nicht zustimmen müssen, sodass der Wettkampf nicht zustande gekommen und er kampflos Weltmeister geblieben wäre.

Doch nun spielen sie Schach. Besonders der Amerikaner. Fischer gewinnt die dritte, fünfte und sechste Partie. Insbesondere letztere ist in ihrer Klarheit zum Weinen schön. Man hat beim Betrachten dieser Partie das Gefühl, dass Schwarz von Anfang an zum Verlieren verdammt ist. Fischer verhindert die Entwicklung der schwarzen Figuren, Schwarz leidet permanent unter Luftnot, seine Stellung wird weichgeklopft. Seine Dame verteidigt von der Grundreihe aus einen Bauern, während die weiße die dritte Reihe beherrscht und auf beiden Flügeln angreifen kann:

*1. c4 e6 2. Sf3 d5 3. d4 Sf6 4. Sc3 Le7 5. Lg5 0-0 6. e3 h6 7. Lh4 b6 8. cxd5 Sxd5 9. Lxe7 Dxe7 10. Sxd5 exd5 11. Tc1 Le6 12. Da4 c5 13. Da3 Tc8 14. Lb5 a6 15. dxc5 bxc5 16. 0-0 Ta7 17. Le2 Sd7 18. Sd4 Df8 19. Sxe6 fxe6 20. e4 d4 21. f4 De7 22. e5 Tb8 23. Lc4 Kh8 24. Dh3 Sf8 25. b3 a5 26. f5 exf5 27. Txf5 Sh7 28. Tcf1 Dd8*

*29. Dg3 Te7 30. h4 Tbb7 31. e6 Tbc7 32. De5 De8 33. a4 Dd8*
*34. T1f2 De8 35. T2f3 Dd8 36. Ld3 De8 37. De4 Sf6 38. Txf6 gxf6*
*39. Txf6 Kg8 40. Lc4 Kh8 41. Df4, 1:0.*

Fischer – Spasski, Reykjavík, 1972

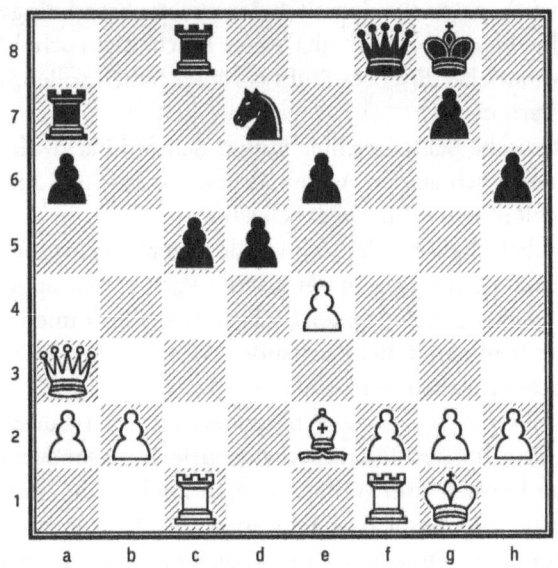

Stellung nach 20. e4

Mit 7:3 Siegen bei elf Remis wird Bobby Fischer schließlich neuer
Weltmeister. Der Einzelkämpfer, der eigentlich keine Sekundanten
braucht, hat dem sowjetischen Schach seine kostbarste Krone ge-
raubt. Alle Großmeister der UdSSR waren verpflichtet worden, über
seine Stärken und Schwächen Dossiers zu erstellen und Spasski so
bei der Vorbereitung zu helfen, doch es hatte nichts genutzt. Die
Partien seien sogar live im Kreml analysiert worden, will ein sich

hartnäckig haltendes Gerücht wissen. Wenn Bobby Fischer doch mal einen Sekundanten, wie zum Beispiel Bent Larsen, engagierte, dann ließ er ihn abends Tarzan-Geschichten vorlesen.

Nach seinem Erfolg verschwand Fischer aus der Öffentlichkeit, den Titel verteidigte er nie. »Man nahm an, er habe den Gedanken nicht ertragen, als Weltmeister und Amerikas Nationalheld, der die wenigstens am Schachbrett übermächtigen Sowjets wie ein Bulldozer im Alleingang weggeräumt hatte, je wieder ein Spiel zu verlieren«, schrieb Philip Cassier im Nachruf auf Bobby Fischer in der *Welt*. »Einem Weltmeister, der Fischers Ansprüchen genügen sollte, durfte das nicht passieren. Ein Weltmeister hatte perfekt, er hatte unfehlbar zu sein.«[80]

Ein nicht menschlicher, wahnsinniger Anspruch, dieses Streben nach dem Absoluten. Doch im Schach wird das Bewusstsein neu geformt, und Fischer war in Regionen vorgestoßen, in denen vor ihm noch niemand war, das sollte man bedenken.

Bobby Fischer wurde 1975 von der FIDE der Weltmeistertitel aberkannt und der Herausforderer Anatoli Karpow am grünen Tisch zum Nachfolger ernannt. Die Schachwelt musste auf das erhoffte sportliche Duell verzichten. Anatoli Karpow meinte, es hätte ohnehin nicht normal enden können. »Entweder sie schleppen mich ins Krankenhaus oder ihn ins Irrenhaus.«[81]

Viel Gutes war danach nicht mehr über Fischer zu hören. Er fühlte sich vom KGB und vom Mossad überwacht – was aus heutiger Sicht nicht als Wahn erscheint, sondern als Selbstverständlichkeit. Wohl aus Mutterhass hat er sich mehrmals in einer schlimmen Weise antisemitisch geäußert. Sowohl seine Mutter Regina Fischer als auch sein leiblicher Vater Paul Nemenyi waren Juden.

Mit dem Beispiel Bobby Fischer wird gern illustriert, dass Genie und Wahnsinn manchmal schwer zu unterscheiden sind. Doch niemand kann die Frage beantworten, was aus Bobby Fischer ohne Schach geworden wäre, ob er sich ohne dieses Spiel »normgerechter« verhalten hätte – und nicht etwa wie bei der Siegerehrung in

Reykjavík, wo er, statt sich die offiziellen Reden anzuhören, über seinem Taschenschach grübelte und kicherte. In diesem Moment war er einer der bekanntesten Menschen der Erde und sicherlich auch einer der einsamsten.

Gestorben ist er, nach jahrelangen Irrfahrten, im Alter von 64 (!) Jahren in Reykjavík, dem Ort seines größten Erfolgs. Seine letzten Worte sollen gewesen sein: »Nichts ist so heilsam wie menschliche Nähe.« [82]

42. GRUND

## Weil der »Adler aus Louisiana« noch heute die Schachwelt begeistert

Auch Paul Morphy (1837–1884) war ein Wunderkind und bereits im Alter von zwölf Jahren der beste Spieler seiner Heimatstadt New Orleans. Er studierte Jura und schloss das Studium noch vor seiner Volljährigkeit mit einem Diplom ab. Weil er auf Grund seines jugendlichen Alters aber noch nicht als Anwalt arbeiten durfte, hatte er Zeit, nach New York zu den US-amerikanischen Schachmeisterschaften zu fahren, wo er alle Gegner schlug. Von 97 Partien verlor er nur vier, acht endeten unentschieden, dabei hatte Morphy manchen seiner Kontrahenten sogar einen Bauern vorgegeben.

Weil es in den USA keine ebenbürtigen Spieler mehr gab, reiste er 1858 für ein halbes Jahr nach Europa, wo er ebenfalls alle damaligen Spitzenspieler mit leichter Hand besiegte – mit Ausnahme Howard Stauntons, der sich weigerte, gegen ihn anzutreten. Morphy schlug auch den als weltbesten Spieler geltenden Deutschen Adolf Anderssen in Paris mit 8:3 bei zwei Remis. Allerdings war Anderssen schlecht vorbereitet, weil seine Arbeit als Professor für Mathematik und deutsche Sprache in Breslau ihn sehr beanspruchte.

Im legendären Pariser Café de la Régence spielte Paul Morphy auch simultan und blind gegen acht Gegner gleichzeitig, zehn Stunden dauerte diese Vorstellung, Morphy gewann sechs Mal, zwei Partien endeten unentschieden. Danach waren die Zuschauer so begeistert und feierten ihn so laut, dass die kaiserliche Garde anrückte, um den vermeintlichen Aufstand niederzuschlagen.

In London durfte er während einer Privataudienz im Buckingham Palast gegen Queen Victoria spielen, er soll der Königin geholfen haben, gegen ihn zu gewinnen. Nach seiner Rückkehr aus Europa feierten ihn etwa 2.000 (!) Schachanhänger in der Aula der New Yorker Universität.

Doch das Genie Paul Morphy wurde nicht glücklich mit seinem Erfolg. Er wollte seinem Vater nacheifern, der Präsident des Obersten Gerichtshofes von Louisiana war, und arbeitete eine Zeit lang als Anwalt. Die Klienten seiner Kanzlei aber wollten mit ihm Schach spielen, sodass Morphy das Schachspiel regelrecht zu hassen begann. Als Wilhelm Steinitz (1836–1900), der erste allgemein anerkannte Schachweltmeister, ihn treffen wollte, stellte er die Bedingung, dass bei diesem Treffen nicht über Schach gesprochen würde.

Er vereinsamte, man sagte ihm geistige Umnachtung nach, obwohl er sich nie von einem Arzt untersuchen lassen hatte. Seine Familie soll einmal versucht haben, ihn in eine Heilanstalt einzuliefern, aber er weigerte sich, dieses »Heilangebot« anzunehmen.

Bobby Fischer, der 100 Jahre später die Schachwelt mindestens ebenso stark beeindruckte und dessen Lebensweg dem Morphys so sehr gleicht, bezeichnete Morphy als den besten Spieler aller Zeiten. Dabei hatte seine internationale Karriere nur eineinhalb Jahre gedauert. Morphy sei wohl der exakteste Spieler gewesen, der jemals gelebt habe, meinte Fischer. Er habe immer einen Überblick auf das gesamte Geschehen auf dem Brett gehabt, dabei habe er viel schneller gespielt als alle seine Gegner.

Als Neunjähriger soll Paul Morphy diese hübsche Studie komponiert haben:

Paul Morphy

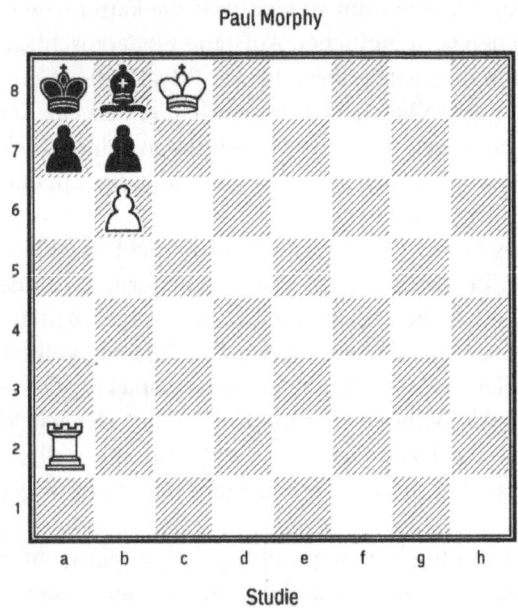

Studie

Schwarz kann sich kaum bewegen. Aber was kann Weiß tun, um forciert zu gewinnen? Schlägt es mit dem Turm auf a7, verliert es sogar – Txa7 Lxa7, bxa Kxa, und der b-Bauer könnte durchlaufen. Schlägt es mit dem Bauern, wird es Remis – bxa7 Lxa7.

1. Ta6!! Stoppt den a-Bauer. Zieht Schwarz jetzt den Läufer weg, ist matt – Txa7. Auch der Versuch bxa6 scheitert, denn es folgt b7#.

Die gleiche Situation kann auch auf der anderen Seite entstehen:

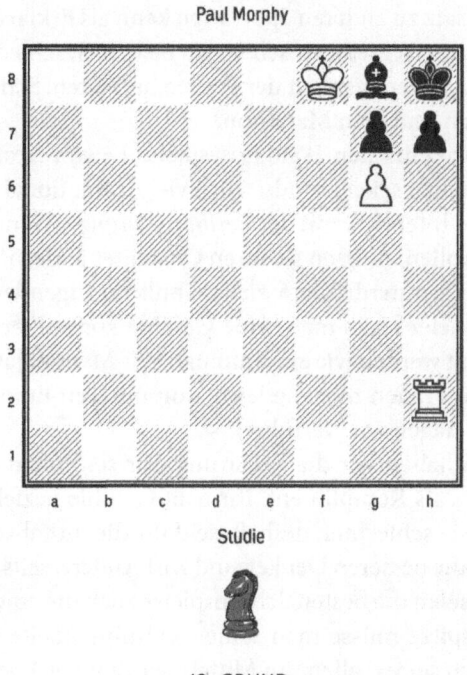

Paul Morphy

Studie

43. GRUND

## Weil auch Frauen exzellent Schach spielen können

Oh weh, über schachspielende Frauen wurde bisher kaum geredet. Stimmt es, dass Frauen nicht so gut Schach spielen können wie Männer? Nicht so scharfsinnig und abstrakt denken können? Ein Blick in die Weltrangliste der FIDE scheint das zu bestätigen. Unter den besten 100 Schachspielern der Welt ist seit vielen Jahren nur eine Frau vertreten, die Ungarin Judit Polgár. Mit 2.689 Elo-Punkten liegt sie auf Platz 58. Die chinesische Frauenweltmeisterin Hou Yifan kommt mit ihrer Wertzahl (2.621) schon nicht mehr unter die besten

100 Spieler. Die beste deutsche Spielerin ist Elisabeth Pähtz, sie liegt mit 2.440 Punkten etwa auf Platz 1.800 der FIDE-Rangliste.

Im Gegensatz zu anderen Sportarten kann als Erklärung für diese Leistungsunterschiede zwischen den beiden Geschlechtern nicht die physische Unterlegenheit der Frauen herhalten. Schach ist kein Gewichtheben und kein Marathon.

Für den armenischen Weltklassespieler Lewon Aronjan ist die Sache klar. Frauen seien grundsätzlich viel zu emotional für Schach, erklärte er im Interview mit der *Berliner Zeitung.* »Wenn sie richtig gut spielen wollen, müssen sie ihren Charakter ändern, ihre natürlichen Instinkte unterdrücken, sich männliche Tugenden aneignen. Als Schachspieler muss man seine Gefühle kontrollieren können, man muss kalt werden wie ein Automat. Wir Männer lassen uns im Gegensatz zu Frauen nicht so leicht von unseren Emotionen und Gefühlen, ja, sagen wir: verführen.«[83]

Prima, da haben wir die Erklärung. Ihr seid nicht so kalt wie wir, nehmt es als Kompliment. Ihr habt Gefühle beziehungsweise kontrolliert sie schlechter, deshalb seid ihr die moralisch besseren Wesen, aber die besseren Denker sind wir! Andererseits, so der kluge Aronjan, seien die besten Schachspieler auch die emotionalsten. In der Weltspitze müsse man seiner femininen Seite freien Lauf lassen. Schach sei vor allem im Mittelspiel »ein Spiel der Intuition, der Kreativität und Leidenschaft, der spontanen Entscheidungen und der Determination«. Nicht einmal logisches Denken könne man mit Schach trainieren! Mädchen können besser lesen, Jungs besser rechnen, diese Weisheit taugt also auch nicht als Erklärung.

Was ist mit den angeblich typischen geschlechtsspezifischen Eigenschaften – Männer seien aggressiver und wettkampforientierter, sie wollten dominieren, Frauen hingegen liebten die Harmonie und würden sich eher anpassen? – Die US-amerikanische Schachmeisterin Jennifer Shahade sagte nach der Veröffentlichung ihres Buches Chess Bitch: »Als Anfängerin hörte ich hin und wieder den Satz: ›Du spielst wie ein Mädchen.‹ Das hieß damals: zu ängstlich, zu vorsichtig. Heute höre ich den Vorwurf manchmal immer noch, aber er bedeutet etwas völlig anderes: Die Top-Frauen spielen oft ungestümer und aggressiver als Männer. Sie wollen den schnellen Erfolg.«[84]

Großartig, oder? Jetzt spielen die Frauen aggressiver als die Männer. Jetzt sind sie das Geschlecht des Risikos. Erfolgreicher als die Männer sind sie aber noch immer nicht.

Aronjan hat vielleicht vergessen, dass viel weniger Frauen als Männer Schach spielen. Nur sechs Prozent der bei der FIDE registrierten Spieler sind weiblich, viele Schachvereine haben gar keine Frauen als Mitglieder. Würden ebenso viele Frauen wie Männer Schach spielen, wäre natürlich auch die Wahrscheinlichkeit höher, dass mehr Spitzenspielerinnen mit den Männern mithalten oder sie besiegen könnten.

Wie gut Frauen Schach spielen können, zeigte schon 1929 die erste Schachweltmeisterin der Geschichte, Vera Menchik (1906–

Menchik – Becker, Karlsbad, 1929

Stellung nach 39. ... Td7
40. e6+, Schwarz gab auf, 1:0.

1944). Als sie in Karlsbad an einem internationalen Turnier teilnahm, meinte ihr männlicher Kollege Albert Becker (1896–1984),
dass jeder, der gegen sie verlöre, Mitglied im »Vera-Menchik-Klub«
würde. Ihm selbst wurde diese Ehre dann als Erstem zuteil, und es
folgten noch weitere prominente Spieler, wie etwa Lajos Steiner,
Fritz Sämisch und der Weltmeister Max Euwe.

Die ehemalige DDR-Jugendmeisterin Katja Sommaro spielt
auch heute noch ein feines Schach. In dieser Partie gegen Carsten
Schmidt, den Vorsitzenden des Berliner Schachverbandes, verrechnet sie sich allerdings, gerät in Bedrängnis und muss mit einem
Minusbauern das Endspiel bestreiten:

*1. e4 d6 2. d4 Sf6 3. Sc3 g6 4. Lc4 Lg7 5. De2 0-0 6. f4 Sc6 7. Sf3 Lg4
8. Le3 e5 9. dxe5 dxe5 10. Lc5 Le8 11. Lxf7+*

Schmidt – Sommaro, Berlin, 2014

Stellung nach 11. Lxf7+

Schwarz rettet die Qualität (Läufer gegen Turm), verliert aber einen Bauern. Nach den Zügen **11. ... Kxf7 12. Dc4+ Le6 13. Sg5+ Kg8 14. Sxe6 Sa5 ?!** kann Katja wieder hoffen. Carsten Schmidt schrieb im Kommentar: »Tja, so was kann man in der Vorausberechnung schon mal übersehen – sehr ärgerlich, weil es alle Hoffnungen platzen lässt, die man in die Diagonale a2–g8 setzte!«

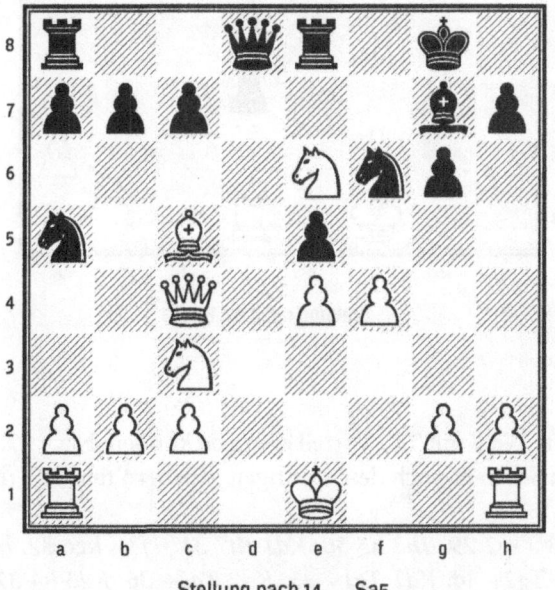

Schmidt – Sommaro, Berlin, 2014

Stellung nach 14. ... Sa5

**15. Sxd8 Sxc4 16. Sxb7 Tab8 17. b3 exf4 18. 0-0-0 Se3 19. Lxe3 fxe3 20. Sc5 Sg4 21. Sd5 Sf2 22. Sd7 Sxh1 23. Txh1 Tbd8 24. S7f6+ Lxf6 25. Sxf6 Kf7 26. Sxe8 Kxe8 27. Te1??**

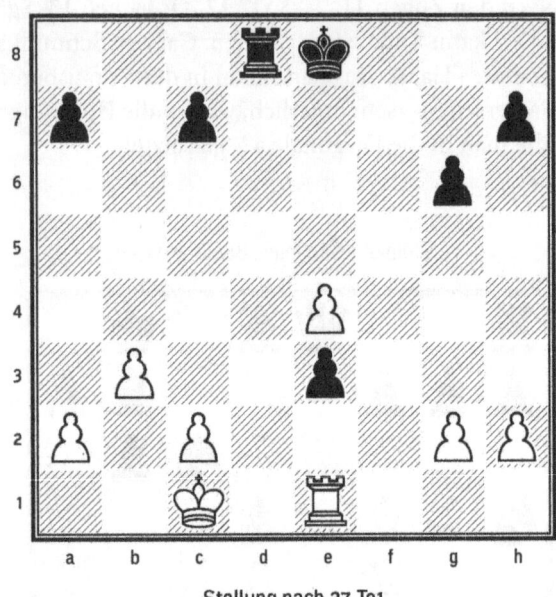

Schmidt – Sommaro, Berlin, 2014

Stellung nach 27. Te1

Hier hätte Weiß mit Td1 Vorteil erlangen können. Nach **27. ...** Td2 holt sich Schwarz noch den wichtigen g-Bauern und hält remis.

**28.** Txe3 Txg2 **29.** Th3 h5 **30.** Kd1 Kf7 **31.** Tf3+ Ke6 **32.** h3 Tg1+ **33.** Kd2 Tg2+ **34.** Kd1 Tg1+ **35.** Kd2 Tg2+ **36.** Kd3 h4 **37.** a4 c5 **38.** c3 a5 **39.** Ke3 Ke5 **40.** Kd3 Tg3 **41.** Ke3 Tg2 **42.** Kd3 Tg3, ½:½.

## Weil auch auf dem Narrenschiff Schach gespielt wird

Im Weltspitzenschach werden Leistungen vollbracht, die sich normalsterbliche Spieler kaum vorstellen können, geschweige denn Menschen, die kein Schach spielen. Wenn unsereiner in allen Situationen das Wesentliche erfassen und noch fünf Züge korrekt vorhersehen könnte, wäre er schon froh. Aber diese Gedächtnismonster haben Hunderte von Partien im Kopf, die sie wie Filme vor ihrem inneren Auge ablaufen lassen. Sie sehen noch hinter dem Horizont Verzweigungen, von deren Existenz wir gar nichts ahnen.

Deshalb können Spitzenpartien auf mittelmäßige Spieler auch langweilig wirken, weil diese die Gefahren nicht sehen, bei einem riskanten Zug nicht erkennen, was hätte passieren können. Eine Partie zwischen Vereinsspielern, in der einzügig Figuren eingestellt werden, kann natürlich viel lustiger sein.

In der Weltspitze wird selbstverständlich auch härter gekämpft als in einem gewöhnlichen Schachklub. Der Einsatz ist höher, für viele Spieler geht es um die nackte Existenz. Wenn die besten 100 Spieler der Welt allein vom Schachspielen leben können, dann würden hinter ihnen eine Million weitere das auch gern schaffen. Ein Großmeister bekommt bei Turnieren schließlich oft Antrittsprämien, ein titelloser Spieler muss bezahlen. Und Spitzenschach kostet erst einmal Geld, man muss reisen, braucht Technik und Freizeit.

Unter den Millionen Spielern, die gern so wären wie die besten, gibt es viele tragische Helden, die ihr Talent falsch einschätzen und Jahrzehnte brauchen, um ihre Grenzen zu erkennen – und manche erkennen sie nie. Sie gehen keiner Arbeit nach, ernähren sich von Reis und Tee und lernen täglich acht Stunden lang Varianten auswendig, ohne dass sich ihre Spielstärke dabei verbessert. Auf Ratschläge, dass das Auswendiglernen nicht hilft, wenn man keine Ideen hat und nicht erfinderisch denken kann, hören sie nicht. Das Gelernte zu wiederholen, reicht eben nicht aus, irgendwann muss man doch Entscheidungen treffen. Aber der Traum, Anerkennung und Respekt zu erfahren, in die Schachgeschichte einzugehen und als Denker ernst genommen, gar gefürchtet zu werden, ist einfach zu stark. Wie gern wären sie ein Jemand, nicht bloß ein Nichts.

Man sollte diese Menschen nicht verurteilen und auch nicht belächeln, denn ohne sie würde es keine Spitzenleistungen geben. Eine Gesellschaft, in der alle jederzeit vernünftig handeln, wäre eine tote Gesellschaft, ein Staat, in dem Vollbeschäftigung herrscht. Auch das Spitzenschach ist nicht vernünftig. Warum Kasparow sein Kombinationsvermögen nicht eingesetzt hat, um eine neue Relativitätstheorie zu formulieren, ist eigentlich nicht einzusehen. Auch Magnus Carlsen wäre mit seinem Rechentalent als Börsenmakler nützlicher, zumindest nach den Maßstäben der sozialen Marktwirtschaft und der Wachstumsideologen. Schon Raymond Chandler wusste, dass » Schach die komplizierteste Vergeudung menschlicher Intelligenz ist, die sich außerhalb einer Werbeagentur finden lässt«.[85]

Aber Schach gehört zur Kultur, und Kultur hat die Aufgabe, Gegenwelten und Freiräume zu schaffen. So unlogisch wie die Gesellschaft ist das Schachspiel nämlich nicht. Es bringt Schönheit hervor und regt zum Staunen an, nur das Bruttosozialprodukt kann man mit seiner Hilfe kaum steigern.

## Weil auch seltsame Menschen im Schach Erfolg haben können

Die populärsten Schachspieler der letzten 20 Jahre waren sicherlich die Weltmeister Garri Kasparow, Viswanathan Anand und Magnus Carlsen. Der Name Kasparow ist spätestens seit dem Jahre 1996 weltweit bekannt, seit der ersten Niederlage eines amtierenden Weltmeisters gegen einen Schachcomputer (»Deep Blue«). Anand hat eine Milliarde Inder mit seinem Spiel verzaubert; eine Milliarde trauerten auch, als er seinen Titel gegen Magnus Carlsen verlor. Carlsen ist zwar nur für fünf Millionen Norweger ein Volksheld, aber dank seiner Jugend und seines Charmes, dank des Internets und der sozialen Medien, gilt er mittlerweile bereits als eine Ikone der Popkultur.

Diese drei Weltmeister sind zweifellos ehrenwerte Persönlichkeiten und sie haben Großartiges für das Schach geleistet. Für viele Schachspieler jedoch, ob in Kiew, Berlin, New York oder Elista, ist der ukrainische Großmeister Wassyl Iwantschuk der Weltmeister der Herzen.

Über keinen anderen Spieler werden im globalen Schachdorf so viele Anekdoten erzählt und kursieren so viele Legenden. Er verkrieche sich nach einer verlorenen Partie nachts im Wald und heule zum Mond, um die Dämonen zu vertreiben, schrieb der SPIEGEL.[86] Er gilt als Kauz und Wundertüte, »weil er bei Eiseskälte in kurzen Hosen herumläuft. Weil er gern in dunklen Räumen sitzt. Weil er während einer Partie meist an die Decke guckt statt aufs Brett. Weil er versucht, den überdimensionalen Siegerscheck, der nach Turnieren überreicht wird, auf Hosentaschenformat zu falten.«[87]

Lieber noch als in kurzen Hosen spielt er Schach in einem Trainingsanzug von Real Madrid. Über das Sitzen in dunklen Räumen meinte »Wassyl-guck-in-die-Luft« oder »El loco«, der Verrückte, wie man ihn in Spanien nennt: »Manchmal liebe ich es, einfach in einem dunklen Raum zu sein und mich zu erholen. Das ist aber ein wichtiger Unterschied: Nicht im Bett zu liegen, sondern auf einem Stuhl zu sitzen! Dabei erhole ich mich wirklich gut!«[88]

Dass er oftmals lieber in die Luft starrt als aufs Brett, ist so ungewöhnlich unter Schachspielern nicht, es scheint eher die Zuschauer als die Kontrahenten zu irritieren. »Manchmal ist der Blick weg an die kahle Wand sehr hilfreich! Es vernagelt mir nicht den Kopf, ich sehe die Position klarer, die aus der Brettstellung nach fünf, sechs Zügen entstehen kann!«[89]

Niederlagen hat kein Schachspieler gern, aber Iwantschuk scheint extrem unter ihnen zu leiden. So berichten die ukrainischen Großmeister Beljawski und Gulko, dass sie einst beim Turnier in Linares (1994) nicht einschlafen konnten, weil im Hotelzimmer nebenan irgendjemand die ganze Nacht auf und ab lief und unablässig schrie: »Wie konnte ich nur gegen diesen Patzer verlieren?« Am nächsten Morgen fanden sie an der Rezeption heraus, dass dieser Jemand Iwantschuk war, welcher am Vortag niemand anderem unterlegen war als Garri Kasparow!

Sergei Karjakin schließlich antwortete auf die Frage, ob er bei erwachsenen Schachspielern schon einmal Tränen gesehen habe: »Beim Turnier in China verlor Ivanchuk gegen mich eine remise Stellung. Einfach eingestellt. Ich höre einen schmerzerfüllten Aufschrei, schaue zu ihm rüber, ihm kommen die Tränen.«[90]

Als Iwantschuk vom Flughafen Frankfurt am Main zum Turnier in Dortmund abgeholt werden sollte, schlüpfte er schnell am Empfangskomitee vorbei, sprang unverzüglich in ein Taxi und nannte als Ziel das Hotel in Dortmund. Und war dann sehr erstaunt über 700 DM Fahrkosten. Iwantschuk, sagen seine Kollegen, lebe eben auf dem Planeten Iwantschuk.

»Für ihn gibt es kein Dazwischen, keine Grauschattierung, nur Schwarz und Weiß – am liebsten tagein, tagaus mit 32 Holzfiguren darauf«, meint der FIDE-Meister Hartmut Metz. »Mal gewinnt Iwantschuk große Turniere im großen Stil – und beim nächsten verliert der Liebling der Fans die erste Partie, seine Lust und wird abgeschlagen Letzter.«[91]

Der Europameister von 2004 und Vizeweltmeister aus dem Jahre 2002 ist am Brett zweifellos ein Genie. Seine schöpferischen Leistungen und seine originellen Ideen sind legendär, ebenso sein miserables Zeitmanagement. 2013 verlor er im WM-Kandidatenturnier von London gleich fünf Partien wegen Überschreitung der Bedenkzeit und wurde somit nur Vorletzter unter den acht Teilnehmern. Da half es im auch nicht, dass er gegen die beiden Erstplatzierten Carlsen und Kramnik jeweils 1,5 von zwei möglichen Punkten holte.

Im Schachforum beschwerte sich daraufhin Gast 10647: »Wer Schach als Beruf betreibt und in so einem wichtigen Turnier mitspielt, kann/darf/soll/muss einfach nicht fast die Hälfte seiner Partien auf Zeit verlieren!«[92] Und der User Leviathan spottete, Iwantschuk sei nur zum Kandidaten-Turnier gekommen, um sich auf die russische Liga vorzubereiten und gegen Carlsen zu gewinnen.[93]

Die Enttäuschung ist verständlich, aber auch Iwantschuk spielt zunächst einmal für sich selbst, in Mannschaftswettkämpfen außerdem noch für sein Land, für die Ukraine.

Iwantschuk hat zahlreiche hochkarätige internationale Turniere gewonnen, unter anderem drei Mal das Superturnier in Linares (Spanien), das »Wimbledon des Schachs«. Im Jahre 2008 führte er drei Tage lang die Weltrangliste an, 2006 wurde er in Moskau Blitzschachweltmeister. Kein anderer Spieler scheint so viele Eröffnungen zu beherrschen wie er, weshalb es für seine Kontrahenten ein Albtraum sei, sich gegen ihn vorzubereiten, meinte der niederländische Großmeister Anish Giri.[94]

Iwantschuk spricht neben Ukrainisch und Russisch auch Englisch, Spanisch, Italienisch und Türkisch. Neuerdings, so berichtete er Sergei Karjakin, versuche er sich an Chinesisch. Er habe sich innerhalb eines Monats die Schriftzeichen einprägen können.[95]

Wie schön, dass es solche Menschen gibt, die keiner Norm entsprechen, für die der Alltag zwar ein Feind ist, die aber dennoch mit ihrer Fantasie, ihrer Spielfreude und ihrer Erfindergabe viele Zuschauer beglücken.

## Weil Magnus Carlsen zaubern kann

»Kann dieses junge Genie sich nicht ordentlich hinsetzen?«, fragt mich ein Bekannter, der den WM-Kampf zwischen Vishy Anand und Magnus Carlsen im Internet verfolgt.

Ich antworte ihm: »Wenn das seine einzige Schrulle ist, scheint er ja wohltuend normal zu sein, zumal, wenn man ihn mit seinen Vorgängern, etwa mit Bobby Fischer, vergleicht.«

Seltsam, worüber manche Leute sich aufregen. Lasst doch den Jungen sich in den Sessel fläzen oder seine Partien im Liegen spielen, wenn ihm das Spaß macht. Und dass ihm Spaß das Wichtigste am Schachspielen ist, hat er in Interviews mehrmals betont. »Ich muss nicht unbedingt Weltmeister werden, obwohl das natürlich schön wäre.«[96]

Selbst seine Popularität und das Angestarrtwerden erträgt er gelassen. »Viele wollen mir einfach nur Glück wünschen. Was ich nicht verstehe, sind diese Leute, die mir ›Schachmatt!‹ zurufen. Man geht doch auch nicht auf einen Fußballspieler zu und ruft: ›Tor!‹ Oder sie sagen zu mir: ›Du bist der Schachmattkönig!‹ Irgendwie hängen sie an dem Wort Schachmatt. Das ist das Einzige, was mich nervt.«[97] Wen würde das nicht nerven?

Im Alter von fünf Jahren lernte Magnus Carlsen das Schachspielen von seinem Vater, doch anfangs interessierte ihn das Spiel nicht sonderlich. Erst, als er gegen seine Schwester gewinnen wollte, beschäftigte er sich mehr damit. Der Vater, ein Vereinsspieler, war sein erster Trainer. »In meinen jungen Jahren habe ich die ganze Zeit Schach gespielt oder mir Stellungen angesehen, selbst beim Essen«, erzählt Magnus Carlsen. »Ich saß an einem anderen Tisch als der Rest der Familie, damit ich die Figuren bewegen konnte.«[98] Solch tolerante Eltern wünscht man natürlich jedem Kind.

Bereits mit 13 Jahren konnte Carlsen in der Weltspitze mithalten. Er wurde zweitjüngster Großmeister der Geschichte, besiegte in einer Blitzpartie Exweltmeister Anatoli Karpow und schaffte in einer Schnellschachpartie ein Remis gegen Garri Kasparow, den damals weltbesten Spieler. Als 14-Jähriger spielte er bereits bei der FIDE-Weltmeisterschaft in Tripolis und verlor in der ersten Runde nur knapp 1,5:2,5 gegen Lewon Aronjan. In der Saison 2004/05 spielte Carlsen für die Schachfreunde Berlin in der Schachbundesliga (wenn auch nur zwei Partien) und von 2006 bis 2013 für die OSG Baden-Baden. Mit 19 führte er die Weltrangliste an, drei Jahre später besiegte er Vishy Anand und wurde Weltmeister.

Soweit einige Fakten. Doch was macht seine Spielstärke aus, weshalb sprechen seine Konkurrenten und viele Beobachter von einer neuen Ära, die nun mit Carlsen als Weltmeister im Schach angebrochen sei?

Häufig wiederholt, aber eigentlich nichtssagend ist die Aussage, Carlsen strebe »im Spiel oft Zermürbungsstellungen an, in denen er seine Gegner unter Druck setzen kann«.[99] Denn das tun andere Spieler auch. Den Gegner unter Druck zu setzen, damit er Fehler macht, ihm Raum für die Entwicklung seiner Figuren zu nehmen, das ist ein übliches Ziel im Schach. So ist es auch ungerecht, an Carlsens Siegen über Anand herumzumäkeln, indem man sagt, er habe dank der Fehler Anands gewonnen, nicht auf Grund eigener starker Kombinationen.

So hat sich auch der Ehrenpräsident des Deutschen Schachbundes, Robert von Weizsäcker, geäußert. »Carlsen hat gewonnen, weil er der bessere Sportler und nicht der bessere Schachspieler ist. Carlsen spielt und spielt und zwingt den anderen, der über 20 Jahre älter ist, in die vierte und fünfte Stunde. Die Stellung ist im Grunde remis. Aber er spielt immer weiter und sitzt Anand aus.« Demnach habe Carlsen gegen Anand vor allem dank seiner besseren Kondition gewonnen. Carlsen, so von Weizsäcker, spiele »uninspiriert, blut- und seelenlos«. Das schachliche Verständnis sei bei Kramnik oder Aronjan größer.[100]

Seltsam nur, dass die betroffenen Spieler Carlsens Talent anders bewerten. Selbst der unterlegene Anand äußerte seine Anerkennung: »Und am Ende muss ich ihm auch Anerkennung zollen: Was er immer tut, hat er auch hier getan. Er drückt, bis man einen Fehler macht, und dann springt er einen an. Und er macht es wieder und wieder. Er ist sehr gut. Er hat sich diesen Sieg verdient. Er hat jede Chance genutzt, er hat sich Chancen geschaffen. Ich habe hier ja nicht allein gespielt.«[101] Carlsen hat im WM-Kampf eben keine groben Fehler gemacht, auch nicht unter stärkster Bedrängnis, wie etwa in der neunten Partie, als es für ihn eine Zeit lang nur »einzige Züge« gab, um den Angriff Anands abzuwehren.

Der entscheidende Unterschied zwischen ihm und seinen Konkurrenten, die ja ebenfalls keine Scharlatane sind, liegt darin, dass er das Spiel vom Ende her begreift. In Endspielstellungen, die sowohl von den Rechenprogrammen wie auch von anderen Großmeistern als remis eingeschätzt werden, findet er noch Schleichwege und Möglichkeiten zum Sieg. »Wenn er vermeintlich einfache Stellungen auf dem Brett hat, also nicht mehr viel Figuren da sind und die Damen getauscht sind, da erspäht er jede Idee, die es gibt. Da macht ihm keiner in der Welt auch nur ansatzweise irgendetwas vor.« So sein ehemaliger Mitspieler aus der Bundesliga, Rainer Polzin.[102]

Magnus Carlsen ist in der Eröffnung nicht auf bestimmte Systeme festgelegt. Es genüge ihm, sagte er, nach der Eröffnung eine spielbare Stellung zu erreichen. Das stupide Auswendiglernen behagt ihm nicht. Er will, kurz gesagt, Schach spielen, nicht das

Gelernte wiederholen. Bis zum WM-Sieg wurde ihm sogar nachgesagt, dass er in der Eröffnungsphase nicht das Niveau der absoluten Spitzenspieler habe.

So war auch Garri Kasparow, als er mit Magnus Carlsen trainierte, überrascht oder gar entsetzt, wie es in einigen Berichten hieß, »dass der Junge gar nicht wisse, wie man systematisch arbeite. Schach war für ihn keine Arbeit.« Kasparow meinte sogar: »Bevor er abtritt, wird er unser Spiel grundlegend verändert haben.«[103]

Magnus Carlsen schafft in Endspielen das scheinbar Unmögliche, er scheint zu zaubern. Seine Lust am Denken, die Freude am Entdecken beschreibt er im Gespräch mit Jewgeni Atarow für die russische Schachseite ChessPro: »Vor allem löse ich gerne ungewöhnliche Aufgaben am Schachbrett. Vielleicht ist das der Grund dafür, dass ich das Eröffnungsstudium nicht wirklich mag – alles beginnt bei der ewig gleichen Ausgangsstellung.«[104]

Die ausgetretenen Pfade noch einmal abzulatschen, das ist keine echte Herausforderung für ein potentes Gehirn. »Ich mag es, wenn die Partie zu einem Wettstreit der Ideen wird, nicht zu einem Kampf der vorbereiteten Analysen.« Er könne sich weder als Taktiker noch als Positionsspieler bezeichnen, sondern als Optimisten, meinte Magnus Carlsen im selben Interview.

Zu dieser Selbstbeschreibung passt auch, dass er nicht computerhörig ist. Seine »Inkompetenz« im Hinblick auf die Benutzung von Computern für das Schach habe sogar seine ersten Trainer erstaunt. »Ich konnte ihnen weder Datenbanken noch eigene Analysen zeigen.« Sein grundlegendes Schachverständnis habe sich ohne Einsatz von Maschinen herausgebildet. Er spiele nicht gegen Computer, das habe er nie gemocht.[105]

Der Herr von Weizsäcker aber sollte als Ehrenpräsident des Deutschen Schachbundes zurücktreten. Seine Aufforderung, Magnus Carlsen solle gegen Computer spielen, um seine Spielstärke zu beweisen (»Es würde mich interessieren, wie er gegen einen Schachcomputer abschneidet.«[106]), ist ja geradezu der Wunsch, seelenloses Schach zu zelebrieren. Im Schach werden keine B-Noten für Schönheit vergeben, es ist ein Strategiespiel, in dem Magnus Carlsen seit einigen Jahren all seinen Kontrahenten überlegen ist.

Magnus Carlsen hat auf die Kritik an seinem Spielstil souverän geantwortet. »Ich finde es richtig, dass man sich auch am Brett anstrengt. Wenn die Stellung nicht remis ist, soll man kein Remis vereinbaren, man soll es ausspielen«, meinte er im Interview mit der *Frankfurter Allgemeinen Zeitung*.[107]

Anders als der Herr von Weizsäcker sind Magnus Carlsens Kollegen, die anderen Spieler der Weltspitze, souverän genug, das Ausnahmetalent des Norwegers anzuerkennen. Nur der Exweltmeister Wladimir Kramnik sagt, er selbst sei der beste Schachspieler der Erde: »Denn Carlsen stammt von einem anderen Planeten.«[108]

# KAPITEL 6

# Schach ganz neu

## Weil das Fischer Random Chess
## eine schöne Erfindung ist

Alle aktiven Schachspieler kennen das Problem, dass im modernen Schach weniger die Kreativität, die Gabe der Erfindung und die Gestaltungskraft belohnt werden, sondern oftmals der stupide Fleiß und die Fähigkeit, Varianten auswendig zu lernen. Manche Eröffnungen sind bis zum 30. Zug ausanalysiert. Wer in dieser Phase einen widerlegten Zug macht, kann schon gehörig in Nachteil geraten. Viele der fleißigen Spieler büffeln die Theorien, aber wenn sie auf unbekanntes Terrain geführt werden und Entscheidungen treffen müssen, die noch in keinem Buche stehen und die noch nicht erforscht wurden, geraten sie ins Schwitzen und zeigen ihre wahren Schwächen.

Irgendwann in nicht allzu ferner Zukunft wird das Schachspiel zu Tode analysiert sein, raunen viele Spieler schon. Doch glücklicherweise hat Bobby Fischer eine Form des Schachspiels erfunden, die das Schach vor seinem Analysetod retten kann.

Im Fischer Random Chess beziehungsweise Chess960 wird die Grundstellung der Figuren nämlich ausgelost. Die Bauern stehen dabei weiterhin auf der zweiten beziehungsweise siebenten Reihe, die Läufer müssen auf verschiedenfarbigen Feldern stehen, der König zwischen den beiden Türmen, ansonsten aber ist die Anordnung der Figuren beliebig. Schwarz stellt sich spiegelverkehrt zu Weiß auf, es kann kurz und lang rochiert werden, wonach Turm und König auf dieselben Felder gestellt werden wie beim konventionellen Schach.

Nach diesen Regeln sind 960 Startpositionen möglich. Natürlich wäre es ziemlich sinnlos, bei so vielen Ausgangssituationen

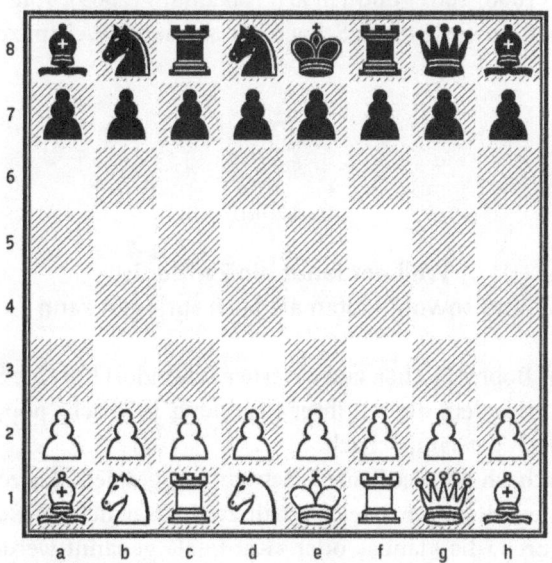

bestimmte Eröffnungsvarianten auswendig zu lernen, der Faktor Zufall ist einfach zu stark. Die Aufstellung der Figuren wird übrigens entweder mit dem Computer ermittelt oder ausgewürfelt. In manchen Fischer-Random-Turnieren werden die Eröffnungspositionen auch festgelegt, dann handelt es sich um sogenannte Thementurniere.

Die Regeln des Chess960 wurden im Jahre 2009 von der FIDE offiziell anerkannt und in die *Laws of Chess* aufgenommen. Der erste Fischer-Random-Chess-Weltmeister wurde im Jahre 2001 in Mainz der ungarische Großmeister Péter Lékó. Er hat noch mit Bobby Fischer selbst Fischer Random Chess gespielt.

Von 2003 bis 2009 wurden die Weltmeisterschaften auch offiziell ausgetragen, jeweils in Mainz bei der Chess Classic. Chess960-Weltmeister wurden seitdem Pjotr Swidler (2003, 2004, 2005), Lewon Aronjan (2006, 2007) und Hikaru Nakamura (2009). Alle vier gehören auch im klassischen Schach zur absoluten Weltspitze.

48. GRUND

**Weil der Janus ein Zwitter ist
und sowohl laufen als auch springen kann**

Nicht nur Bobby Fischer, auch Werner Schöndorf hat eine Schachvariante erfunden, die seit ihrer Erfindung 1978 sehr populär geworden ist – das Janusschach.

Janusschach wird auf einem Schachbrett gespielt, das zehn mal acht Felder hat. Jeder Spieler erhält zwei zusätzliche Bauern und zwei Figuren, die »Janus« oder »Kardinal« genannt werden. Die Jani (nicht Janusse!) stehen in der Ausgangsstellung zwischen dem Turm und dem Springer. Sie können wie Springer oder wie Läufer gezogen werden und deshalb auch als einzige Figuren allein matt sagen. Der Janus sagt zum Beispiel als Springer Schach, da er aber auch ein Läufer ist, kann der in die Ecke gedrängte König nicht ausweichen.

Vor allem im Saarland wird Janusschach gespielt. Auch einige Schachgroßmeister wie Viktor Kortschnoi oder Péter Lékó haben sich in diesem Spiel schon versucht. Da das Spiel noch nicht computertauglich ist, wird es im Internet offenbar bisher nicht ausgeübt.

Noch etwas komplizierter als das Janusschach ist das Capablanca-Random-Chess, das vom kubanischen Schachweltmeister José Raúl Capablanca erfunden wurde. Auch hier spielt ein Janus mit, außerdem noch ein Kanzler, in dem sich die Eigenschaften des Turms und des Springers vereinigen. Gespielt wird ebenfalls auf zehn mal acht Feldern. In dieser Variante steht der Janus zwischen Springer und Läufer, der Kanzler auf der Königsseite zwischen Läufer und Springer.

Für das Capablanca-Random-Chess hat der Programmierer Reinhard Scharnagl ein Computerprogramm entwickelt. SMIRF heißt es – »Strategiespiel-Programm mit intelligent rückkoppelnden Funktionen«.[109] Doch viel populärer ist diese Schachvariante dadurch nicht geworden. Denn der von Capablanca befürchtete Remis-Tod des Schach ist noch nicht eingetreten. Capablanca hatte wie auch andere Schachspieler in den 1920er-Jahren befürchtet, in Zukunft würden die Spiele der Meister oftmals remis enden, weil die Verwissenschaftlichung des Schachs dessen letzte Geheimnisse auflösen werde.

49. GRUND

**Weil ein Schachbrett keine Ecken braucht**

Dass es nur einer geringfügigen Änderung bedarf, um das klassische Schach in ein neues Spiel zu verwandeln, sieht man am Beispiel des Zylinderschachs. Es wird auch Rollen-, Tonnen- oder Walzenschach genannt. Hier muss man sich das Schachbrett gerollt, in Form eines Zylinders vorstellen, wodurch die a- und die h-Linie miteinander verbunden werden. Das Brett hat also keinen Rand, keine Begrenzung, was zu ziemlich verrückten Situationen führt.

Marc Lang, der Blind-Simultan-Weltrekordler, erwidert auf meine Frage, ob er schon einmal Zylinderschach gespielt habe: »Ach ja, das haben wir früher in Ditzingen manchmal geblitzt. Ich weiß noch, dass 1. c4 f5?? wegen 2. Dxe8 sofort verloren hat – die Dame geht über a4 raus und kommt auf h5 wieder rein.«

So ist es. Mit dem Vorziehen des f-Bauern ermöglicht Schwarz der weißen Damen ein Schach – er macht also einen eigentlich ungültigen Zug. Im Blitzschach wird in dem Fall der König geschlagen.

Die Figuren können also das Brett auf der einen Seite verlassen, auf der anderen wieder hineinkommen. Die Damen und die Läufer sind dadurch stärker, weil es mehr Diagonalen gibt, wohingegen die Türme schwächer werden, weil sie mangels Ecken nicht mehr allein mit dem König matt setzen können. Verboten sind allerdings unendliche Züge und solche Züge, nach denen die Figur wieder auf ihre Ausgangsposition zurückkehrt.

Marc Lang erwähnt noch einen beliebten Trick beim Zylinderschach: »Das Abholen der gegnerischen Dame. Nach 1. e4 b6 2. d4?? folgt nämlich (meist unter lautem Triumphgeheul) Lxd1 … :-)«

Tatsächlich, schon nach b6 kann der c-Läufer die gegnerische Dame schlagen!

Zylinderschach wurde bereits von dem arabischen Philosophen Abu al-Hasan Ali ibn al-Husain al-Masʿūdī (895–957) beschrieben, diese Schachvariante ist also keine moderne Erfindung.

50. GRUND

**Weil Martin Schwarz 69 neue Schachbretter erfunden hat**

Eines der erstaunlichsten Schachbücher hat der Schweizer Grafiker und Lithograf Martin Schwarz der Welt geschenkt. *Kunstschach – Spielbuch mit 69 Schachbrett-Variationen* erschien im Jahre 2006 anlässlich der 6. Winterthurer Schachwoche.

Martin Schwarz hat darin 69 zum Teil fantastisch anmutende Variationen des Schachbretts kreiert, darunter eine Schachpyramide, ein Schachbrett in Form einer Sanduhr und ein Quartettbrett für zwei Figurensätze. Das Brett »Einsamkeit« ist 20 Felder breit und zwölf hoch, bildet jedoch kein Quadrat, sondern hat zu beiden Seiten noch treppenartig angeordnete Felder. Die Könige sind dort wirklich einsam, fünf freie Felder trennen sie in der Grundstellung von der nächsten Figur, dem Turm.

Ob man auf diesen Schachbrettern tatsächlich Schach spielen kann, haben wir in unserem Verein Berolina zum alljährlichen Vereinsfest ausprobiert, und zwar mit der von Martin Schwarz »Vereinigung« genannten Form. Das Vereinigungsbrett besteht aus drei Teilen: zwei Schachbretthälften mit jeweils vier mal acht Feldern und einer Verengung in der Mitte mit zwei vier- und zwei zweifeldrigen Linien. Es gibt nach wie vor acht Linien, aber zwölf waagerechte Reihen. Spaßeshalber haben wir diese Form »Schlauchschach« genannt, weil sich das Brett im mittleren Teil zu einer Art Schlauch verengt.

Das Irritierende beim Spielen ist, dass sich die Figuren erst einmal vereinigen müssen, um einen koordinierten Angriff vortragen zu können, denn in der Ausgangsstellung stehen sie wie beim herkömmlichen Schach auf den Grundreihen, während die schmale Mitte von Figuren unbesetzt bleibt.

Martin Schwarz erreicht mit seinen witzigen Schachbrettkreationen das, was Bobby Fischer mit einer veränderten Anordnung der Figuren erreicht hat – er bricht die Normierung des Schachspiels auf. Ob das Schachbrett nun die Form eines Herzens hat (wo unter den Figuren noch zwei Reihen frei sind), die einer Rundbahn oder die eines Kreisquadrats, stets werden die Seh- und Spielgewohnheiten ad absurdum geführt.

Martin Schwarz weist im Vorwort seines Buches darauf hin, dass auf seinen Schachbrettern zur Berechnung der Spielzüge noch kein Computer verwendet werden kann, »da bis anhin keine Regeln und Notationen von ziehenden Figuren gespeichert worden sind, darum sitzen sich wirklich noch denkende und handelnde Menschen gegenüber«.[110]

## Weil Schachfiguren die Fantasie anregen

»Schach ist ein Teil der Kultur und wenn die Kultur untergeht, wird auch das Schach untergehen«, meinte der Weltmeister Michail Botwinnik.[111] Das Schachspiel als Kulturgut beschäftigt aber nicht nur die Fantasie der Akteure, sondern auch die der Gestalter der Figuren, die Designer, Schnitzer und Kunsthandwerker. Bevorzugtes Material für Schachfiguren sind Holz, Plastik und Metall, genauer Zink und Messing, aber auch Speck- und Bernstein, und in Gefängnissen Brot und Lehm.

Wer es sich leisten kann und Spaß daran hat, kann mit Figuren im »Weltraum-Retro-Stil«[112] aus Carraramarmor spielen oder mit »Waldgeistern aus Buchsbaum« oder mit Dinosauriern »aus Polyresin mit Sockeln aus Neusilber, im Etui mit Velourseinlage« für nur 279 Euro.

Im Internet werden auf Seiten wie www.schachfiguren.de die sogenannten Motivfiguren angeboten, zum Beispiel »handbemalte Schachfiguren mit detaillierten Motiven aus längst vergangenen chinesischen Dynastien«. Oder, ebenfalls handbemalt und in historischen Kostümen, »Römer«.

Die Römer kämpfen gegen Araber, bei denen die Springer Kamele sind, gegen Gladiatoren und gegen Ägypter, gegen Letztere jedoch mit ungleichen Mitteln, denn auf dem römischen Pferd sitzt noch ein Krieger, während die ägyptische Gegenfigur nur ein Vogel ist. Kreuzritter wollen »Krieger aus dem Morgenland« besiegen, Engländer mit dem Martini-Henry-Gewehr und mit Gatling-Kanonen gegen Zulus mit Schild und Speer, Russen gegen Mongolen, Mexikaner gegen Texaner, Piraten gegen friedliche Händler, Nord- gegen Südstaatler im US-amerikanischen Bürgerkrieg. Kaum eine

Schlacht der Weltgeschichte, die man nicht auf dem Schachbrett nachahmen kann.

Die Oliver-Twist-Figuren sind besonders wertvoll, sie stammen aus der Produktion der ehemaligen Firma Connasseur/England. »Von dieser Ausführung wurden nur circa 50 Stück gefertigt.« Entsprechend stolz ist der Preis – 1.449 Euro.

Bei den Schachfiguren »Waterloo« ist Napoleon der schwarze König. Und wer ist Napoleons Gegenspieler? Etwa Generalfeldmarschall Blücher? Aber der litt doch unter einer eingebildeten Schwangerschaft und hatte einen dicken Bauch? Die Figur trägt einen roten Uniformmantel, also wird es wohl der Duke of Wellington sein, ebenfalls ein Generalfeldmarschall, dem der nicht verbürgte Ausspruch zugeschrieben wird: »Ich wollte, es wäre Nacht oder die Preußen kämen.«

Im Zweiten Weltkrieg treten die bösen schwarzen Deutschen mit ihrem Führer an der Spitze gegen die US-Armee mit Präsident Roosevelt im Rollstuhl als König an. »Gut gegen Böse«, solch ein Ensemble gibt es auch, und zwar aus handbemaltem Speckstein – wobei die Guten rosig und gesund aussehen, die Bösen hingegen wie wahre Zombies; der König droht mit dem Messer, die Frau Königin versteckt ihr halbes Gesicht hinter einem Tuch, statt lebendiger Pupillen hat sie schwarze Augenhöhlen, anstelle des Springers narrt ein Teufel die Guten, und der Läufer trägt ein Kleid aus Menschenschädeln.

Schach spielen auch »Feuer gegen Wasser« oder chinesische Mao-Funktionäre gegen Kulturrevolutionäre, also gegen Bauern und Bürgerliche. Aus dem westlichen Kulturkreis stammt hingegen das Spiel, in dem Rock-Pop-Musiker gegen Jazz-Musiker kämpfen, wobei die Jazz-Kapelle aus Afroamerikanern besteht (sechs Männer in weißen Anzügen und die Dame im weißen Kleid) und die Rocker weißhäutig sind und standesgemäß schwarzes »Leder« tragen.

Wer sich gerne gruselt, kann »Skelettfiguren« kaufen, die so aussehen, wie sie heißen. Die Tierfreunde können mit Schachfiguren

»Hunde gegen Katzen« oder »Wilde Tiere« spielen, bei denen natürlich der Löwe der König ist und die Königin eine Löwin. Die Literaturliebhaber können Figuren aus Märchen und Sagen benutzen oder aus dem Kosmos des Don Quichotte – hier sind die Türme natürlich Windmühlen.

Aber weil Schach auch in der Gegenwart gespielt wird, gibt es ein Star-Wars-3D-Schachspiel, denn »die Schlacht des Imperiums gegen die Rebellen geht weiter!«. Dabei sind die Spielfiguren natürlich »detailgetreu den Charakteren Darth Vader, Obi Wan Kenobi, Yoda und Luke Skywalker nachempfunden«.

Ob Schachfiguren nun aus Elfenbein oder Bergkristall bestehen – oder aus Brot, wie in Gefängnissen und Arbeitslagern –, so können sie doch nur so gut spielen, wie sie geführt werden.

# KAPITEL 7

# Künstliche und menschliche Intelligenz

## Weil Schachspieler Geheimnisse lösen können

Schachspieler können auch gesellschaftlich nützliche Arbeit leisten. Das bewiesen jene Spieler, die im Zweiten Weltkrieg zusammen mit Mathematikern und Linguisten im Auftrag der englischen Regierung beim Dechiffrieren des deutschen Nachrichtenverkehrs halfen.

Government Code and Cypher School (GC&CS) hieß diese Einrichtung, in der auch fast die gesamte englische Schachnationalmannschaft tätig war, unter anderem Hugh Alexander, Stuart Milner-Barry und Harry Golombek.

Einer der Leiter dieses Forschungszentrums, das seinen Sitz in Milton Keynes (zwischen London und Birmingham) hatte, war der Mathematiker Alan Turing (1912–1954), der mit seiner 1936 veröffentlichten Arbeit *On Computable Numbers* die theoretischen Grundlagen der Informatik formuliert hatte. Turing beschrieb eine Maschine mit Papierstreifen als Speichermedium – die Vorform des Computers. 1943 bis 1944 entwickelte er den ersten programmierbaren Computer namens Collossus für die GC&CS.

Alan Turing wendete die Idee seiner Turing-Maschine auch auf das Schachspiel an und schrieb das erste Schachprogramm, das zwei Züge vorausrechnen konnte. Eine schachspielende Maschine sollte dem menschlichen Hirn ähnlicher sein als eine reine Rechenmaschine, so Turings Idee.

Diese und andere Arbeiten hat ihm die Gesellschaft schlecht gedankt. Nach einem Einbruch in sein Haus war seine Homosexualität bekannt geworden, woraufhin er 1952, wie lange vor ihm Oscar Wilde, wegen »schwerer Unzucht« verurteilt wurde. Er musste zwischen einer Gefängnisstrafe und einer chemischen Kastration wählen. Nachdem er sich für Letztere entschieden hatte, bekam er mehrere Spritzen mit weiblichen Hormonen. Zwei Jahre später nahm er sich das Leben.

53. GRUND

## Weil man auch intelligente Maschinen austricksen kann

Man kann sich mit guten Argumenten über den Wunsch des Menschen amüsieren, besser Schach spielen zu können als die von ihm geschaffenen »Maschinen«, die Computerprogramme. Es äußert ja auch niemand den Wunsch, schneller laufen zu können, als ein Auto fahren kann. Deshalb sollte die Tatsache, dass ein elektronisches Etwas schneller und mit mehr Zahlen rechnen kann als ein Mensch, kein Grund für traurige Gefühle sein. Zumal Es nicht bewusst rechnet, sondern letztlich nur zwischen 0 und 1 unterscheidet.

So redet der Zwerg sich Mut zu, bevor er gegen den Riesen kämpft. Denn als der damalige Weltmeister Garri Kasparow 1996 gegen den Schachcomputer Deep Blue verlor – und damit zum ersten Mal der beste schachspielende Mensch gegen eine Maschine –, da konnte der Computer 126 Millionen Stellungen pro Sekunde berechnen und auf alle wichtigen Partien zurückgreifen, die jemals gespielt wurden. Kasparows Niederlage markierte das Ende einer Epoche. Die Maschine intelligenter als der Mensch, ein Schock!

Im Gegensatz zu der Maschine hat der Mensch aber Ahnungen, die ihn zwar täuschen können, doch manchmal auch zum Wesen der Sache führen, er kann (Stellungs-)Bilder vergleichen und ihre Qualität einschätzen; während der Computer in seiner stupiden Rechnerei, seinem Vergleichen von Figurenmaterial, manchmal gar nicht merkt, wie er ins Matt stolpert. Und dieses kindische Etwas versucht oft mit sinnlosen Zügen das Verderben aufzuhalten, wo ein gut erzogener Mensch schon aufgegeben und dem Gegner die Hand gereicht hätte.

»Computer haben keinen Plan, keine Idee, keine Philosophie, kein ästhetisches Empfinden«, meinte der Großmeister Lewon Aronjan.[113]

Zumindest bis vor einigen Jahren konnte man selbst die besten Rechenprogramme noch austricksen, vor allem »durch kontrolliertes Nichtstun«.[114] Da die Programme nur ein relativ dürftiges positionelles Verständnis hatten und zum Beispiel Materialgewinne höher bewerteten als Raumgewinn, »verrammelte« man am besten die eigene Stellung, bewegte die Leichtfiguren hinter der Deckung verschachtelter Bauern. So konnten statt der üblichen 25 bis 60 Züge schon mal bis zu 300 gespielt werden, ohne dass sich etwas Wesentliches änderte. Woraufhin selbst einige der besten Programme zu streiken begannen – sie weigerten sich, Befehle auszuführen! Man hätte glauben können, sie hätten den Verstand verloren, wenn sie denn einen hätten.

300 Züge in einer Partie, das kommt so selten vor wie ein Schwarzer Freitag an der Börse, es ist etwas Ungeheures und wurde vom Maschinengott nicht zur Entscheidung angenommen. Es gab zu wenige Beispiele, auf die Es zurückgreifen konnte. Wäre die Maschine ein Mensch gewesen, so hätte sie Todesmut entwickeln und trotz unklarer Gewinnaussichten eine Figur opfern können, sie hätte die Müdigkeit des Gegners spüren und mit dessen Zeitnot spekulieren können. Doch der Faktor Zeitnot zählt für die Maschine gar nicht, sie traut ihrem menschlichen Gegner zu, genau wie sie selbst Millionen Stellungen in einer Sekunde prüfen zu können. Das wirkt auf den Menschen vielleicht einschüchternd, aber man kann nicht von einem psychologischen Trick sprechen.

Inzwischen sind die besten Schachprogramme, wie etwa Houdini 4, so stark, dass ihnen der Redakteur und Herausgeber der

Schachzeitschrift KARL, Harry Schaack, »fast göttliche Weitsicht« attestiert. Mit anderen Worten: Sie sind nahezu unschlagbar.

54. GRUND

**Weil Computer das Schachspiel bereichert haben**

In Gesprächen unter Schachspielern sind die Floskeln »Der Computer sagt ...« oder »Der Computer würde so spielen ...« mittlerweile wohl häufiger zu hören als alle anderen. Vor 20 Jahren hätte man noch Welt- oder Großmeister als Autoritäten zitiert. Heute ist der Computer der neue Schachgott, egal, wie der Weltmeister heißt. Und je schwächer die Spieler, desto größer die Computerhörigkeit.

Wenn der Computer einen Vorteil für Weiß im Wert eines halben Bauern sieht, bedeutet das in der Sprache der Gläubigen: Gott sieht den Hauch einer Chance, er hat gehüstelt, es juckt ihm der rechte Zeh. Ein halber Bauer, das kann einmal ein ganzer werden! Und ein ganzer Bauer – Ja, ja, der kann das Spiel entscheiden.

Lewon Aronjan meinte in einem Interview mit der *Berliner Zeitung*, dass die Möglichkeit, neueste Varianten mit dem Computer überprüfen zu können, die Romantik des Schachspiels zerstöre. »Die Maschinen nehmen dem Spiel die Schönheit, alles wird immer kalkulierter. Manchmal kommt man sich vor wie in einem Agententhriller. Vor nicht allzu langer Zeit ging es darum, wer die beste Database von historischen Spielen hat. Dann ging es darum, wer eine Aufzeichnung von einem privaten Spiel eines Großmeisters des Vorabends hat. Heute versucht man sich daran, Material von einer sagenhaften Partie zu bekommen, die Minuten zuvor auf irgendeinem Hinterhof dieser Welt zu Ende gegangen ist. Verrückt. Die Entwicklung macht mir Angst, es ist wie im Krieg, wer hat das beste Waffenarsenal. Wer hat die Missiles, wer die Atombombe? Computer werden immer besser, aber nicht menschlicher.«[115]

Nüchtern betrachtet haben die immer besseren elektronischen Schachprogramme das Spiel aber enorm bereichert. Man kann heute viel schneller und eingehender Varianten überprüfen, die man früher als ausinterpretiert eingeschätzt hat, als totes Land, auf dem nichts Nahrhaftes wächst. Plötzlich entdeckt man dank des Computers, dass hinter dem Horizont noch ein Garten Eden liegt.

Ein Spieler beschreibt es im Forum von Schachfeld.de so: »Vor dem Computer, das war die goldene Zeit der Super-Brettstrategen, die 97-98% ihrer Zeit und Energie damit verbrüteten, um ein Feld zu erobern. Erst der Computer lehrte uns dann allerdings, wie viel Gehalt eigentlich noch in diesen ›nicht so gehaltvollen‹ Stellungen steckte. Mehr jedenfalls, als dem hyper-akademisch geprägten Schach-Zeitgeist jener Jahre klar war.«[116]

Dass Schachprogramme dennoch nicht immer objektiv richtige Entscheidungen treffen können, sieht man schon daran, dass sie einander oft widersprechen. Während Houdini diesen Zug empfiehlt, schlägt Fritz einen anderen vor. Am Ende irren sie vielleicht beide, weil der unbekannte Dritte, der Mensch, schlauer war.

Allgemein gilt: Je weniger Figuren auf dem Brett, desto stärker ist das elektronische Gehirn. In taktischen Stellungen vollbringen Rechenprogramme ohnehin Erstaunliches, je nach Rechenzeit und -tiefe. Wenn der Computer ein Matt in 20 Zügen vorhersagt, dann trifft diese Prophezeiung auch ein, die Maschine lügt nicht. Versteckte Züge, die die Vorstellungskraft des Menschen so stark fordern, sind für das Rechenprogramm nichts Besonderes, es untersucht ja auch die sinnlosesten Querverbindungen. Weil die Maschine keine Sinne hat, kann man sie auch nicht täuschen.

Außerdem sind mit der Computerisierung des Schachs natürlich enorme Speichermöglichkeiten entstanden. Problemlos hat man heute Zugriff auf Archive mit Millionen von analysierten und kommentierten Partien.

## Weil ChessBase der schönste Spielplatz im Internet ist

Würde ein Schachspieler nach 20 Jahren im Koma aufwachen und sein früheres Bewusstsein und Denkvermögen wiedererlangen, er wäre ziemlich verblüfft, wie und mit wem man heutzutage Schach spielen kann. Bei www.chessbase.com, einem der beliebtesten Spielplätze im Internet mit mehr als 200.000 Mitgliedern, trifft man Spieler aus der ganzen Welt, so aus allen europäischen Ländern, aus den USA und Kanada, aus Indonesien, den Philippinen, Pakistan, Iran, aus den Vereinigten Arabischen Emiraten, Indien oder China, ja neuerdings auch aus afrikanischen und südamerikanischen Ländern. Mit anderen Worten: Bei ChessBase ist die Welt ein Schachdorf. Im »Großen Spielsaal« halten sich oft mehrere tausend Spieler virtuell auf, die in unterschiedlichen Formaten, sowohl in den klassischen als auch in den Blitzvarianten, gegeneinander spielen. In einem anderen Raum, der »Café« genannt wird, geht es etwas gemütlicher zu – hier sind auch nicht zahlende Gäste jederzeit willkommen.

Die einjährige einfache Mitgliedschaft kostet bei ChessBase derzeit 32,90 Euro, die Premium-Mitgliedschaft 49,90 Euro. Als Premium-Mitglied kann man gegen Großmeister simultan spielen, am Live-Training teilnehmen und TV-ChessBase einschalten, um Vorträge etwa vom englischen Großmeister Daniel King oder dem Endspielspezialisten Dr. Karsten Müller zu sehen. Eine Sendung widmet sich der Frage, wer der neue Bundestrainer wird, in einer anderen stellt ein holländischer Internationaler Meister rasante und gefährliche Gambits vor, oder es werden live die Partien der deutschen Nationalmannschaft bei der Mannschafts-WM kommentiert.

Die neuesten Trends in der Reynoldsvariante werden erforscht oder der Internationale Meister Michael Richter von der Berliner Schachschule stellt Mittelspielstrategien vor, so unter dem Aspekt des Raumvorteils. Im ChessBase-Shop gibt es ein großartiges Angebot an Schachbüchern und -DVDs; die ganz Eiligen können sich das neueste Trainingsmaterial gleich herunterladen. Lehrvideos mit vielen Weltklassespielern sind hier zu finden, so mit Garri Kasparow, Wladimir Kramnik, Viswanathan Anand oder Viktor Kortschnoi. Auch das großartige Schachlernprogramm für Kinder Fritz & Fertig gibt es bei ChessBase.

Das Beispiel ChessBase zeigt, das Schach auch ein erfolgreiches Geschäftsmodell sein kann. Das Unternehmen hat seinen Sitz in Hamburg und wurde bereits 1985 von dem Physiker Matthias Wüllenweber und dem Wissenschaftsjournalisten Frederic Friedel gegründet. Ursprünglich verkaufte das Unternehmen das Schachdatenbankprogramm ChessBase, mit dessen Hilfe Schachpartien auf Computern gespeichert und kommentiert werden konnten.

Seit September 2001 ist ChessBase mit einem eigenen Schachserver online. Bemerkenswert an diesem Spielplatz ist noch, dass es kein Forum, keine Diskussionsseiten gibt. In einer Zeit, in der jeder glaubt, überall mitreden zu können, ist das eigentlich ein wohltuender aristokratischer Zug. Aber manchmal gibt es auch Schwierigkeiten mit der Bedienung einzelner Funktionen, über die man gern diskutieren würde.

56. GRUND

**Weil man im Internet die Zeit vergessen kann**

Ein schachliches Wunderland findet der Interessierte auch auf der Videoplattform YouTube. Dort werden berühmte und lehrreiche Partien gezeigt und kommentiert, historisch wichtige wie die zwischen Paulsen und Morphy von 1857 oder die 1934 gespielte Peruanische Unsterbliche von Esteban Canal, die Polnische, die Rumänische und natürlich Rubinsteins Unsterbliche. Der deutsche Großmeister Helmut Pfleger, der seit 1977 Schachsendungen moderiert und zahlreiche Bücher und Kolumnen über das Schach unter anderem in der Wochenzeitung DIE ZEIT geschrieben hat, stellt »Die schönsten Partien der Schachgeschichte« vor. Es werden Eröffnungsfallen erklärt, man kann sich Taktik-Videos ansehen, den Umgang mit Minus-, Doppel-, Trippel- oder isoliertem Bauern, das Dreispringerspiel von Capablanca, Turm- und Läufer-Endspiele trainieren.

Kaum ein schachliches Thema, das nicht einprägsam erklärt wird. Denn die Möglichkeiten, Diagonalen und Abtausch-Varianten grafisch darzustellen, sind der Buchkultur doch weit überlegen. Ob die Spiele der deutschen Frauen-Nationalmannschaft bei den Europameisterschaften, Bobby Fischers spektakulärste Partien, die Blitz- oder Schnellschachpartien des 13-jährigen Magnus Carlsen – alles ist jederzeit verfügbar.

Im Internet werden inzwischen auch viele internationale Wettkämpfe live übertragen und von Großmeistern oder von anderen Koryphäen kommentiert. Da ist zum Beispiel das Dortmunder Sparkassen Chess-Meeting, das Wladimir Kramnik inzwischen zehn Mal gewinnen konnte – ein Rekord, den womöglich nur er selbst übertreffen kann. Oder das berühmte Turnier, das seit 1938 alljährlich im Januar im niederländischen Küstenort Wijk aan Zee ausgetragen wird. Fast alle der besten Spieler der letzten Jahrzehnte haben dort gespielt, von den Weltmeistern seit 1945 nur Wassili Smyslow und Bobby Fischer nicht.

Großes Spektakel bieten natürlich immer wieder die Kandidatenturniere, bei denen der Herausforderer des amtierenden Weltmeisters gesucht wird. Zuletzt gewann 2013 in London der junge norwegische Großmeister Magnus Carlsen knapp vor Wladimir Kramnik, allerdings erst nach einer Nervenschlacht in der letzten Runde, in der beide kein Remis zulassen wollten, da sie vom Ergebnis des jeweils anderen abhängig waren. Am Ende verloren beide – gegen Iwantschuk beziehungsweise Swidler –, wodurch Magnus Carlsen Turniersieger wurde und den indischen Schachweltmeister Anand herausfordern durfte. Damit kämpfte zum ersten Mal seit vielen Jahren kein Spieler aus Russland beziehungsweise der Sowjetunion um die Schachkrone.

## Weil Fernschach den Computer überlebt hat

Fernschach ist wahrscheinlich die langsamste aller Wettbewerbsarten. So langsam, dass die Mannschaft der DDR bei der Fernschach-Olympiade 1995 noch eine Bronzemedaille gewinnen konnte. 1987 hatte das Turnier begonnen.

Die längste bekannte Fernschachpartie zog sich 16 Jahre hin. Sie wurde zwischen 1859 und 1875 von zwei Spielern aus New York und Pforzheim ausgekämpft und endete nach 50 Zügen mit einem Sieg für Schwarz.

Auch heute noch gibt es Menschen, die Fernschach spielen. Man sendet die Züge zwar nicht mehr per Postkarte, sondern per E-Mail. Aber die Bedenkzeit ist immer noch der Tradition verhaftet. Für zehn Züge hat man 40 Tage oder gar 50 Tage Bedenkzeit, je nach Wettbewerb.

Im Fernschach sind alle Hilfsmittel erlaubt – Schachbücher, Ratschläge von Freunden, Computer und Rechenprogramme.

»Ihr spielt doch gar nicht mehr gegeneinander, ihr lasst doch Computer gegeneinander spielen«, lautet ein Vorwurf, den sich Fernschachspieler häufig anhören müssen. Früher, da musste man sich die Varianten erarbeiten, aber heute übernehmen die Maschinen das Denken!

Tatsächlich gibt es Spieler, die ihre Schachprogramme 24 Stunden am Tag Partien analysieren lassen. Und was, wenn zwei Spieler dieselben Programme benutzen? Kommt es im Fernschach überhaupt noch zu taktischen Verwicklungen?

Fragen wir einen Fernschachspieler vom Team Berolina, den Schachfreund Thilo Keskowski. »Im Wesentlichen ist es so, dass durch die Maschine keine groben taktischen Fehler mehr passieren und dann dem Menschen die Aufgabe zukommt, zusammen mit der Rechenpower Pläne zu entwickeln, die auch noch hinter dem ›Horizont‹ der Maschine Bestand haben. Horizont nennt man die Rechentiefe der Maschine. Ich lege mir meist eine Marschroute fest, wo ich hin will und teste dann mit den Engines, ob diese auch Erfolg versprechen kann.«

Der Mensch trifft die Entscheidungen, auch im Fernschach. Statt des früheren trockenen Denkens ist nun auch die Fähigkeit gefordert, Computeranalysen zu interpretieren, sich der Maschine gegenüber souverän zu verhalten, ihren scheinbar objektiven Angaben zu misstrauen.

Ein großer Vorteil des Fernschachs: Man braucht keine besonderen Räume zum Spielen. Das Reisen entfällt, deshalb auch die Reisekosten. So können mühelos Wettkämpfe mit mehreren Hundert Teilnehmern veranstaltet werden. Den Länderkampf Deutschland gegen Italien bestritten jeweils 1981 SpielerInnen. 1996 bis 2002 wurde der Kampf ausgetragen, nach sechs Jahren und vier Monaten gewann Deutschland mit 1.353 Punkten zu 628.

Der BdF, der Deutsche Fernschachbund, organisiert regelmäßig originelle internationale Vergleiche, beispielsweise Deutschland gegen den Rest von Europa (einschließlich Russland und Türkei), gegen Australien oder einen Dreiländerkampf Österreich, Deutschland, Niederlande. Österreich gewann mit einem halben Punkt Vorsprung vor Deutschland. Es gibt auch Einzelmeisterschaften und

Thementurniere (in denen eine bestimmte Eröffnung gespielt wird). Aktuell hat der BDF 2.500 Mitglieder.

Deutschland ist im Fernschach traditionell sehr stark. Bereits 1971 gewann Horst Rittner, der Generalsekretär des Deutschen Schachverbandes der DDR, die Fernschachweltmeisterschaft – der Kampf dauerte drei Jahre und zwei Monate. Horst Rittner konnte den Titel zwar nicht verteidigen, doch mit Fritz Baumbach wurde 1988 wieder ein Spieler aus der DDR Fernschachweltmeister. Der Deutsche Fernschachbund ist der größte nationale Verband der Welt mit derzeit 3.000 Mitgliedern.

Mein Verein, Berolina Mitte, spielt inzwischen in der ICCF Champions League, einer Art Mannschaftsweltmeisterschaft für Vereine. Statt Bayern München gegen Real Madrid heißen die Paarungen hier Berolina Mitte gegen The Boys of Summer (Polen) oder The Puppies of SchemingMind B (England) gegen die Bremer Stadtmusikanten, nein, die Bremer Schachgesellschaft.

Die schönen kindlichen Namen zeigen: Das Fernschach ist auf der Spielwiese Internet angekommen.

Trotz der Voranalysen mit Computern werden auch im Fernschach spannende Partien mit taktischen Verwicklungen gespielt. Rechts ein Beispiel von den World Championships 2012. Der Internationale Meister Thomas Mahling spielte gegen den Fernschachmeister Dieter Kühnel:

*1. d4 d5 2. c4 c6 3. Sf3 Sf6 4. Sc3 e6 5. e3 Sbd7 6. Dc2 Ld6 7. b3 0-0 8. Le2 b6 9. 0-0 Lb7 10. Lb2 De7 11. Tad1 Tad8 12. Tfe1 Tfe8 13. h3 c5 14. dxc5 Sxc5 15. cxd5 Sxd5 16. Sxd5 Lxd5 17. Lb5 Tf8 18. e4 Lb7 19. b4*

Mahling – Kühnel, 2012

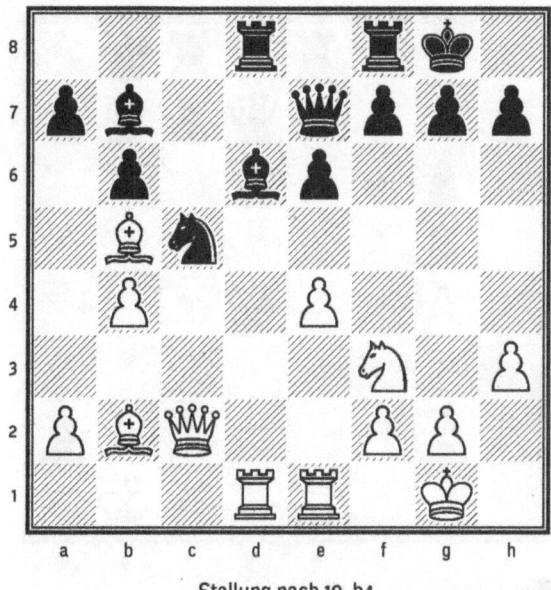

Stellung nach 19. b4

Schwarz steht schon etwas beengt. Während alle weißen Figuren aktiv mitspielen, hat Schwarz wenige Entwicklungsmöglichkeiten. Und nach **19. b4** ist auch noch der Springer angegriffen, der nun ein freies Feld sucht. Schwarz entscheidet sich für diese Abwicklung:

*19. … Sxe4 20. Txe4 Lxe4 21. Dxe4 Lh2+*

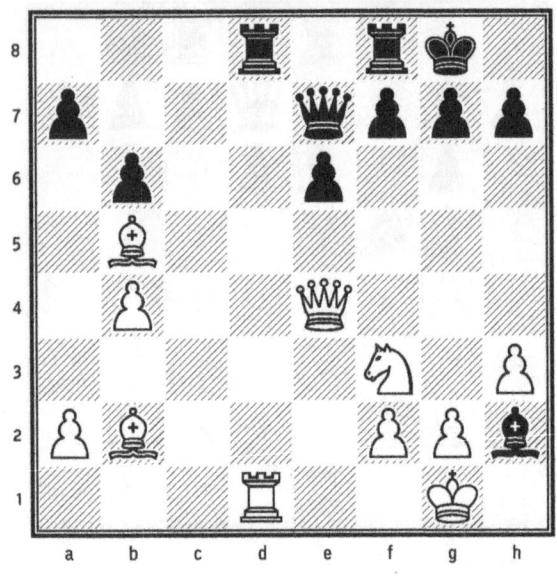

Mahling – Kühnel, 2012

Stellung nach 21. ... Lh2+

Nun wird Weiß drei Leichtfiguren gegen zwei Türme und einen Bauern bekommen. Das Material ist ungefähr ausgeglichen, jedoch bekommt Weiß einen scharfen Angriff, vor allem dank der beiden Läufer, der Peitschen, wie man im Schachjargon sagt.

**22. Kxh2 Txd1 23. La4 Td5 24. Lc2 Th5 25. Dg4 g6 26. Dd4 f6
27. Lb3 Td5 28. De4 Dd6+ 29. g3 Kg7 30. Kg2 Tb5 31. a3 Td5
32. g4 Kf7 33. a4 Ke8 34. Lxd5 Dxd5 35. Dxd5 exd5 36. b5 f5
37. Kg3 fxg4 38. hxg4 Kd8 39. Se5 Te8 40. f4 Tf8 41. Sc6+ Kc7
42. Sxa7 Ta8 43. Sc6 Txa4 44. f5 gxf5 45. gxf5 Ta8 46. f6 Kd6 47. f7**

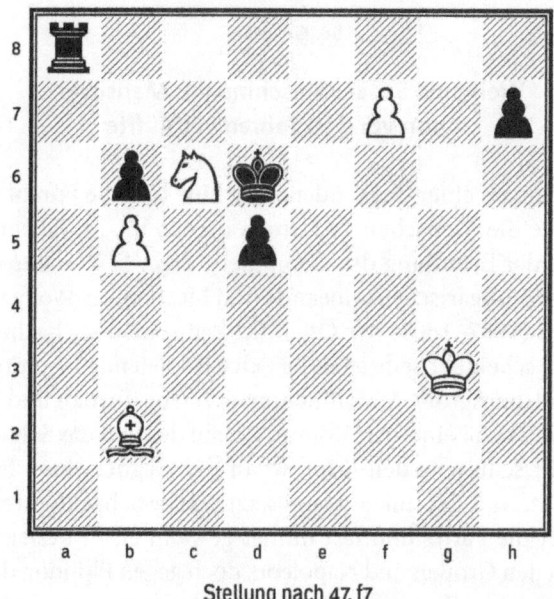

Mahling – Kühnel, 2012

Stellung nach 47. f7

Das schöne und traurige Ende. Wie soll Schwarz den Bauern auf-halten? Nach **47. …** Tf8 würde der Läufer auf a3 Schach bieten und den Turm schlagen. Zieht Schwarz **47. …** Ke6, kann der Springer von e5 aus den Bauern decken. Schwarz kann den Turm nicht von Grundreihe abziehen. Ein Trauerspiel. Weiß gewinnt.

## Weil eine Schachmaschine die Menschen
## schon vor 250 Jahren verblüffte

Der Traum von einer denkenden Maschine und die Furcht vor ihr begeisterte die Menschen in Europa bereits im 18. Jahrhundert, lange vor der Erfindung des Computers. Etwa 1770 stellte der österreichisch-ungarische Hofbeamte und Mechaniker Wolfgang von Kempelen (1737–1804) der Öffentlichkeit seinen »Schachtürken« vor, einen scheinbar selbstständig Schach spielenden Automaten.

Dieser lebensgroße Maschinenmensch trug Turban und Pumphosen und saß an einer Art Kommode, auf der sich das Schachbrett befand. Er schüttelte den Kopf, wenn der Gegner einen falschen Zug machte, mit der linken Hand setzte er die Schachfiguren. Stets begann er die Partie und fast immer gewann er. Er besiegte auch Friedrich den Großen und Napoleon, doch gegen Philidor, den besten Spieler seiner Zeit, verlor er. Selbst mehrere Wissenschaftler der Académie française vermochten das Geheimnis dieser denkenden Puppe nicht zu lüften. Wolfgang von Kempelen zeigte den staunenden Zuschauern auch das Innere der Maschine, er öffnete nacheinander alle Türen der Kommode, sodass sie sich vergewissern konnten, dass dort kein Mensch war.

Der geniale Erfinder stand während der Spiele neben der Schachmaschine – er jedenfalls übermittelte die Züge nicht, auch bewegte er die Puppe nicht. Deren tote Augen schienen sehen zu können, Rädchen und Getriebe schienen denken zu können, die Sensation war perfekt. Man vermutete eine magnetische Steuerung, Kempelen aber verweigerte jede genaue Auskunft.

Nur der Neugierde des preußischen Königs Friedrich II., der ein leidenschaftlicher Schachspieler war und gegen den Automaten verlor, konnte sich Kempelen nicht entziehen. Er offenbarte ihm gegen eine größere Summe Geld das Geheimnis – der König aber schwieg, er wollte nicht zugeben, dass er ausgetrickst worden war.

Das Interesse des Publikums an dem Schachtürken wurde so stark, dass Kempelen weitere Aufführungen verweigerte. Er behauptete, die Maschine zerstört zu haben, die daraufhin für einige Jahre in Vergessenheit geriet. Kempelen widmete sich lieber anderen Erfindungen, so entwarf er 1772 eine sich selbst regulierende Wasserpumpe für die Kaskaden im Schlosspark Schönbrunn und bald auch eine Sprechmaschine, deren Funktionsweise er 1791 in seiner Schrift *Mechanismus der menschlichen Sprache nebst der Beschreibung seiner sprechenden Maschine* beschrieb. Ein Blasebalg übernahm dabei die Aufgabe der Lunge, die Stimmbänder wurden wie in Blasinstrumenten durch ein Rohrblatt aus Elfenbein, die Nase und der Mund durch Gummitrichter nachgeahmt.

Nach Kempelens Tod im Jahre 1804 kaufte der Mechaniker Johann Nepomuk Mälzel den Schachautomaten Kempelens Sohn ab und ging mit ihm wieder auf Reisen, unter anderem auch in die USA. Mälzel, der Erfinder des Metronoms, hatte zuvor schon ein Panharmonikon entwickelt, ein mechanisches Musikinstrument, das alle Instrumente einer Militärmusikkapelle spielen konnte. Nachdem er den Schachtürken 1819 in London vorgestellt hatte, wies der Zeichner Robert Willis nach, dass in dem Automaten eben doch ein Mensch versteckt sein konnte. Aber ein Beweis für diese These war damit noch nicht erbracht.

Erst Edgar Allan Poe zeigte 1836 in seinem Essay *Maelzels Schachspieler* (*Maelzel's Chess Player*) mit einer ausführlichen Beweisführung, dass tatsächlich ein menschlicher Verstand auf die Maschine einwirken musste. Poe wies auf viele Details hin, die in früheren Publikationen nicht beachtet worden waren.

Der geniale amerikanische Schriftsteller schrieb, dass zwar auch das Innere der Figur von den Zuschauern begutachtet werden könne, jedoch nur durch zwei Türen, eine »10 Quadratzoll« große auf dem Rücken des Türken und eine kleinere im linken Schenkel. Der Türke könne sprechen, er sage das Wort »Schach« und nach einem Sieg »bewege er triumphierend den Kopf hin und her, blicke gelassen in die Zuschauer«.[117] Der Gedanke an einen Magneten, der diese Bewegungen bewirke, sei unhaltbar, meinte Poe, weil jeder Magnet in der Tasche eines Zuschauers den Magneten der Maschine in Unordnung bringen würde. Tatsächlich aber sehe ein Spieler im Innern der Maschine durch die Brust des Türken auf das Schachbrett. Auch die Größe des sitzenden Türken sei verdächtig, denn sein Kopf sei 18 Zoll höher als der des stehenden Mälzels.

Bereits die Tatsache, dass der Apparat unterschiedliche Bedenkzeiten akzeptiere, zeige, dass er keine Maschine sei. Wäre er eine Maschine, so würde er auch immer gewinnen. Außerdem, so Edgar Allan Poe, dienten die sechs unterschiedlich großen Kerzen neben dem Schachbrett der Ablenkung des Publikums, sodass dieses die Augen des im Innern des Türken sitzenden echten Spielers nicht sehen könne.

Herr von Kempelen sei des Weiteren stets von einem Italiener begleitet worden, der jedoch während der Schachpartien nie anwesend gewesen sei. Auch Mälzel werde von einem Herrn Schlumberger begleitet, der angeblich nur die Aufgabe habe, die Schachfiguren ein- und auszupacken. Als Schlumberger jedoch krank gewesen sei, seien keine Schachspiele gezeigt worden.

Poes Beweisführung war natürlich korrekt. Bewundernswert war die Konstruktion der Schachmaschine dennoch, auch Poe versagt ihrem Erfinder keineswegs seine Achtung. Wer die Spieler in der Maschine waren, als Kempelen mit ihr durch Europa reiste, weiß man bis zum heutigen Tage nicht mit Sicherheit. In einigen Berichten wurde behauptet, es sei seine Tochter gewesen. Heutzutage hätte sie wahrscheinlich den Großmeistertitel errungen. Johann Nepomuk Mälzel soll den deutschen Schachmeister Johann Baptist Allgaier eingesetzt haben, der allerdings von seinen Zeitgenossen als »großer, starker Mann« beschrieben wurde. Durch die USA reiste

Mälzel tatsächlich mit dem Elsässer Wilhelm Schlumberger, dessen Tod ihn derart in Depressionen stürzte, dass er drei Monate später selbst verstarb.

Nach Mälzels Tod übernahm der schachbegeisterte Arzt John K. Mitchell die Schachmaschine, er schenkte sie im Jahr 1840 dem Peale Museum in Philadelphia, wo sie 1854 bei einem Feuer im Museum verbrannte.

Was blieb, war ein Mythos, der auch oft verfilmt wurde, so in dem Film *Der Schachspieler* aus dem Jahre 1927 (siehe Grund 34).

## 59. GRUND

### Weil das Schachspiel ein hervorragender Intelligenztest ist

Der Franzose Alfred Binet (1857–1911) war der Erfinder des Intelligenztests. Er interessierte sich auch für die Gedächtnisprozesse beim Schachspielen. 1894 entdeckte er, was Schachspieler schon immer gewusst hatten, nämlich, dass es »keine Übereinstimmung zwischen der Rechenfähigkeit und der Fähigkeit zum schachlichen Denken« gibt. Siegbert Tarrasch, der deutsche Beinahe-Weltmeister, hatte Binet auf seine mittelmäßige mathematische Begabung hingewiesen. Gut rechnen zu können ist zwar eine brauchbare Eigenschaft im Schach, aber das Schachspiel kann nicht auf Mathematik reduziert werden.

Mehr Licht in die dunklen Gehirne brachte der niederländische Schachspieler und Kognitionspsychologe Adriaan de Groot (1914–2006), der 1965 in seiner Doktorarbeit darauf hinwies, dass für Schachmeister die intuitive Wahrnehmung wichtiger sei als die bloße Fähigkeit der Vorausberechnung von Zügen. Die intuitive Wahrnehmung ist besonders wichtig bei knapper Bedenkzeit und in schwierigen, unklaren Situationen. Denn der Blick ist schneller als das Wort und als die Zahl, als die rechnerische Überprüfung der geplanten Züge. Der Gedanke muss erst in Worte gefasst werden, der Schachzug kann nach Gefühl erfolgen.

Das Erkennen ist komplexer als das Denken, es nutzt mehr Fähigkeiten, insbesondere auch solche, die sich der bewussten Gestaltung entziehen – das Raumgefühl, die Vorstellungskraft, die Selbsterkenntnis, Erfindergeist, Liebe zum Detail, Wille, Optimismus, Nervenstärke und nicht zuletzt das Erinnerungsvermögen.

Adriaan de Groot untersuchte auch als Erster die einzelnen Phasen des Denkens und Erkennens beim Schach. Nach der allgemeinen Einschätzung, der Orientierungsphase, folgt eine Erkundungsphase, in der erstmals konkrete Züge berechnet werden, dann die Vertiefungsphase, in der ein oder mehrere Kandidatenzüge und nachfolgende Varianten in all ihren wahrscheinlichen Verzweigungen untersucht werden, und schließlich die Bestätigungsphase, in welcher der Spieler die korrekte Zugwahl noch einmal überprüft, bevor er sich entscheidet und den Zug ausführt.

In der Vertiefungsphase verlieren die meisten Spieler viel Zeit, weil sie nicht methodisch vorgehen und zum Beispiel Varianten nicht nacheinander, sondern Zug für Zug abwechselnd überprüfen oder willkürlich zwischen den Varianten hin- und herspringen.

Die besten mir bekannten Schachbücher, deren Studium zu einer Verbesserung des methodischen Denkens führen sollte, sind die des russischen Schachtrainers Mark Dworetski (geb. 1947), der unter anderem die Großmeister Waleri Tschechow, Artur Jussupow und Sergei Dolmatow trainierte. *Moderne Schachtaktik: Lektionen von Russlands Spitzentrainer, Geheimnisse der Schachstrategie, Positionelles Schach: Wie man sein Stellungsgefühl trainiert* (zusammen mit Artur Jussupow), das sind zwar schwierige, aber ungemein anregende Bücher.

Als Intelligenztest eignet sich das Schachspiel auch deshalb so gut, weil die Spielstärke von der Fähigkeit abhängt, Muster zu erkennen – und sie gegebenenfalls zu überlisten. Im Gegensatz zu den Intelligenztests für jedermann wird im Schach jedoch die Leistung nicht in einem ruhigen Labor in einer entspannten Situation gemessen, sondern während eines mehrstündigen Wettkampfs, in dem es um Ruhm, Ehre, Brot und Wein geht. Der Einsatz ist hoch, die Nerven sind schwach, die Hände und Beine zittern, der Schweiß fließt den Nacken herunter. Manche Spieler berichten von Augenflimmern, als hätten sie eine Wüstenwanderung hinter sich. Andere schildern die bekannten Symptome der Höhenkrankheit, Atemnot und Ohrensausen. Die Intelligenz muss also in der Praxis nachgewiesen werden.

60. GRUND

**Weil Schachspieler für Wertzahlen kämpfen**

Schachspieler kämpfen nicht nur gegen den Gegner, für ihre Ehre oder für ihre Mannschaft, sondern auch für ihre Wertungszahl. Dank der Wertungszahl kann die schachliche Intelligenz gleich der Spielstärke relativ objektiv gemessen werden, jedenfalls über einen längeren Zeitraum hinweg. Im internationalen Schach heißt diese Wertungszahl Elo-Zahl, benannt nach ihrem Erfinder, dem aus Ungarn stammenden US-amerikanischen Physiker Arpad Emrick Elo (1903–1992). Arpad Elo entwickelte dieses Wertungssystem 1959 für den US-amerikanischen Schachverband USCF, 1970 wurde es auch vom Weltschachverband übernommen.

Das Wertungssystem funktioniert folgendermaßen: Angenommen, Spieler X hat noch keine Elo-Zahl, er spielt in einem Turnier gegen neun Gegner mit einem Elo-Durchschnitt von 2.200 und erreicht 4,5 Punkte. Er hat gegen Spieler dieser Stärke also eine ausgeglichene Bilanz, er spielt exakt auf ihrem Niveau und erhält somit ebenfalls eine Elo-Zahl von 2.200. Zukünftig kann er Elo-Punkte gewinnen, indem er seine erwartete Leistung übertrifft, den sogenannten Erwartungswert. Ebenso kann er natürlich auch Elo-Punkte verlieren, indem er die erwartete Leistung nicht erbringt.

In Deutschland wird auch das nationale Wertungssystem genutzt, in dem eine DWZ, Deutsche Wertungszahl, ermittelt wird. Das Prinzip ist aber das gleiche – gegen höher bewertete Spieler gewinnt man auch im Falle eines Unentschiedens oder eines Sieges Punkte, gegen nieder bewertete verliert man sie. In der Schweiz gibt es übrigens eine »Führungsliste« mit »Führungszahlen«.

Dank dieses Systems kann die Leistung der Spieler nach einer entsprechenden Anzahl von Partien ziemlich präzise erfasst werden.

Nach Einführung des Elo-Systems hielt Bobby Fischer lange Zeit den Rekord mit 2.785 Elo-Punkten. Der nächste Gigant in dieser Wertung war Garri Kasparow, der 1999 eine Elo-Zahl von 2.851 erreichte. Erst Magnus Carlsen konnte diesen Gipfel überschreiten – derzeit (Januar 2014) hat er eine Elo-Zahl von 2.872.

Diese Unterschiede bedeuten natürlich nicht, dass Carlsen besser als Kasparow oder Kasparow besser als Fischer spielte beziehungsweise spielt. Schließlich sind die Gegner andere. Auch steigen die Elo-Zahlen an der Weltspitze Jahr für Jahr leicht nach, weil immer mehr neue Spieler in die Rangliste aufgenommen werden und sich Punkte von unten nach oben umverteilen. Man spricht hier von einer »Elo-Inflation«, die etwa drei bis fünf Elo-Punkte pro Jahr ausmachen soll.

Arpad Emrick Elo hat in seinem Buch *The rating of chessplayers past and present* die Elo-Zahlen aller bedeutenden Schachmeister ab Mitte des 19. Jahrhunderts ermittelt. Mehr als einen hübschen Spaß oder eine grobe Orientierung bieten diese Berechnungen allerdings nicht, dafür waren die Spielbedingungen doch zu unterschiedlich. Doch immerhin ist das Bewertungssystem so gerecht, dass es auch für andere Sportarten übernommen wurde, so im Go und im Squash.

Um eine Elo-Zahl zu bekommen, muss man übrigens mindestens zwei Elo-Turniere gespielt haben. Diese dann einmal errungene Elo-Zahl bleibt auch dann erhalten, wenn der Spieler keine weiteren Schachturniere spielt.

Die Elo- beziehungsweise DWZ-Zahlen haben für Schachspieler durchaus Fetischcharakter. »Was hat der Gegner für eine Zahl?«, »Ich muss etwas für meine Zahl tun!« – das sind Äußerungen, die man unter Schachspielern häufig hört.

Die Formel für die Berechnung der Änderung einer Elo-Zahl sieht übrigens so aus:

$$E_A = \frac{1}{1 + 10^{(R_B - R_A)/400}}$$

$E_A$: erwarteter Punktestand für Spieler A
$R_A$: bisherige Elo-Zahl von Spieler A
$R_B$: bisherige Elo-Zahl von Spieler B

Aber diese Formel müssen eigentlich nur die Zahlenauswerter kennen, nicht alle Schachspieler.

61. GRUND

**Weil man Zahlen lieben kann**

Es gibt Menschen, die Zahlen geradezu lieben. Während Otto Normalbürger innerlich die Flucht ergreift bei dem Gedanken, eine

Steuererklärung erstellen zu müssen, Rechnungen zu nummerieren, Ausgaben und Einnahmen zu vergleichen, haben die Freunde der Statistiken offenbar ein erotisches Verhältnis zu Zahlen jeglicher Art. Im Arbeitsleben wird man mit dieser Begabung vielleicht Buchhalter und Finanzprüfer, im Schach Klassifizierungsbearbeiter, Wertungsreferent oder Referent der Zentralen Wertungsdatenbank des DSB.

Das sind die Funktionen von Frank Hoppe, der schon als Kind seine Partien gegen seine Klassenkameraden oder gegen seine Schwester statistisch ausgewertet hat. Am Ende des Monats zählte er seine Niederlagen, Remis und Siege.

Im Schach kann sich Frank austoben, an Statistiken herrscht kein Mangel. 4.500 Turniere werden pro Jahr vom Deutschen Schachbund erfasst. Für jeden einzelnen Spieler werden die Ergebnisse aller Partien mit DWZ-Punkten bewertet, mit der alten Wertungszahl verrechnet und Leistungskurven erstellt. Sicherlich, solche Bewertungen werden von Rechenprogrammen durchgeführt, aber die Angaben müssen kontrolliert, Partieformulare überprüft und die Ergebnisse und Tabellen veröffentlicht werden.

Etwa 200 DWZ-Referenten leisten im Deutschen Schachbund diese Arbeit. Sie sind befugt, Schachturniere nach den Regeln des DSB auszuwerten. Die 200 Referenten melden die Ergebnisse an den DWZ-Wertungsreferenten des Deutschen Schachbundes.

Wenn man etwas über Statistiken im Schach in Deutschland wissen möchte, fragt man am besten Frank Hoppe. Er wertet außerdem die sogenannten Betriebsschachturniere in Berlin aus und schreibt noch Reportagen über Schachturniere, von der Bundesliga wie von Vereinsturnieren. Und er leistet all diese Arbeit ehrenamtlich!

Wie viele Schachspieler spielen derzeit in Berliner Vereinen? 2.604. Welcher Verein hat die meisten Mitglieder? Der SC Kreuzberg mit 181 Mitgliedern. Dann Weiße Dame mit 117, dann der SC König Tegel 1949 mit 92. Die meisten Frauen spielen allerdings beim SK International Berlin mit acht von 24 Mitgliedern. 1.300 Trainer sind derzeit im DSB aktiv tätig.

Da ich Frank schon länger kenne – er ist in unserem Verein auch noch der Schatzmeister – erstaunt mich seine Liebe zu Zahlen und die Sorgfalt, mit der er sich ihnen widmet, nicht zum ersten Mal. Er rechnet zum Beispiel regelmäßig aus, wer in unserem Verein die längste Sieg- und die längste Niederlagenserie, oder die meisten Remis hintereinander hatte, wie erfolgreich die 70 Spieler des Vereins über die Jahre hinweg in den Berliner Mannschaftsmeisterschaften waren.

Seit mehr als 20 Jahren steht er im Dienste der Schachstatistik. Nach dem Ende der DDR hat er die Umstellung des NWZ-Klassifizierungssystems der ostdeutschen Schachspieler und des Ingo-Systems der BRD auf das gesamtdeutsche DWZ-System durchgeführt. Für alle 90.000 aktiven Schachspieler. Nachts, an Wochenenden, im Urlaub.

Natürlich spielt er auch selbst Schach und dabei ist seine größte Stärke die Geschwindigkeit, in der er seine Figuren zieht. Schon als junger Mann hat er einen DDR-Bezirksmeister im Schnellschach zur Verzweiflung getrieben, weil er für die gesamte Partie nur eine Minute Bedenkzeit verbrauchte, sein Gegner aber 75 Minuten. Frank hatte seiner Frau versprochen, frühzeitig nach Hause zu kommen, also spielte er eben schnell. Seiner Erinnerung nach dauerte die Partie etwa 40 Züge. 40 Züge in einer Minute, das kann einen Gegner schon irritieren, auch einen Schnellschachmeister.

Neuerdings hat Frank die Idee, auch die fünfminütigen Blitzpartien und die 25-minütigen Schnellschachpartien noch mit DWZ-Punkten auszuwerten, auch in dieser Disziplin für alle Spieler die Wertungszahlen zu errechnen. Leider, sagt er, fehle ihm dafür die Zeit, denn er müsse ja auch noch einem Broterwerb nachgehen. Zwar beschäftigt der DSB in seinem Hauptsitz in Berlin neun fest angestellte Arbeitskräfte, aber für den Webmaster und wichtigsten Wertungsreferenten in Deutschland reicht das Geld nicht.

Frank beklagt sich darüber nicht, obwohl der Nutzen, den er für den gesamtdeutschen Spielbetrieb erbringt, gar nicht ermessen werden kann, weil es eine vergleichbare Koryphäe wie ihn weit und breit nicht ein zweites Mal gibt, zumindest nicht mit der Bereitschaft, ungezählte Stunden Freizeit für die Zahlenarbeit zu opfern.

Immerhin kann ich ihn mit einer statistischen Frage überraschen. Ob er schon einmal den höchsten Sieg eines Außenseiters errechnet habe, der bei den 4.500 Turnieren passiert sei? Bei welchem Sieg eines schwächer dotierten Gegners war die DWZ-Differenz zum höher eingeschätzten Spieler am größten?

Sofort überlegt er, wie er das herausfinden kann. Aber natürlich will er nicht nur die eine sensationelle Partie entdecken, sondern gleich ein Rangliste der stärksten Außenseitersiege aufstellen, eine neue Statistik. Vielleicht die 100 sensationellsten Partien des Jahres?

62. GRUND

**Weil man im Schach seine Menschenkenntnis schult**

Schachspieler streiten gern darüber, ob Psychologie im Schach wichtig ist. Da die wenigsten von ihnen studierte Psychologen sind, verwenden sie den Begriff meistens falsch. Der Ratschlag etwa, die Psychologie eines Spielers oder eines Spielverlaufs zu ergründen, ist ziemlich unsinnig. Psychologie, das ist die Lehre von der Seele, die kann ein Mensch aber nicht haben, sondern höchstens erlernen, sich aneignen.

Wenn Schachspieler die Meinung vertreten, dass die Bedeutung der Psychologie mit zunehmender Spielstärke sinke – denn je höher das Spielniveau, desto wichtiger die Rationalität und das Rechenvermögen, so lautet die Begründung –, so meinen sie eigentlich, dass starke Spieler schwerer zu verunsichern und auszutricksen sind als schwächere.

»Psychologie im Schach, das bedeutet, den Gegner in die Schwäche zu treiben, von wo aus er sich erklären muss«, meint einer meiner Schachfreunde. Er möchte den Kontrahenten also unter Druck setzen, ihm Stress machen und ihn überfordern, weil es in solchen Situationen wahrscheinlicher ist, dass dem in die Ecke getriebenen Spieler Fehler unterlaufen oder er sich nicht mehr klar entscheiden kann. Anders als ein Therapeut sucht man beim Gegenüber gezielt nach Schwächen, man will sie provozieren. Welche Daumenschrauben wirken besonders schmerzhaft? In der humaneren Variante: Wer Schach als Gespräch deutet, der will den Partner ernst nehmen und nicht mit schwachen Zügen veralbert werden.

Diese Herangehensweise oder auch Strategie ist natürlich legitim, sie wird in jeder Kampfsportart genutzt, hat aber dennoch nichts mit Psychologie zu tun, sondern allenfalls mit der Psyche. Selbst Groß- und Weltmeister wie etwa Bobby Fischer und Garri Kasparow vertraten die Auffassung, es komme im Schach auch darauf an, den Gegner als Persönlichkeit zu zerstören, ihn psychisch fertigzumachen. Solche Spieler nutzen banale psychologische Erkenntnisse als Waffen und definieren die Kunst als Sadismus. Ein Schachspiel ist für sie vergleichbar mit der Situation eines beiderseitigen Verhörs.

Obwohl der Begriff Psychologie häufig falsch benutzt wird, kann er für die Spieler tatsächlich hilfreich bei der Einschätzung des Gegners sein. Wenn man zum Beispiel weiß, dass jemand zur Pedanterie neigt und es ihm generell schwer fällt, Entscheidungen zu treffen, wird ein kluger Spieler versuchen, das Spiel so kompliziert wie möglich zu gestalten. Hat man es hingegen mit einem Spieler zu tun, der in komplizierten Situationen erst richtig wach wird (aufblüht), so sollte man taktische Verwicklungen vermeiden und einen positionellen Spielverlauf anstreben.

Die Wahl der Mittel ist also abhängig von der konkreten Situation und vom konkreten Gegner. Gegen eine hysterische Persönlichkeit sollte man streng und positionell spielen. »Eine hysterische

Persönlichkeit macht ihre Fehler selbst«, meinte mein Schachlehrer. Der Typ, der sich ein Matrosentuch um die Stirn gewickelt hat und in Cowboystiefeln ans Brett tritt, der nur angreifen, aber nicht still halten kann, lässt sich leicht provozieren. Man nutzt seine Kraft, um ihn auszuhebeln. Der eitle Mensch wird ins Verhängnis gelockt.

»Den Typus des Beamten hingegen verunsichert man lieber mit Opfern oder mit taktischen Verwicklungen«, so mein Schachlehrer. Spieler, die, sobald sie etwas Neues sehen, innerlich vor Angst bibbern, die sich gern vor Entscheidungen drücken und die Initiative scheuen, denken in überlegenen Positionen schlechter als in ausgeglichenen Stellungen. Sie spielen autoritätshörig und scheuen die Verantwortung. Das kann man ausnutzen. Man stelle ihnen Aufgaben, die sie gar nicht lieben. Man ärgere sie dort, wo sie sich am wenigsten wehren können, bei der Veranlagung ihres Gemüts.

Dabei darf man natürlich nicht vergessen, dass der Gegner das gleiche versucht.

Die Psyche, nicht die Psychologie, ist schuld daran, dass die meisten Spieler klar unterscheiden können, ob sie sich lieber mit Gegnern auseinandersetzen, die sie gut leiden können, oder mit solchen, die ihnen unsympathisch oder fremd sind. Manche fühlen sich durch ein schlechtes Benehmen besonders motiviert, andere lassen sich dadurch ablenken oder verunsichern.

Der armenische Großmeister Lewon Aronjan, derzeit (April 2014) die Nummer 2 der Weltrangliste, gehört zur ersten Gruppe. »Generell spiele ich aber besser gegen Spieler, die ich mag. Aber Schach ist ein brutales Spiel. Es geht darum, den Gegner dumm aussehen zu lassen. Wir müssen nicht nett zueinander sein. Obwohl mir das am liebsten wäre.«[118]

## Weil auch Weltmeister alberne Fehler machen

Zu den erstaunlichsten Phänomenen im Schach gehört die Schach-blindheit, in der Irrtümer und Sinnestäuschungen in einer Qualität auftreten, die alle Kenner staunen lässt. Merkwürdigerweise kann diese wenig erforschte Krankheit auch beide Spieler im gleichen Moment befallen. Der Arzt und Schachgroßmeister Siegbert Tarrasch taufte die Schachblindheit in seinem Buch *Die moderne Schachpartie* »Amaurosis scachistica«.

Hier ein Beispiel, das dem Schwarzspieler Andreas Reiche heute noch wehtut, obwohl schon mehr als zwei Jahre seit der Partie vergangen sind:

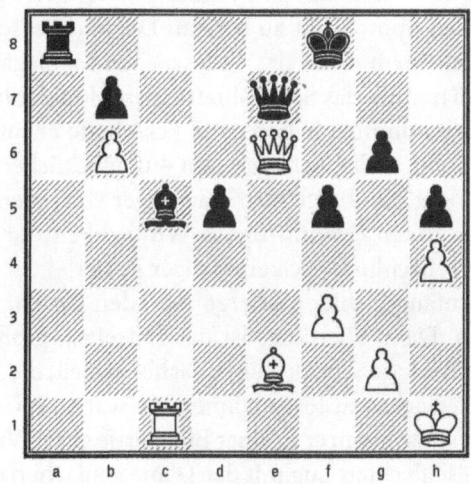

zum Winkel – Reiche, Berlin, 2011

Stellung nach 37. ... Dxe7

Was kann Weiß tun, um einzügig zu verlieren? Was kann Schwarz danach tun, um nicht zu gewinnen?

Weiß kann, wie in der Partie, 38. Dxg6 ziehen. Der Verlust des weißen Läufers auf e2 wäre nicht so schlimm, da auch der schwarze Läufer auf c5 hängt. Aber was ist mit 38. … Dxh4? Auweia, matt!

Solch einen Fehler kurz danach zu bemerken und dann noch 28 Züge weiterspielen zu müssen und doch zu verlieren, das kann schon wehtun.

Das wohl bekannteste Beispiel für Schachblindheit aus der neueren Schachgeschichte ist der Patzer 34. … De3?? vom damaligen Weltmeister Wladimir Kramnik im Jahre 2006 gegen das Schachprogramm Deep Fritz in Bonn. Kramnik übersah ebenfalls ein Matt in einem Zug. Er handelte nicht unter Zeitdruck und die Stellung war beinahe kindisch einfach. Doch in einem dunklen Moment war er nicht Herr seiner Sinne gewesen, nicht so zuverlässig wie eine Maschine.

Und das Matt nach 35. Dh7 übersieht er! Zsuzsa Polgár bezeichnete den Zug als »Patzer des Jahrhunderts«. Wer den Schaden hat, braucht für den Spott nicht zu sorgen. Die *Süddeutsche Zeitung* sprach gar von einem »Kuss des Todes«: »Am Montagabend muss jedoch auch Kramnik das Schachbrett einen Moment lang nur als Dreieck wahrgenommen haben, eine Ecke hatte er im Duell mit ›Deep Fritz‹ völlig außer Acht gelassen – unglücklicherweise jene, in der sein König stand. Offenbar träumte er von einem entscheidenden, ja rosaroten Gewinnzug. In Wirklichkeit war es ein unbegreiflicher, schachhistorisch einmaliger Fehler!«[119]

Dumme Anfängerfehler passieren auch den Besten, wenn auch extrem selten. Dann allerdings ist das Entsetzen groß, die Reue nicht minder. Welche Schocks die Schachblindheit, die Erkenntnis des eigenen Versagens auslösen können, das war auch Garri Kasparow anzusehen, nachdem er in einer Blitzpartie gegen Viswanathan Anand einen schlechten Zug mit der Dame gemacht hatte. Kasparow war nicht nur Schachweltmeister, sondern auch Weltmeister im

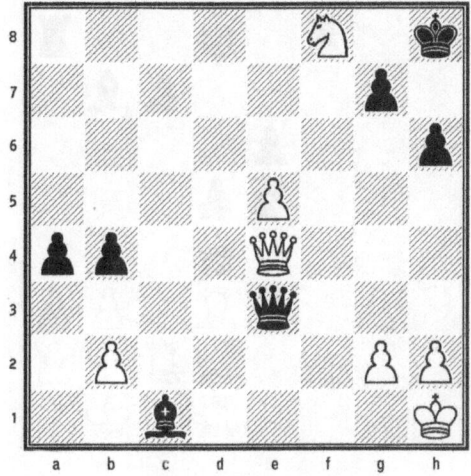

Deep Blue – Kramnik, 2006

Stellung nach 34. ... De3??

Grimassenschneiden und Gestikulieren am Brett. Seine diesbezügliche Begabung war nicht allen seinen Kontrahenten sympathisch. Man kann sich das Video im Internet ansehen.[120]

Schwarz steht seit geraumer Zeit auf Gewinn. **33. ... Sxe3** ist die logische Fortsetzung. Kasparow übersieht nun als Schwarzer, dass Weiß nach **33. ... Dxd3??** mit **34. Dxg4!** antworten kann. Die schwarze Dame ist angegriffen und Weiß droht außerdem den Turm auf c8 mit Schach zu schlagen, da die Türme auf der Grundreihe noch nicht miteinander verbunden sind. Die schwarze Dame ist außerdem angegriffen. Kasparows verbleibende Spielzeit beträgt 2'59, Anands 2'15. Schwarz muss den Turm auf e1 schlagen. Kasparow hätte den weißen Läufer statt mit der Dame bloß mit dem Springer schlagen müssen.

Anand bestraft den Fehler gleich, Kasparow lässt sich in den Sessel fallen, fasst sich mit beiden Händen an den Kopf, stößt die Luft

193

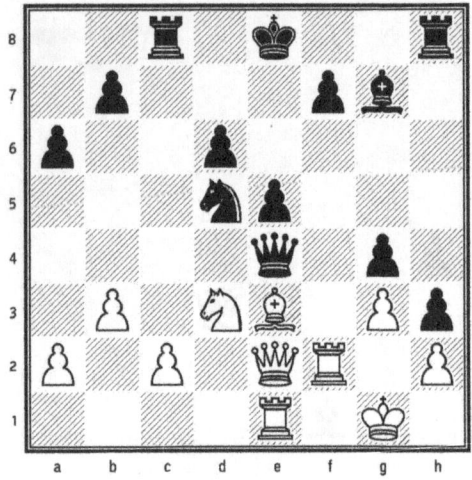

Anand – Kasparow, Blitzpartie, Genf, 1996

Stellung nach 33. Te1

aus, als würde er aus dem Wasser auftauchen, reißt die Augen auf, beugt sich wieder vor, stützt den Kopf in die Hände – mit anderen Worten, er versucht etwas Unfassbares zu begreifen. Er, der Schachgott, der beste Spieler der Welt, hat so überlegt gehandelt wie ein Dreijähriger. Sein Selbstbild ist zerstört, es ist das Ende.

Kasparow blickt einen Moment lang an die Decke, dann sofort wieder aufs Brett. Er findet ins Spiel zurück, aktiviert die beiden Zentrumsbauern und bringt mit einem brillanten Leichtfigurenspiel Anand noch in arge Schwierigkeiten. »Er kämpft um sein Leben«, ruft der Live-Kommentator, Großmeister Daniel King.

Erst als beide Spieler nur noch 40 Sekunden Bedenkzeit haben, gelingt Anand eine nicht zu widerlegende Mattdrohung. Kasparow muss doch aufgeben – woraufhin er aufspringt, aus dem Saal stürmt und nimmermehr gesehen wurde.

Schach sei mentale Folter, meinte Garri Kasparow einmal. Er selbst ertrug diese Folter nicht immer stoisch, er galt als »schlechtes-

194

ter Verlierer der Welt«. Die *Frankfurter Allgemeine Zeitung* schrieb über ihn, »er kochte schon vor Wut, wenn er alle Jubeljahre mal ein Remis einstecken musste, und für seine Gegner hatte er sonst nur Verachtung übrig und würdigte sie meist keines Blickes.«[121]

## Weil man zum Schachspielen keine Figuren braucht

Geübte Freizeitspieler sind froh, wenn sie einige Züge korrekt vorausberechnen können. Aber wie ist es möglich, an 46 Brettern gegen 46 Gegner gleichzeitig zu spielen, ohne dabei die Figuren zu sehen? Das ist der Weltrekord im Blindsimultan-Schach, aufgestellt von dem deutschen FIDE-Meister Marc Lang.

Helmut Pfleger schrieb in der ZEIT über diesen Wettkampf: »Früh um 10 Uhr begann der Schachmarathon, am nächsten Morgen um 7 Uhr fiel der letzte König vor Müdigkeit um, vor allem nach Mitternacht ging es Schlag auf Schlag, der ›Blinde‹ war wacher als die Sehenden.«[122]

In einem Blindsimultan-Wettbewerb werden dem Simultanspieler die Züge angesagt oder für wenige Sekunden auf dem Computerbildschirm als Notation gezeigt. Der Simultanspieler spielt aus dem Gedächtnis, er tauscht mit dem ersten Spieler einen Zug aus, dann mit dem zweiten, bis zum 46., dann, nach einer knappen Stunde, beginnt die Runde der zweiten Züge. Einer gegen alle, alle gegen einen.

Insgesamt musste Marc Lang 21 Stunden lang intensiv nachdenken und sich erinnern, um diese kaum vorstellbare Leistung zu vollbringen. Anfangs musste er sich die Positionen von 1.472 Figuren merken! Später wurden es zwar weniger, aber da standen sie auch nicht mehr so geordnet.

Als ich ihm per E-Mail diese Zahl schreibe, ist er selbst überrascht: »Wie viele Figuren? Das habe ich mir noch gar nicht überlegt. Nun ja, streng genommen sind es in der Grundstellung eigentlich – gar keine, denn die muss man sich als erfahrener Schachspieler nicht merken. Oder, in der Informatikersprache: Maximal 46 bit: 46 Mal steht der Schalter für Grundstellung auf 1. Aber nach den ersten paar Zügen waren es dann 46*32, also … 1.472, das stimmt schon. Es kommt mir allerdings selber unglaubwürdig vor, wenn man es nur in nackten Zahlen betrachtet.«

Er habe noch keine befriedigende Antwort auf die Frage gefunden, wie sein Gedächtnis diese Leistung vollbringe. »Ich habe nicht die leiseste Ahnung, wie mein Gehirn was macht, und ich bestreite jegliche aktive Mittäterschaft beim Speicherprozess.

Es ist vielmehr so, dass ich mir oft nur wie ein Beobachter vorkomme, besonders bei zunehmender Anzahl von Gegnern. Das, was ich mir beim Blindspielen normalerweise im Kopf vorstelle, hat im Grunde keine große Ähnlichkeit mit einem realen Schachbrett; es sind eher ein paar farblose Linien, quasi wie eine grobe Bleistiftskizze.«

Bescheiden meint er: »Es scheint, als könnte mein Gehirn einfach besonders gut mit Schachpartien umgehen. Ansonsten würde ich mein Gedächtnis eher als ›normal‹ bezeichnen.«

Ein normales Gedächtnis? Man weiß nicht, ob man lachen oder weinen soll. Um dieses »normale Gedächtnis« noch ein bisschen zu fordern, plant er derzeit »eine Art Gedächtnis-Spielshow, bei der ich an vielleicht 40 Tischen eine ganze Reihe verschiedener Spiele blind spiele. Schach natürlich, vielleicht noch mit den Untervarianten Räuberschach und Tandem, dann Mühle, Dame, eventuell Reversi, vielleicht sogar Kartenspiele wie Skat (ich bekomme nur am Anfang meine Karten gezeigt und die restlichen Stiche werden angesagt) oder auch ein Autoquartett (in dem Fall müsste ich halt alle Karten im Vorfeld auswendig lernen und bekäme in jeder Runde immer nur das Bild angezeigt und müsste die Eigenschaften aus dem Gedächtnis abrufen). Mal schauen, vor 2015 wird das sicherlich nicht passieren, aber das wäre noch so ein kleiner Lebenstraum von mir.«

Da capo! – kann man da nur rufen. Mag es Marc Lang auch selbstverständlich erscheinen, was er da leistet, für die Zuschauer und Mitspieler ist es faszinierend und verblüffend. Gemeinhin nennt man Menschen, die solche Effekte erreichen, Magier.

Marc Lang meint übrigens, dass die Anfangsphase einer Blindsimultan-Vorstellung die mit Abstand schwierigste sei. »In der Phase bis circa Zug 10 sind die Bretter noch nicht ›eingerastet‹, sind viele Positionen noch ›vernebelt‹ und man muss die Partien oft noch einmal ganz von Anfang im Kopf nachspielen, um den aktuellen Stand zu reproduzieren.«

Die Partien ähnelten einander noch sehr stark und unterschieden sich nur in Kleinigkeiten – »eine spanische Eröffnung wird mit dem Zug a7-a6 gespielt, in einer anderen verzichtet der Gegner auf den vermeintlich unscheinbaren Randbauernzug«.

Als klassischer Spieler, also mit Uhr und Brett, ist Marc Lang von der Weltmeister-Krone weit entfernt. Mit einer Elo-Zahl von 2.300 steht er in der Weltrangliste etwa auf Platz 5.000.

»Nach meiner Beobachtung ist die Fähigkeit zum Blindspiel nicht analog zur Spielstärke, das heißt die Formel, je stärker der Spieler, desto mehr Partien kann er blind spielen, ist nicht anwendbar. Beispielsweise erzählte mir Großmeister Hort einmal, dass Kortschnoi ein sehr schlechter Blindspieler sei und auch Karpow habe sich in dieser Disziplin nicht gerade als weltmeisterlich erwiesen. Dagegen war Koltanowski, der auch einmal den Weltrekord hielt, kein übermäßig starker Spieler, nicht einmal ein Großmeister. Ich vermute, dass man mit einem ›normalen Schachgedächtnis‹ zwei bis drei Blindpartien eventuell schon hinbekommt, aber für mehr braucht es vielleicht ein spezielles ›Blindschach-Gen‹, das nicht zwangsläufig mit einem ›Großmeister-Gen‹ einhergehen muss.«

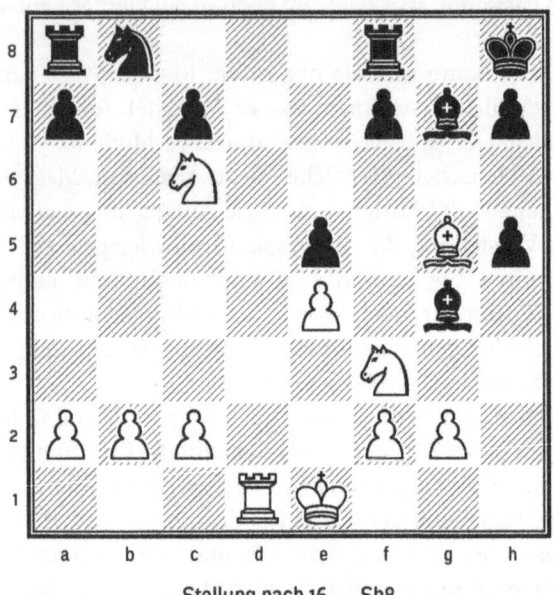

Lang – Aldag, Weltrekord Blindsimultan, Sontheim, 2011

Stellung nach 16. ... Sb8

Kommentare von Marc Lang:

*1. e4 g6 2. d4 Lg7 3. Sf3 d6 4. Lc4 e6 5. Lb3 Se7 6. Sc3 0-0*
Vielleicht täusche ich mich auch, aber wenn man sich schon so passiv aufbaut, dann sollte man m.E. nicht so früh rochieren.

*7. h4 e5?*
Aber das ist definitiv nicht gut. Der Läufer b3 sagt jedenfalls Danke, der auf g7 jedoch sicherlich nicht.

*8. dxe5 dxe5 9. Lg5 Dxd1+ 10. Txd1 Sec6 11. h5 gxh5 12. Sd5 Sa6 13. La4 Lg4 14. Lxc6 bxc6 15. Se7+ Kh8 16. Sxc6 Sb8 17. Scxe5!!*

Mein persönlicher Lieblingszug der Veranstaltung. Weiß bekommt nun eine Gewinnstellung in allen Varianten.

*17. ... f6*
(17. ...Lxe5 18. Sxe5 Lxd1 19. Lf6+ Kg8 20. Kxd1 und Schwarz ist machtlos gegen Txh5-g5+)

*18. Sxg4 hxg4 19. Sh4! fxg5 20. Sg6+ Kg8 21. Sxf8 Lxf8 22. Td8!*
Die Pointe und der Grund, warum die Abwicklung gut war – Schwarz kommt nicht mehr raus.

*22. ... Kg7 23. Ke2 Le7 24. Tc8 Ld6 25. c4 Kf6 26. Txh7 c5 27. b4*
Mit der Bildung eines Freibauern ist es vorbei.

*27. ... cxb4 28. c5 Le5 29. c6 Sxc6 30. Txa8 Sd4+ 31. Kd3 Kg6 32. Td7 Sc6 33. Tc8 Sa5 34. Td5 b3 35. Txa5, 1:0.*

Erstaunlich ist, wie sich das Blindsimultan-Schach über die Jahrhunderte hinweg entwickelt hat. Soweit verbürgt, begann seine Geschichte in Europa mit einem Mann namens Buzzecca, der im Jahre 1266 in Florenz zwei Partien blind und eine sehend spielte. Zwei gewann er, eine endete remis.

François-André Philidor spielte im 18. Jahrhundert gegen drei oder vier Gegner gleichzeitig blind. Von seinen Künsten waren die Menschen so beeindruckt, dass der Schriftsteller Wilhelm Heinse schrieb: »Der größter Schachspieler, welcher itzt existiert, (ist) bekanntermaaßen der Musicus Philidor in Frankreich, der mit vier großen Meistern zugleich spielt, und jedem das Spiel abgewinnt, wenn sie ihn anfangen lassen, und dazwischen noch eine Aria komponiert ...«[123]

Der US-Amerikaner Paul Morphy (1837–84) spielte acht Partien gleichzeitig blind, Louis Paulsen steigerte 1859 auf 15 Gegner. 1876 forderten Joseph Henry Blackburne und Johannes Hermann Zukertort jeweils 16 Gegner heraus. Im 20. Jahrhundert stiegen die Leistungen weiter mit Harry Nelson Pillsbury (22 Gegner 1902), Gyula Breyer (25 Gegner 1921), Richard Réti (29 Gegner 1925), Alexander Aljechin (32 Gegner 1933), George Koltanowski (34 Gegner 1937) und Miguel Najdorf (1943 gegen 40 Gegner und 1947 in São Paulo gegen 45 Gegner).

Dies ist also die stolze Ahnenreihe des FIDE-Meisters Marc Lang, der den nunmehr aktuellen Weltrekord am 26./27. November 2011 in Sontheim an der Brenz aufstellte. Von den 46 Partien gewann er 25 bei 19 Remis und zwei Niederlagen.

Hat sich die Kapazität des menschlichen Gehirns in den letzten drei Jahrhunderten so explosiv erweitert? Oder wie ist die Steigerung von zwei auf 46 Partien zu erklären?

Marc Lang meint: »Ich glaube nicht, das sich die Gehirnkapazität gesteigert hat. Das wäre evolutionstechnisch wohl ein zu kurzer Zeitraum. Ich glaube eher, dass die Anforderungen an das Gehirn im Lauf der Jahre und insbesondere in den letzten Jahrzehnten enorm gestiegen sind und dies den ›Muskel‹ Gedächtnis entsprechend zu höheren Leistungen trainiert hat. Die Schulbildung ist heute wesentlich umfassender und auch die Informationen, die tagtäglich auf uns einprasseln, sind vermutlich um den Faktor 1.000 umfangreicher als bei einem Durchschnittsbürger zur Zeit Philidors. Selbst wenn man sich nicht alles merkt, muss man dennoch ständig aktiv bleiben, um mit der Zeit Schritt halten zu können. Dass das dennoch fast allen Menschen gelingt, zeigt, dass unser Gehirn noch weit leistungsfähiger ist.«

Ein anderer wichtiger Hinweis: »Zur Zeit Philidors galt das Blindspiel im Allgemeinen und das Blindsimultan im Besonderen als sehr gefährlich für Gehirn und Geisteszustand, man befürchtete sozusagen eine Art ›Kurzschluss‹«.

Marc Lang jedenfalls hat keine Angst, sich durch diese geistige Anstrengung selbst zu schädigen. »Die Geschichten, denen zufolge man vom Blindsimultan geistigen Schaden nehmen kann, habe ich nie wirklich ernst genommen. Die Belastung des Gehirns ist immer nur so groß, wie man es selbst zulässt; aus meiner Sicht ist es kaum möglich, nur wegen einer quasi durchgearbeiteten Nacht intensiven Nachdenkens gleich durchzudrehen. Dann wären die Klapsmühlen voller Selbstständiger, die übers Wochenende einen dringenden Auftrag fertig machen mussten. Gleichwohl gibt es dazu eine Geschichte, die mir Großmeister Hort persönlich erzählt hat und die ich für glaubwürdig halte. Und zwar hat er wohl 1981 in Meran ein Blindsimultan an 21 Brettern gehalten, nach welchem er nach eigenem Bekunden ein halbes Jahr lang große mentale Probleme hatte: Schlafstörungen, Orientierungslosigkeit und teilweise sogar Identitätsverlust. Ich habe mit Herrn Hort auch schon Blindsimultan gespielt und glaube, dass die Ursache dafür in der Art liegt, wie er Blindschach spielt. Er braucht für Blindpartien wirklich absolute Ruhe und muss sich total konzentrieren, um nicht die Übersicht zu verlieren. Er muss sozusagen sein Gehirn ›auf höchster Drehzahl‹ laufen lassen und sich so richtig in die Partien ›verbeißen‹. Wenn man das zwölf, 14 oder gar 20 Stunden am Stück macht, dann kann ich mir schon vorstellen, dass etwas ›durchbrennt‹, aber das hat, glaube ich, eher psychologische als physische Gründe (also die Ursache ist eher im krampfhaften Verbeißen zu suchen).«

Und warum unterwirft sich jemand diesem Stress, mag der Laie fragen. Marc Lang: »Was mich am Schachspiel am meisten fasziniert, ist, dass es sich nie widerspricht, dass es sozusagen eine logische Einheit bildet. Und auch wenn unser menschlicher Horizont lange vor dem liegt, was uns das königliche Spiel mit seiner Gesamtheit von unfassbaren $10^{80}$ möglichen Stellungen bietet, sind wir dennoch in der Lage, die schlechten Züge häufig allein mit Logik zu widerlegen – das ist wirklich fantastisch und für mich ein Beleg dafür, wie mächtig der menschliche Verstand doch ist.«[124]

## Weil Schach auch ein Mannschaftssport ist

Gezählt habe ich die Jahre nicht, die unsere Mannschaft schon vom Aufstieg in der Berliner Mannschaftsmeisterschaft (BMM) träumt. Die meisten von uns sind inzwischen ergraut. Einige Male fehlten uns nur ein, zwei Punkte für den Gruppensieg, und wir wussten auch, wie wir sie verloren hatten.

Nicht alle unserer genialen Logiker finden am Sonntagmorgen die Spiellokale, und wer nicht kommt, kann natürlich nicht gewinnen. Es passiert auch, dass jemand den Termin vergisst. Außerdem sind wir spezialisiert darin, Partien durch Handyklingeln zu verlieren.

Bevor die Bretter freigegeben werden, weist der Schiedsrichter extra darauf hin, dass alle Telefone ausgeschaltet werden sollen. Falls während der Partie ein Handy klingelt, wird das Spiel für den vergesslichen Besitzer sofort als verloren gewertet. Dabei ist es vollkommen egal, ob er das Telefon in die Hand genommen oder ob er eine Nachricht empfangen hat. Diese äußerst strenge Maßnahme wurde erlassen, um Betrug – dem Einholen von Ratschlägen – vorzubeugen. Und um störende Geräusche zu vermeiden.

Alle wissen das, auch wir, auch ich. Doch am ersten Spieltag der Saison, als wir gegen die Pinguine aus Kreuzberg, gegen eine Kindermannschaft, spielen, kontrolliere ich mein Handy nicht, weil ich der Meinung bin, es am Morgen gar nicht eingeschaltet zu haben. Nach drei Zügen klingelt es in meiner Tasche, das Spiel ist aus! Schneller zu verlieren war kaum möglich. Der Knabe, der mir gegenübersaß, freute sich. Und unsere Mannschaft verlor 3,5 zu 4,5, mein Punkt fehlte am Ende. An solch ein Versagen wird man von den Schachfreunden natürlich noch Jahre später erinnert.

Noch dramatischer verlief wenig später das Spiel unseres mongolischen Mannschaftskameraden. In dessen Tasche klingelte das Telefon zwei Züge, bevor er den Gegner hätte matt setzen können. Das einzige deutsche Wort, das wir vernahmen, als er mit seiner Frau am Telefon wegen des Anrufs auf Mongolisch schimpfte, lautete »Scheiße«.

Wenn man die Punkte so wie wir verschenkt, darf man über knapp gescheiterte Aufstiege natürlich nicht klagen. Wir sind eben lausige Amateure. Einer von uns war allerdings sogar bereit, sein Leben im Dienste der Mannschaft zu opfern. Er hat im buchstäblichen Sinne bis zum Umfallen gekämpft. Nach durchzechter Nacht setzte sich der Gute am Sonntagmorgen 9 Uhr zum letzten Spiel der Saison ans Brett. Alle acht vorherigen Spiele hatte er gewonnen. Nun wollte er die Saison natürlich mit einer makellosen Bilanz abschließen. Doch während des Spiels merkt er, dass er sich lieber hinlegen und weniger rauchen sollte, sein Kreislauf spielt verrückt, das Herz rast. Aber nein, die Mannschaft braucht den Punkt, und er spielt weiter. Kurz vor dem Atemstillstand erreicht er ein Remis, legt sich auf ein paar freie Stühle und bittet, einen Arzt zu rufen. Er fürchte, einen Herzinfarkt erlitten zu haben. Das war glücklicherweise nicht der Fall. Aber die Bereitschaft, im Dienste unserer Mannschaft zu sterben, hat uns natürlich sehr berührt. So muss es sein!

Für die Mannschaft zu spielen ist immer etwas Besonderes, ob auf dem Niveau der unteren Klassen oder bei Weltmeisterschaften. Schließlich muss man als Mannschaftsspieler die eigenen Fehler vor den Mitspielern verantworten, nicht mehr nur vor sich selbst. Manchmal riskiert man mehr, als man es in einem Einzelwettbewerb tun würde, weil der Mannschaft noch ein halber Punkt oder ein Sieg fehlt. Manchmal verzichtet man auch aus eben diesem Grund auf Siegchancen.

Der Hauptgrund für die Beliebtheit der Mannschaftsspiele dürfte jedoch sein, dass man sich in dieser Disziplin am Brett weniger einsam fühlt als sonst in den Einzeldisziplinen. Natürlich darf und soll man während des Spiels von den Mannschaftskameraden keine Ratschläge einholen, aber manchmal helfen ja auch Gesten – beruhigende vor allem den Spielern, die in guten Stellungen zu Nervosität neigen.

66. GRUND

## Weil Tandem-Schach ein Heidenspaß ist

Wie lustig Schach sein kann, merkt man spätestens beim Tandem-Schach. In dieser Disziplin bilden zwei Spieler eine Mannschaft, sie spielen mit unterschiedlichen Farben gegen zwei Spieler einer anderen Mannschaft. Die Spielzeit beträgt in der Regel fünf Minuten, wie in einer Blitzpartie.

Das Besondere an diesem Spiel ist, dass die Figuren, die der eine Mitspieler auf seinem Brett geschlagen hat, vom anderen auf dessen Brett wieder eingesetzt werden dürfen. Somit können innerhalb einer Mannschaft die geschlagenen Figuren ständig wieder zu neuem Leben erwachen, was, zumal in der Kürze der Zeit, fast immer zu verrückten und irrwitzigen Partien führt.

Beim Einsetzen der Figuren sind einige Regeln zu beachten, so dürfen die Figuren natürlich nur auf freien Feldern eingesetzt werden, das Einsetzen einer Figur gilt als Zug, die eingesetzte Figur darf Schach bieten, jedoch nicht matt setzen.

Ansonsten ist so gut wie alles erlaubt, auch das Spielen mit vier Läufern, Türmen oder Springern. Das Tandemspiel gilt als gewonnen, wenn einer der Spieler gewonnen hat, wie üblich durch ein Matt, ein Überschreiten der Bedenkzeit, jedoch auch nach einem unmöglichen Zug. Sehr selten kommt es in solchen Doppelpartien zu einem Remis, und zwar dann, wenn aus beiden Mannschaften je ein Spieler gleichzeitig matt gesetzt wird, oder wenn bei jeweils einem Spieler aus beiden Mannschaften die Bedenkzeit im gleichen Moment überschritten wurde, oder durch Dauerschach auf einem Brett oder durch Einigung der Mannschaften. Patt gibt es nicht, notfalls muss eine Figur eingesetzt werden.

Als Strategie für dieses Spiel empfiehlt es sich, ziemlich stürmisch auf Angriff zu spielen, vor allem Läufer- oder Springeropfer auf f7 beziehungsweise f2 sind zu empfehlen, um die Verteidigung des Königs gleich etwas zu lockern und anschließend den König übers Feld zu jagen.

Die geschlagenen und wieder eingesetzten Figuren können auf dem Brett des Mitspielers schnell eine ungeheure Wirkung entfalten, da kaum vorherzusehen ist, auf welchem der vielen freien Felder sie eingesetzt werden. Die schönste Stellung kann schnell in sich zusammenfallen, wenn plötzlich eine zusätzliche Figur den eigenen König bedroht.

Beim Tandem-Schach geht es auch relativ laut zu, da sich die Spieler einer Mannschaft verständigen können. Sie dürfen sagen, welche Figur sie brauchen, und sie dürfen den Mitspieler über Opfer und Figurenverluste informieren. In das Spielgeschehen auf dem anderen Brett dürfen sie sich allerdings nicht einmischen, also keine inhaltlichen Aussagen treffen. Nur auf drohende oder erfolgte Zeitüberschreitung darf man aufmerksam machen.

### 67. GRUND

**Weil man im Schach feine Pläne entwerfen kann**

Ohne die Fähigkeit zum Planen würde der Mensch noch in der Savanne leben, statt demnächst den Mars zu besiedeln. Grandios gescheitert ist allerdings der Traum, das gesamte menschliche Leben planend zu gestalten, wie die Geschichte der Planwirtschaft im 20. Jahrhundert zeigt. Die Wirklichkeit ist eben doch kein Schachbrett, zumal in der Planwirtschaft der produktive und gleichberechtigte Gegner fehlte und nicht alle Figuren nach gleichen Regeln spielten; der König war viel zu mächtig, die Damen hatten wenig zu sagen, die Läufer wurden, falls sie schlechte Nachrichten überbrachten, erschossen, die starken Bauern als Kulaken nach Sibirien deportiert.

Schöne Pläne hatten auch die Moskauer Schüler, die sich auf dem Höhepunkt des Stalinschen Terrors auf einer 1.-Mai-Demonstration verpflichteten, Polarflieger, Pianisten oder Schachweltmeister zu werden. In Moskau wurde damals das Gerücht erzählt, nur Vertreter dieser »Berufe« seien vor Verhaftungen geschützt.[125] Polarflieger waren die Helden der Nation, weil sie Matrosen aus dem nördlichen Eismeer gerettet hatten, Pianisten hatten internationale Klavierwettbewerbe gewonnen und somit der Heimat Ruhm und Ehre eingebracht. Die Schachkrone aber hatte ein Verräter erobert, Alexander Aljechin, der von 1927 bis 1935 und von 1937 bis zu seinem Tod 1946 Schachweltmeister war, aber im westlichen Exil lebte. Zuvor hatte er in Moskau bei der Polizei als Untersuchungsrichter gearbeitet – zweifellos eine Arbeit, die sich vom Schachspielen nicht sonderlich unterscheidet.

Das Schachspiel wurde in der Sowjetunion auch deshalb gefördert, weil man dabei das Planen so schön üben kann. Keine politische Phrase wurde häufiger gebraucht als die vom planmäßigen Aufbau der Gesellschaft. Gemäß Lenins Ausspruch, Schach sei Gymnastik des Verstandes, sah man im Schachspiel ein Mittel, methodisches Denken zu fördern. Glücksspiele mit Würfeln oder Karten helfen bekanntlich eher, den Kapitalismus zu verstehen.

In den Arbeitslagern und Gefängnissen, in Kasernen und Waisenheimen spielte man Schach, weil es ein gutes Mittel gegen Langeweile ist. In einem System, dass nur Verlierer kennt, bietet das Schachspiel die harmlose Möglichkeit, sich dennoch als Gewinner zu fühlen. Während im Politunterricht unter Rotlichtbestrahlung der kritische Verstand besser nicht genutzt wurde, konnte man sich beim Schachspielen als frei Denkender austoben. Denkverbote galten für Politik und Religion, für Moral und Kunst, nicht aber auf den 64 Feldern. Hier waren Dogmen Gift, und intelligente Spieler merkten natürlich, dass ein Plan im Schach in einem Netz wechselseitiger Abhängigkeiten entwickelt werden muss, nicht so, als könne die Materie entsprechend den menschlichen Vorstellungen modelliert werden. Sowjetische Schachtheorien waren nicht nur viel klüger als die kommunistischen Gesellschaftstheorien, sie waren im Gegensatz zu diesen auch weltweit anerkannt.

## 68. GRUND

### Weil es eine Lust ist, etwas kaputt zu machen

Oh ja, es ist ein Genuss, die Stellung des Gegners zu zerstören, seine Figuren zu jagen, ihm die Luft abzuschnüren, ihn zu fesseln und auszulachen, ihn zu quälen, die Daumenschrauben immer fester zu ziehen. Ohne einen Schuss Sadismus wird man kein guter Schachspieler. Schließlich will der andere genau das gleiche – den Gegner in die Enge treiben, ihn an der Entfaltung hindern, seine Schwächen ausnutzen, ihn ärgern und verunsichern, ihm drohen und ihn einschüchtern. Zwei Universen, die nur aus Gedanken bestehen, kämpfen gegeneinander ums Dasein, da werden alle erlaubten Mittel eingesetzt. Und die Krämerseelen, die moralische Skrupel haben, die Lust an der Zerstörung auszuleben, können sich ja trösten mit der Vorstellung, etwas Böses kaputt zu machen.

Man darf nie vergessen, dass es im Schach keine Sicherheit gibt. Die schöne Frau an der Bar hat zwei Geschlechter, man bestellt

Whisky und bekommt Arsen. Kaum entwickelt man zu seinen Figuren freundschaftliche Gefühle, da entpuppen sie sich als Verräter. Ankündigt war eine Dampferfahrt, tatsächlich führt die Reise ins Bergwerk. Der Schrecken lauert überall.

Die Freude hingegen muss man sich erarbeiten, es sei denn der Gegner erweist sich als Selbstverstümmler. Doch ein geschenkter Sieg nach einem groben Fehler des Kontrahenten hat einen schalen Beigeschmack.

Moralisten mögen empört sein über die Lust an der Zerstörung. Das Spiel weckt also niedere Instinkte? Schlechtes Verhalten führt zum Erfolg? Nicht der elegante Gedanke gewinnt, sondern der brutale?

Aber wie für Soldaten im Krieg die Schlacht eine Ablenkung von der Langeweile ist, so genießen Schachspieler die eruptiven Phasen einer Partie. Denn bevor etwas zerstört werden kann, muss es ja aufgebaut worden sein. Man musste zusehen, wie der Gegner sich entwickelte, wie er gehässige Absichten äußerte, man musste die Spannung und die Drohungen aushalten.

Die Duldungsstarre erhöht dann den Genuss beim Kaputtmachen. Endlich kann man sich rächen, endlich zuschlagen. Der Gegner hat einen zweiten Eiffelturm errichtet, alles hat er bedacht, nur eine einzige Schraube hat er vergessen; an diese Hoffnung klammert man sich. Ein Fußtritt, ein billiger Bauernzug genügt, um die Konstruktion in einen Schrotthaufen zu verwandeln. Wer darüber nicht lachen kann, dem ist nicht zu helfen.

Besser ist es natürlich, seine Gefühle zu zähmen und die schachliche Situation als eine Knobelaufgabe zu betrachten, und nicht daran zu denken, dass sie das Gedankenprodukt eines Menschen ist. Wobei man sagt, dass Menschen mit geringen sozialen Kontakten meistens nervenstärker und konsequenter spielen als beispielsweise Familienväter.

# KAPITEL 8

# Jede Figur ist etwas Besonderes

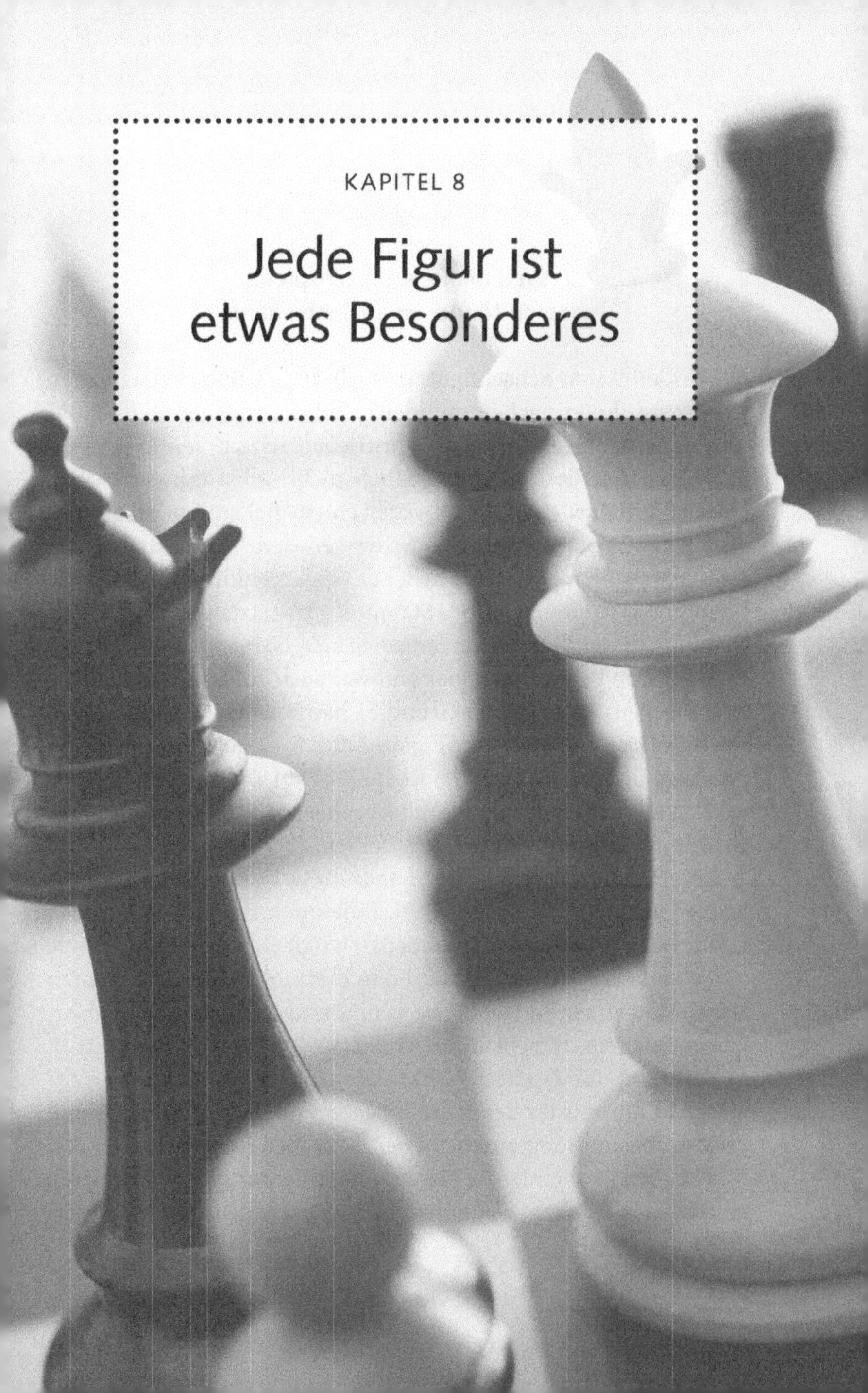

## Weil man als Schachspieler
## seine Neurosen ausleben kann

Die bekanntesten Schachfiguren (auch die im Buch verwendeten
Icons sind ihnen nachempfunden) sind die sogenannten Staun-
ton-Figuren, benannt nach dem britischen Schachmeister Howard
Staunton, der diese Figuren jedoch nicht selbst entworfen hat.
Dieses Verdienst gebührt entweder einem Bekannten Stauntons,
Nathaniel Cook, oder dessen Schwager, dem Kunsthandwerker
John Jaques. Cook ließ das Muster der Figuren am 1. März 1849 in
London registrieren. Howard Staunton aber setzte sich für die Ver-
wendung dieser Figuren ein, er gab seinen Namen aus Werbezwe-
cken für ihre Bezeichnung her und war auch am Umsatz beteiligt.

Im Gegensatz zu den in Grund 51 beschriebenen Motivfiguren
zeichnen sich die Staunton-Figuren durch Eleganz, Klarheit und
Praktikabilität aus, durch die Reduktion auf das Wesentliche. Sie
werden deshalb auch vom Weltschachverband FIDE seit dessen
Gründung 1924 für Turniere empfohlen.

Eine zu naturalistische oder detailgetreue Darstellung würde die
Spieler nur beim Denken stören. Eine noch stärkere ästhetische
Reduktion, wie sie etwa im Bauhaus-Design erprobt wurde, konnte
sich ebenfalls nicht als Standard durchsetzen. Denn diese Figuren
zeigen statt zu vielen Details zu wenige und wirken dadurch ebenfalls manieristisch, beinahe angeberisch.

Während des Zweiten Weltkrieges wurden die Originalzeich-
nungen und -muster der Staunton-Figuren übrigens zerstört, und
zwar durch ein Bombardement der deutschen Luftwaffe.

Wie enorm wichtig die klare Gestaltung der Figuren ist, kann
man leicht verstehen, wenn man bedenkt, wie neurotisch das Ver-

hältnis mancher Spieler zu ihren Figuren ist. Dies sollte man nicht belächeln, schließlich sucht sich die Nervosität nur eine Adresse, bei der sie sich abreagieren kann.

Im Forum von Schachfeld.de wird in einer Umfrage zum Beispiel erörtert, in welche Richtung die Spieler ihre Springer drehen. »Glaubt ihr, dass Angriffsspieler (Carlsen, Topalow, Morozewitsch) ihre Springer lieber zur Seite drehen, während Positionsspieler (Léko, Swidler, Iwanschuk) zum Geradeausrichten tendieren? Habt ihr ähnliche Beobachtungen mit Läufern gemacht (sofern die einen ›Sichtschlitz‹ haben, der eindeutig anzeigt, wo vorne ist)?«[126]

Daraufhin antwortet ein Gast, aus dem »Sichtschlitz« der Läufer sei noch nicht zu ersehen, »wo vorne und wo hinten ist. Man kann höchstens sagen, ob er seitlich steht (=Schlitz zeigt entlang der Linienachse auf dem Brett) oder vorwärts/rückwärts (=Schlitz zeigt entlang der Reihenachse auf dem Brett) oder ob er ›schief‹ steht. Meine Läufer stehen so gut wie immer ›schief‹. Bei den Springern ist es so, dass sie in der Grundstellung fast immer geradeaus gucken, aber danach ist es willkürlich. Meistens gucken sie schräg vor, manchmal auch einfach Richtung Brettmitte«.

Der Spieler blotto will in dem Sehschlitz einen Mund erkennen, weshalb seine Läufer immer nach vorne gucken müssen. »Ich bin ein Angriffsspieler! Wenn meine Figuren den Gegner böse anschauen, dann kriegt er Angst!«

Collini hingegen erklärt: »Ich drehe meine Springer zur Mitte hin. Also in der Grundstellung schauen sich die Springer gegenseitig an. Wenn aber der Damenspringer zum Königsflügel gegangen ist, dann drehe ich ihn um 180 Grad, und er schaut dann halt in dieselbe Richtung wie der Sf3.«

Spieler Casco witzelt über seine eigene Empfindlichkeit: »Meine Läufer schauen immer mit dem Schlitz nach vorne, das Kreuz vom König ist parallel zur Grundlinie und die Zinnen des Turmes schauen immer entlang den geraden Linien. Habe ich schon mal erwähnt, dass ich zu zwangsneurotischem Verhalten neige?«

Spieler Static nutzt die Himmelsrichtungen für eine ordentliche Aufstellung der Figuren: »Der rechte Springer schaut bei mir immer nach Nord-West, wohingegen der linke Springer immer nach Nord-Ost zu schauen hat. Bei den Läufern mache ich das so ähnlich, aber nicht genau so. Der Schlitz beim rechten Läufer schaut nach Süd-West, beim Linken nach Süd-Ost. Das muss auch das ganze Spiel so bleiben.«

Auf die Frage, ob er denn einen Kompass zum Spielen mitnehme, meint Static: »Ich meinte die Himmelsrichtungen bezogen aufs Schachbrett. Bei einer Landkarte ist ja Norden auch oben, egal, wie du sie hinlegst.«

In einer Umfrage erklärten 42 Prozent der Spieler, ihre Springer würden immer geradeaus schauen, nur 32 Prozent meinten, es sei ihnen egal, »solange sie den Gegner mattsetzen«.

Collini berichtet noch von einem neurotischen Gegner, der habe den König immer so aufgestellt, dass die Seitenflächen seines Kreuzes nach außen zeigen. »Das hat mich daran erinnert, dass Leute sich früher bei einem Pistolenduell immer seitlich zum Gegner hingestellt haben, um ihm möglichst wenig Angriffsfläche zu bieten.«

70. GRUND

**Weil der Läufer ganz eigene Fragen stellt**

Weshalb hat der Staunton-Läufer den erwähnten Sehschlitz? Oder ist es ein Trageschlitz? Oder was soll er bedeuten? Die Form eines Mundes, wie manchmal vermutet wird, hat er nun wirklich nicht. Er schreit keine Nachrichten in die Welt, er brüllt den Gegner nicht nieder. Der Schlitz soll auch keine »Narbe im Gesicht« sein, weil der Läufer »erst hart bestraft werden musste, bevor er lernte, nur schräg über das Brett zu gehen«, wie einer meiner Schachfreunde meinte. Genauso wenig stellt der Schlitz einen Briefbehälter dar, in den man Nachrichten stecken kann. Und es soll an ihm auch keine Schleife befestigt werden, falls er als eine dritte Dame benötigt wird.

Man erinnere sich an die englische Bezeichnung der Figur. Für Howard Staunton war der Läufer ein *bishop*, ein Bischof. Der Sehschlitz stellt eine stilisierte Bischofsmütze dar. Eine Mitra, die traditionelle liturgische Kopfbedeckung der Bischöfe vieler christlicher Kirchen. Bei der Mitra ist der Schlitz aber nicht an der Seite, sondern in der Mitte, und die beiden Spitzen sind etwa gleich hoch. Weil die Bischöfe bei den Staunton-Figuren keine Gesichter haben, kann man deshalb auch nicht sagen, wo vorne und hinten bei ihnen ist.

Weshalb nun ausgerechnet ein Bischof beim Kampfsport mitmachen sollte, erklärt sich eigentlich nicht von selbst, zumal er die anderen Figuren ja nicht segnet oder ihnen ins Gewissen redet, sondern selbst ein aktiver Kämpfer ist. Die Idee, dass der Läufer wie ein Melder Nachrichten überbringe, ist aus demselben Grund aber auch nicht ganz logisch. Im Französischen übernimmt die Aufgaben des Läufers der *Fou*, Narr; im Italienischen ist es der *Alfiere*, Botenträger; im Russischen und Türkischen der *Slon* (слон) beziehungsweise *Fil*, Elefant.

Wie auch immer sie heißen, überall sollen die Läufer viel bewirken, sollen sie schnell und elegant agieren, und dafür brauchen sie offene Linien. Sie brauchen Platz zum Laufen und streben danach, das ganze Brett zu beherrschen, die langen Diagonalen. In Eröffnungen werden sie deshalb oftmals schon früh fianchettiert, das heißt auf den Feldern g2, g7, b2 oder b7 flankiert. Das Schachwort Fianchetto leitet sich her vom italienischen *il fianco*, die Flanke.

Läufer hingegen, die sich kaum bewegen können und deren Kompetenz auf die eines Bauern herabgesetzt wurde, sind schlechte Läufer. Totes Fleisch, wie man im Schachjargon sagt. Viel häufiger als Springer stehen Läufer schlecht, sie können für lange Zeit, und im Endspiel sogar gänzlich nutzlos sein. Ein Läuferpaar allerdings

kann eine enorme Kraft entwickeln, es kann ganze Stellungen lahm-
legen.

In dieser spektakulären Partie zwischen Gersz Rotlewi und Akiba
Rubinstein aus dem Jahre 1907 ist die Wucht des schwarzen Läufer-
paars deutlich zu sehen:

*1. d4 d5 2. Sf3 e6 3. e3 c5 4. c4 Sc6 5. Sc3 Sf6 6. dxc5 Lxc5 7. a3 a6
8. b4 Ld6 9. Lb2 0-0 10. Dd2 De7 11. Ld3 dxc4 12. Lxc4 b5
13. Ld3 Td8 14. De2 Lb7 15. 0-0 Se5 16. Sxe5 Lxe5 17. f4 Lc7
18. e4 Tac8 19. e5 Lb6+ 20. Kh1 Sg4 21. Le4 Dh4 22. g3*
Schwarz opfert kaltblütig seine Dame.

Rotlewi – Rubinstein, Łódź, 1907

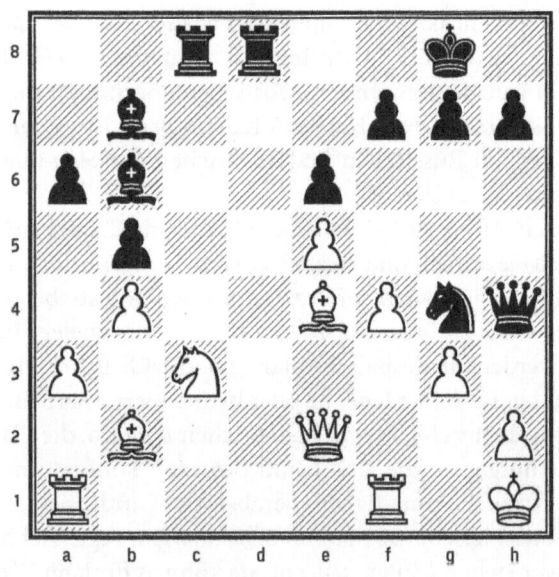

Stellung nach 22. g3

*22. ... Txc3 23. gxh4 Td2 24. Dxd2*
Weiß muss auf das Decken des Läufers e4 verzichten. Damit ist der Weg frei zum Matt.

*24. ... Lxe4+*
Einziger Zug: 25. Dg2. Doch nach 25. ... Th3 gibt es keine Ausreden mehr, die weiße Dame ist gefesselt und muss zusehen, wie Schwarz an ihr vorbei matt setzt. Wegen ihrer Schönheit nennt man diese Partie »Rubinsteins Unsterbliche«.

## Weil man die Bauern nicht unterschätzen darf

Die Bauern seien die Seele des Schachspiels, meinte François-André Danican Philidor.[127] Bauern geben der Stellung den Charakter, sie entscheiden oftmals, wer wie ins Endspiel abwickeln kann. Allerdings könnte man auch den König als Seele des Spiels bezeichnen, denn ohne ihn wäre das Spiel beendet, ohne Bauern nicht. Aber die Seele ist flüchtig, die Bauern sind es auch.

Philidor erkannte immerhin als Erster, welche Kraft die Bauern ausüben können, falls sie geschickt und listig eingesetzt werden – und wie sehr sie andererseits die freie Entwicklung der Figuren behindern können.

Die Bauern seien die Larven im Spiel, könnte mit ebensolcher Berechtigung gesagt werden. Denn ein wichtiger Daseinszweck ist ihre Umwandlung in stärkere Figuren, meistens, aber nicht immer, in eine Dame. Abhängig von der konkreten Stellung kann oft auch die Umwandlung in einen Springer sinnvoll sein und sogar zum sofortigen Matt führen.

Bauernzüge sollten auch deshalb streng geprüft werden, weil sie nicht wieder rückgängig gemacht werden können. Die Bauern sind stark, wenn sie einander decken, nicht wenn sie hintereinander als Doppel- oder Trippelbauer stehen. Auch ein einzelner Bauer, der sogenannte Isolani, gilt oftmals als schwach, weil er nicht mit anderen Bauern verbunden ist. Verwandt mit dem Isolani sind die hängenden Bauern, die nicht etwa aufgehängt wurden, sondern bei denen es sich um zwei allein stehende Bauern handelt, die auf sogenannten halboffenen Linien stehen, denen also auf der gleichen Linie keine gegnerischen Bauern gegenüberstehen. Ein rückständiger Bauer hingegen ist kein dummer Bauer, sondern einer, der von

Brumme – Anonymous, 3-Minuten-Blitz

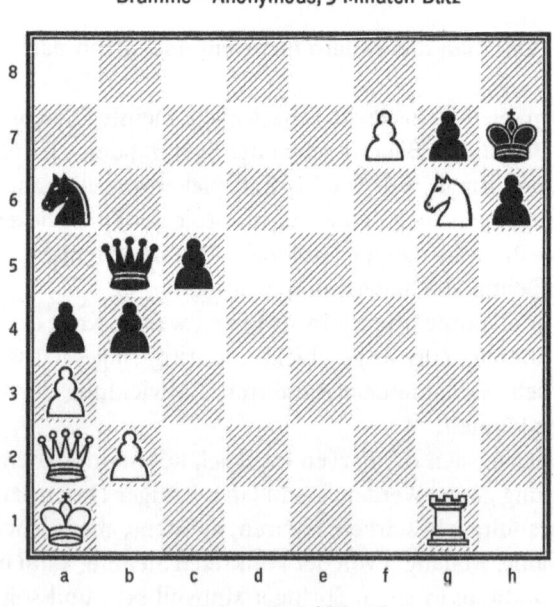

Matt nach 48. f8-S ++"

einem gegnerischen Bauern am Vorrücken gehindert wird und von den eigenen Bauern nicht unterstützt werden kann. Der schönste Bauer ist natürlich der Freibauer, der von keinem gegnerischen Bauern geschlagen oder blockiert werden kann, sondern sich in eine wertvollere Figur verwandeln lässt. Das kann zum Beispiel auch ein Springer sein, wie in der abgebildeten, im Internet gespielten Stellung zu sehen.

Interessant sind oft auch reine Bauernendspiele, in denen außer den Königen keine anderen Figuren mehr auf dem Brett stehen. Dabei kann es zu allerlei vertrackten Situationen kommen, wie etwa das Beispiel der jeweils drei sich gegenüberstehenden Bauern zeigt:

Durchbruch

Wenn ein Bauer sich opfert, kann ein anderer durchkommen. Da Weiß näher an der Umwandlungsreihe ist und der schwarze König zu weit entfernt, um ins Geschehen einzugreifen, kann der Durchbruch wie folgt erreicht werden: **1. b6!** cxb6 **2. a6!** bxa6 **3. c6** nebst c6-c7-c8D. Ebenso gewinnt Weiß nach **1. ...** axb6 **2. c6!** bxc6 **3. a6** nebst a6-a7-a8D.

Falls Schwarz am Zug ist, kann er diesen Durchbruch mit b7-b6 (nicht aber mit **1. ...** c7-c6, **2.** a6) verhindern. Oder er kann mit **1. ...** Kf5 das Quadrat des c-Bauern betreten, sodass der Durchbruch nicht mehr zum Erfolg führt (nach **2.** b6 cxb6 **3.** a6 bxa6 **4.** c6 Ke6 hält der König den Bauern auf).

Ohme – Tabatt, Osterburg, 2010

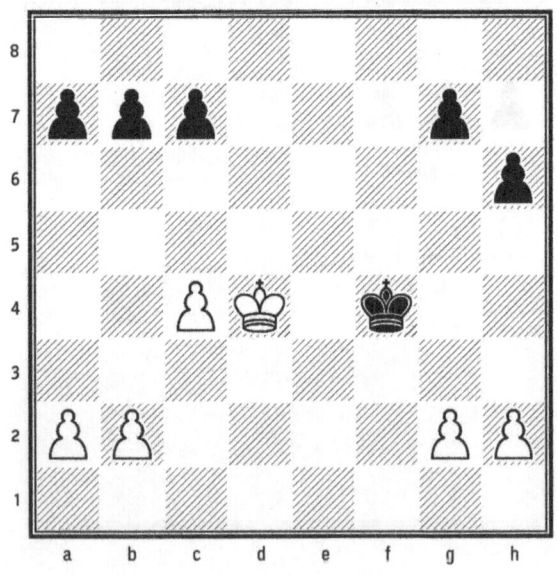

Stellung nach 27. ... Kxf4

Bauernendspiele sind oftmals verwirrend. Was einfach aussieht, ist meistens kompliziert. Der König ist plötzlich die einzige Angriffsfigur. Da zwischen beiden Königen immer ein Feld frei bleiben muss, kann der eine den anderen abdrängen.

In dem nebenstehenden Beispiel von den 83. Deutschen Meisterschaften 2012 hat Melanie Ohme den aktiveren König. Der schwarze König, gespielt von Hendrik Tabatt, steht zwar näher an den weißen Bauern g2 und h2, aber die schwarzen Bauern sind weiter von der Grundreihe entfernt als der schwarze Bauer c5. Schwarz würde neun Züge benötigen, um einen Bauern umzuwandeln – nach der Königswanderung e3, f2, g2, h2 und dem Vorsetzen des g-Bauern. Weiß benötigt ebenfalls neun Züge – nach der Königswanderung d5, e6, d7, c7, b7 und dem Vorsetzen des c-Bauern. Da Weiß der Anziehende ist, hätte er einen Halbzug vor dem Schwarzen eine Dame. Ob das reicht?

Eigentlich sieht die Stellung remisverdächtig aus. Aber seinem Gefühl darf man in Bauernendspielen nicht vertrauen. Weiß könnte ja immerhin auch seinen a- und seinen b-Bauern vorziehen, da dem schwarzen König momentan der Weg zu den weißen Bauern versperrt ist.

Weiß entschied sich für **28. Kd5**. Schwarz wählte die Verteidigung mit **28. ... Kf5**. Nun hat Weiß Zeit, die schwarze Bauernstruktur zu zerstören:

**29. b4 Kf6 30. c5 Ke7 31. b5 Kd7 32. c6 bxc6 33. bxc6 Ke7.**
Danach kann Weiß die schwarzen Bauern auf dem Königsflügel blockieren und gleichzeitig dem schwarzen König den Weg versperren.

**34. Ke5 h5 35. g3 g6 36. h3 Kf7 37. g4 h4 38. g5 Ke7 39. Kd5 Kf7 40. Ke5 Ke7 41. a3 Kf7 42. a4 Ke7 43. Kd5 Kf7 44. Kc5**

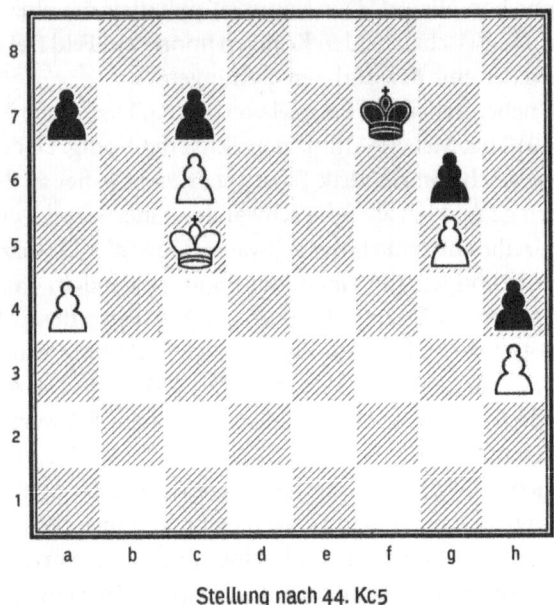

Stellung nach 44. Kc5

Nach einigen Tändeleien ergibt sich diese Schlussstellung. Schwarz gab auf, denn nun würde es elf Züge dauern, bis er einen Bauern umwandeln könnte, nämlich nach der Königswanderung e6, f5, g5, f4, g3, h3 und dem Vorsetzen des g-Bauern. Weiß kann aber bereits nach acht Zügen umwandeln, nämlich nach den Königszügen b5, a6, a7, b7 und dem Vorsetzen des a-Bauern oder dem weiteren Königszug nach c7 und der Umwandlung des c-Bauern.

## Weil ein Bauernsturm kaum aufzuhalten ist

Wenn drei Bauern »sich einig sind«, wenn sie günstig in Stellung gebracht wurden, können sie ausnahmsweise stärker als Dame und Turm zusammen sein, wie die folgende Partie des französischen Schachmeisters Louis-Charles Mahé de La Bourdonnais (1795–1840) gegen den damals stärksten Spieler Großbritanniens, den Iren Alexander McDonnell (1798–1835), zeigt:

McDonnell – La Bourdonnais, London, 1834

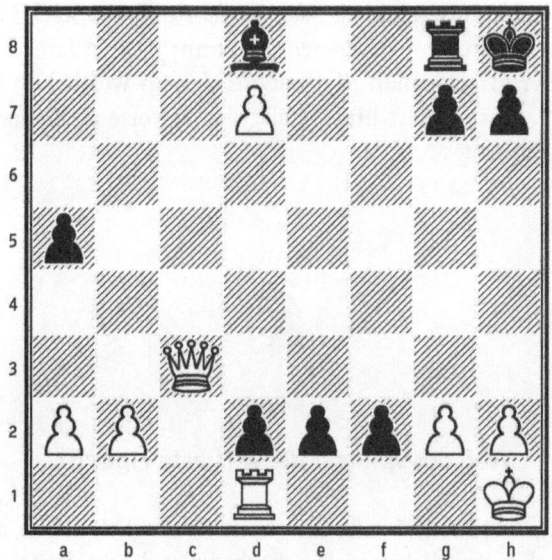

Schlussstellung nach 37. ... e3-e2

*1. e4 c5 2. Sf3 Sc6 3. d4 cxd4 4. Sxd4 e5 5. Sxc6 bxc6 6. Lc4 Sf6
7. Lg5 Le7 8. De2 d5 9. Lxf6 Lxf6 10. Lb3 0-0 11. 0-0 a5 12. exd5 cxd5
13. Td1 d4 14. c4 Db6 15. Lc2 Lb7 16. Sd2 Te8 17. Se4 Ld8 18. c5 Dc6
19. f3 Le7 20. Tac1 f5 21. Dc4+ Kh8 22. La4 Dh6 23. Lxe8 fxe4
24. c6 exf3 25. Tc2 De3+ 26. Kh1 Lc8 27. Ld7 f2 28. Tf1 d3
29. Tc3 Lxd7 30. cxd7 e4 31. Dc8 Ld8 32. Dc4 De1 33. Tc1 d2
34. Dc5 Tg8 35. Td1 e3 36. Dc3 Dxd1 37. Txd1 e2, 0:1.*

Die beiden Kontrahenten spielten von Juni bis November 1834 in
London 88 Partien gegeneinander, La Bourdonnais gewann 44 und
verlor 30 bei 14 Unentschieden. La Bourdonnais musste dabei sehr
viel Geduld aufbringen, denn der Ire spielte sehr langsam, manche
Partien dauerten bis zu 16 Stunden. Zu einem Rückkampf zwischen
den beiden kam es nicht, weil McDonnell am 14. September 1835
an einem Nierenleiden starb.

La Bourdonnais gründete nach seiner Rückkehr nach Paris die
erste Schachzeitung, *Le Palamède*, benannt nach Palamedes, dem
Helden der griechischen Mythologie, der im westlichen Europa
bis ins 19. Jahrhundert hinein fälschlicherweise als Erfinder des
Schachspiels galt.

73. GRUND

## Weil der Springer die witzigste Figur ist

Obwohl Springer und Läufer die gleiche Wertigkeit haben, als etwa
gleich stark gelten, lieben viele Schachspieler die Springer mehr als
die Läufer – mich selbst eingeschlossen. Wer sich im Herzen etwas

Kindlichkeit bewahrt hat (ein anderes Wort für Spielfreude), wird das leicht verstehen.

Lernen Kinder das Schachspielen, so lieben sie zuerst den Springer, denn der kann als einzige Figur eben über andere Figuren drüberspringen, er kann sich in die Luft erheben und alle anderen von oben auslachen. Und während alle anderen Figuren entweder gerade oder schräg ziehen, springt der Springer auch noch um die Ecke. Er ist, kurz gesagt, die am schwersten zu berechnende Figur.

Der Springer ist auch der beste Freund des Königs, weil er den so schwachen Monarchen oft am besten schützen kann – und nicht etwa wegtragen, wie sein anderer Name »Pferd« es vielleicht nahelegt. Wenn der Springer in der Mitte des Brettes steht, kann er vom Ausgangsfeld auf acht Felder springen. So vermag er auch einen Kreis der Sicherheit um den König zu ziehen, sodass die Möglichkeiten der gegnerischen Dame, Schach zu sagen, arg behindert werden. Da der Springer als einzige Figur andere Figuren überspringen darf, ist er auch ein scharfer Angreifer, dessen Springergabeln, also die gleichzeitige Bedrohung von mindestens zwei gegnerischen Figuren, besonders gefürchtet werden. Gerade in blockierten Stellungen ist der Springer wertvoll. Und in Endspielen erweist sich seine Fähigkeit, im Gegensatz zum Läufer immer wieder die Farben der Felder wechseln zu können, oft als wertvoll.

Die Nachteile des Springers, zumal gegenüber dem Läufer, aber auch gegenüber Turm und Dame, sind offensichtlich. Er kann das Brett nicht so schnell überqueren wie diese und trägt damit nicht so stark zur Kontrolle der Felder bei. Er ist quasi der Irrwisch, der Heißsporn, der überraschend erscheinen kann. Im Gegensatz zum lebenden Pferd ist er allerdings kein Fluchttier.

Dem Springer zu Ehren wurden auch mehrere Eröffnungen benannt, zum Beispiel das Dreispringerspiel, das Zweispringerspiel im Nachzuge und das Vierspringerspiel (siehe Diagramm).

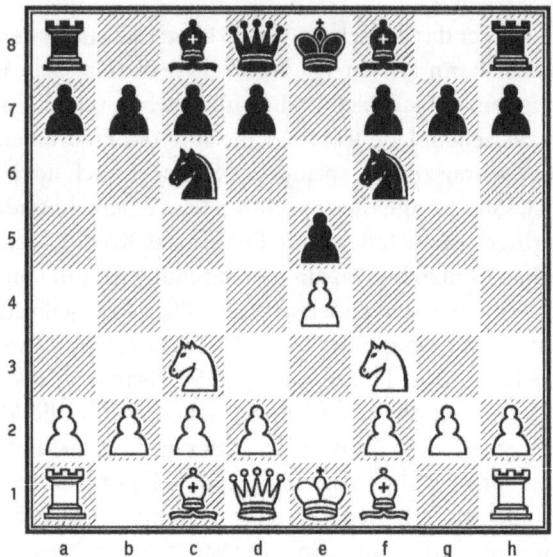

**Vierspringerspiel**

Nach **4. d4** wird übergeleitet in das Schottische Vierspringerspiel, nach **4. Lb5** in das Spanische, nach **4. Lc4** in das Italienische. Diese Eröffnungen gelten als ruhig und positionell, sie können aber leicht in schärfere Varianten überführt werden, so nach **4. d4 exd 5. Sd5** in das Belgrader Gambit oder nach **4. Sxe5** in das Halloween-Gambit. Ob Weiß bei letzterem jedoch ausreichend Kompensation für den so früh geopferten Springer erhält, etwa mit der Fortsetzung **4. ... Sc6xe5 5. d2-d4**, ist fraglich.

Wie stark die Springer im Mittelspiel sein können, zeigt diese Perle aus der Schachgeschichte, die Partie Edward Lasker gegen George Alan Thomas, gespielt 1912 in London.

Hier die kuriose Schlussstellung. Weiß könnte durch eine lange Rochade matt sagen! Er entschließt sich aber zu Kd2.

224

Lasker – Thomas, London, 1912

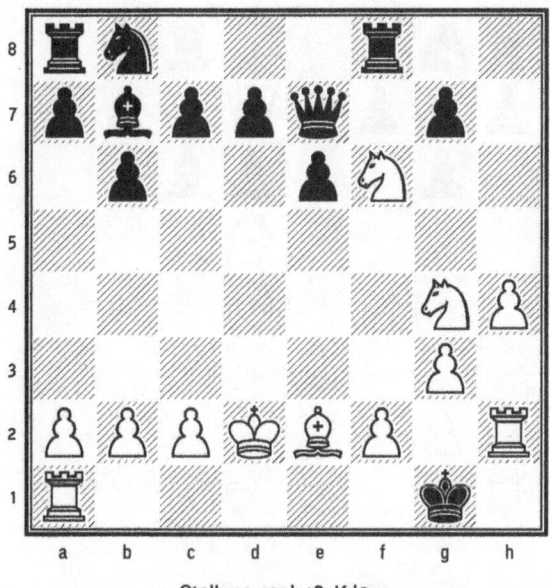

Stellung nach 18. Kd2++

Wie konnte es nur so weit kommen? Der schwarze König allein unter Feinden. Lasker erreichte diese Stellung durch ein Damen-opfer:

*1. d4 e6 2. Sf3 f5 3. Sc3 Sf6 4. Lg5 Le7 5. Lxf6 Lxf6 6. e4 fxe4 7. Sxe4 b6 8. Se5 0-0 9. Ld3 Lb7 10. Dh5 De7 11. Dxh7+*

Der König muss natürlich schlagen, danach erfolgt das Doppel-schach durch Springer und Läufer, und der König wird gezwungen, allein auf Wanderschaft zu gehen:

*11. ... Kxh7 12. Sxf6 Kh6 13. Seg4 Kg5 14. h4 Kf4 15. g3+ Kf3 16. Le2+ Kg2 17. Th2 Kg1 18. Kd2++, matt. Aus die Maus.*

225

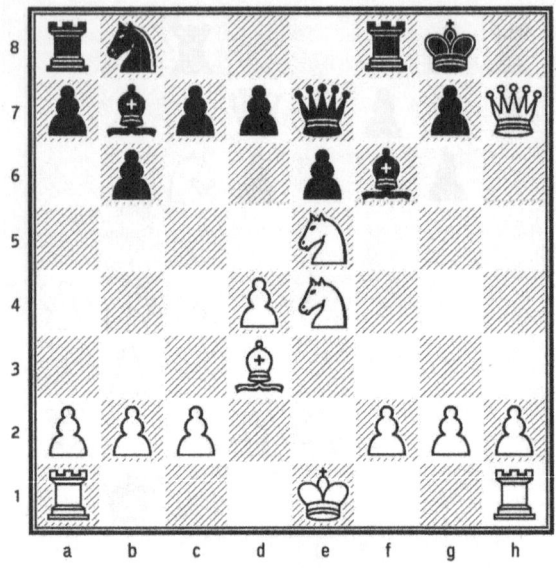

Stellung nach 11. Dxh7+

74. GRUND

## Weil die Türme stark und mächtig sind

Der Turm ist eine halbe Dame, manchmal sogar eine ganze, dann nämlich, wenn nicht nur weiße und schwarze Figuren auf dem Brett stehen. Wenn eine grüne dabei ist. Wenn der Turm also umgedreht wurde, weil ein Bauer in eine zweite Dame verwandelt wurde. (Läufer mit Schleifchen, die Damen symbolisieren sollen, gehören in die Puppenstube.)

Spaß beiseite. Der Läufer, der ebenso wie der Turm über die Hälfte der Fähigkeiten der Dame verfügt, wird niemals als halbe Dame bezeichnet. Howard Staunton war der Meinung, dass ein Springer 3,05, ein Läufer 3,5, ein Turm 5,48 und eine Dame 9,94 Bauerneinheiten wert seien. Das sind nur Richtwerte, es hängt von der konkreten Stellung ab, auch ein Bauer kann Matt sagen. Und tatsächlich passiert es oft, dass zwei Türme stärker als eine Dame sind.

Der Turm ist eine Qualität (eine Qualle, wie Schachspieler sagen) stärker als der Läufer. Er gilt also als zweitstärkste Figur. Die mögliche Kontrolle einer Linie, die der Turm bewerkstelligen kann, ist stärker als das Beherrschen einer schrägen Linie. Der Turm kann den König leichter blockieren, er kann Matt setzen; das geht mit einem Läufer oder einem Springer nur in Ausnahmefällen.

Sogenannte Turmendspiele, in denen nur die Könige, Bauern und Türme noch auf dem Brett sind, kommen im Schach sehr häufig vor. Dies liegt auch daran, dass die anderen beiden Leichtfiguren, Springer und Läufer, meistens früher ins Geschehen eingreifen als die Türme, schon in der Eröffnung, und deshalb oft auch früher geschlagen werden.

Wenn das Brett noch voller Figuren ist, haben die Türme wenig Platz zur Entfaltung. Zwei miteinander verbundene Türme sind auch im Mittelspiel eine ungeheure Macht, besonders wenn sie auf der zweiten oder siebten Reihe stehen.

Weil in Endspielen oft nur Türme und Bauern übrig geblieben sind, ist der Kampf Turm oder Türme gegen Bauern ein eigenes Thema im Schachspiel. Wer sich in dieses Thema vertiefen möchte, sollte die Bücher *Praxis des Turmendspiels* von Viktor Kortschnoi und Rudolf Teschner, *Geheimnisse des Turmendspiels* von Wassili Smyslow und das *Testbuch der Turmendspiele* von Jerzy Konikowski studieren.

Hier ein Moment, in dem es auf die Türme nicht mehr ankommt – Weiß kann seinen getrost opfern, Schwarz betreibt nur Aktionismus, er hat lediglich zwei Schachs mit dem Turm – Txd1+ und Td2+. Danach folgt Dxh6 matt. Der g-Bauer wird vom Läufer gefesselt:

Nimzowitsch – Rubinstein, Berlin, 1928

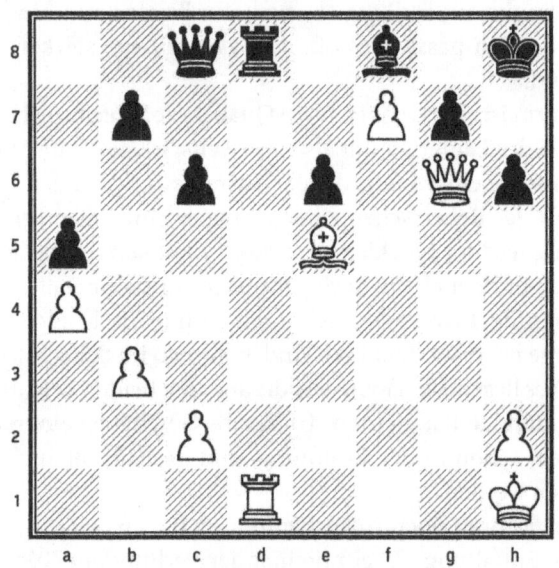

Stellung nach 32. Dg6

75. GRUND

## Weil die Dame von allen Schachspielern geliebt wird – zumindest die eigene

Die Dame ist im Schach die stärkste Figur, insofern war das Schachspiel seiner Zeit immer voraus, hier muss keine Frauenquote eingeführt werden. Schwach ist der Mann, der König muss beschützt werden und ist so hilflos und entscheidungsschwach wie Ludwig XVI., der 1793 guillotiniert wurde, die Dame aber sorgt wie Marie Antoinette für Sensationen und rauschende Feste. Die Dame kennt auch keine Tabus, sie darf, wie es in den FIDE-Regeln heißt, »auf ein beliebiges anderes Feld entlang der Linie, der Reihe oder einer der Diagonalen ziehen, auf der sie steht«. Vorausgesetzt natürlich, dass dort keine eigene Figur steht.

Da man theoretisch alle Bauern in Damen umwandeln kann, könnten sogar 18 Damen auf dem Brett stehen – 16 umgewandelte Bauern und die zwei Damen aus der Grundstellung. Das ist in der Praxis allerdings unmöglich, denn sie würden einander schlagen müssen. Bereits die schachmathematische Aufgabe, acht Damen so auf dem Brett zu platzieren, dass sie einander nicht schlagen können, hat im 19. Jahrhundert einige Koryphäen beschäftigt, so auch den Mathematiker Carl Friedrich Gauß. Heute wird dieses Damenproblem in Computerspielen wie *The 7th Guest* und in dem Nintendo-Spiel *Professor Layton und das geheimnisvolle Dorf* verwendet.

Turnierpartien mit fünf Damen können durchaus vorkommen. Im Diagramm ist eine Partie zwischen dem ukrainischen Großmeister Andrij Maksymenko und dem jugoslawischen FIDE-Meister Zoran Mačkić aus dem Jahre 1994 zu sehen:

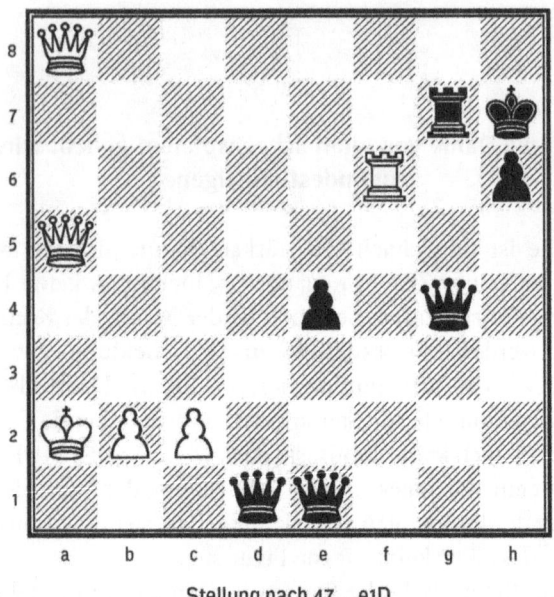

Stellung nach 47. ... e1D

**1.** e4 c5 **2.** Sf3 d6 **3.** d4 cxd4 **4.** Sxd4 Sf6 **5.** Sc3 a6 **6.** Lg5 e6 **7.** f4 Sc6
**8.** Sxc6 bxc6 **9.** e5 h6 **10.** Lh4 g5 **11.** fxg5 Sd5 **12.** Sxd5 cxd5
**13.** Dh5 Db6 **14.** Le2 Lg7 **15.** g6 0-0 **16.** Lf6 Ta7 **17.** Lxg7 Kxg7
**18.** gxf7 Taxf7 **19.** Dg4+ Kh8 **20.** 0-0-0 De3+ **21.** Kb1 dxe5
**22.** The1 Tg7 **23.** Db4 Df4 **24.** Dd6 e4 **25.** Da3 Txg2 **26.** Lxa6 Lxa6
**27.** Dxa6 De5 **28.** Tf1 Tb8 **29.** Da3 e3 **30.** Tf8+ Txf8 **31.** Dxf8+ Kh7
**32.** Df7+ Tg7 **33.** Df3 d4 **34.** a4 Df5 **35.** De2 e5 **36.** a5 Df2 **37.** Dd3+
Kh8 **38.** De4 Dxh2 **39.** a6 Df4 **40.** Dh1 Kh7 **41.** Tf1 Dg4 **42.** Dd5 e4
**43.** Da5? d3 **44.** a7 d2 **45.** a8D e2 **46.** Tf6 d1D+ **47.** Ka2 e1D

Nun sind fünf Damen auf dem Brett – Weiß jedoch kann kein Dauerschach geben und sich nicht mehr ins Remis retten:
**48.** Txh6+ Kxh6 **49.** Dh8+ Kg6 **50.** Da6+ Kf7 **51.** Db7+ Ddd7, 0:1.

Wie schön man die Dame opfern kann, zeigt folgende Partie von Rolf Fritsch und Marc Lang:

Stellung nach 20. Sf7

Marc Lang kommentiert, diesmal konnte der Blindsimultan-Weltrekordler aber aufs Brett sehen:

*1. g3 d5 2. Lg2 e5 3. d3 Sf6 4. Sf3 Sc6 5. a3 Ld6 6. Sbd2 Lg4 7. c4 e4 8. dxe4!?*
(*8. cxd5! exf3 9. exf3 Ld7 [9. … Se5 10. fxg4 Sxd3+ 11. Kf1]*
*10. dxc6 Lxc6* [Schwarz hat etwas Kompensation für den Bauern, aber mehr wohl nicht.])

*8. ... dxe4 9. Sg5 e3 10. fxe3 De7 11. Db3*
(Übersieht einen kleinen Trick: [**11.** Sge4 0-0-0 **12.** Dc2 h5])


*11. ... Sd4 12. Dd3*
(**12.** Dxb7 Dxe3 **13.** Dxa8+ Ke7; **12.** Da4+ b5 **13.** cxb5 Dxe3 – Weiß
setzt jeweils matt auf e2)


*12. ... Sxe2*
Eine malerische Stellung. Die Zuschauer, die erst später hinzuka-
men, konnten sich keinen Reim darauf machen, wie der schwarze
Springer nach e2 gekommen war.


*13. Sge4 0-0-0 14. Db3 c6 15. Sxf6 Dxf6 16. Se4 De5 17. Ld2 Lc7*
*18. Tf1 f5 19. Sg5*
(**19.** Sf2 Sd4 **20.** Dc3 Lf3)


*19. ... Sxg3 20. Sf7 (Diagramm) Txd2*
Bei Schwarz hängen nun vier Figuren gleichzeitig, aber Weiß kann
nur eine davon schlagen.


*21. Sxe5*
(**21.** Kxd2 Sxf1+ **22.** Txf1 Dxh2)


*21. ... Te2+ 22. Kd1 Lxe5 23. Kc1*
(**23.** hxg3 Txb2+) (**23.** Lf3 Lxf3 **24.** Txf3 Td8+ **25.** Kc1 Se4
**26.** Tf1 Sc5)


*23. ... Sxf1 24. Lxf1 Te1+ 25. Kd2 Txa1 26. Ld3 Td8, 0:1.*

## Weil der König kein König Lear ist

Jede Figur außer dem König kann im Schach durch eine Bauernumwandlung ersetzt werden. Der einzigartige König hat deshalb auch keinen Tauschwert, obwohl er, vor allem in Endspielen, zu einer starken Angriffsfigur werden kann. Oft verwandelt er sich im Laufe des Spiels von einer schwachen, schutzbedürftigen Figur in eine eingreifende, spielentscheidende Persönlichkeit. Dabei ist der König sich nicht zu fein, notfalls weite Wege in kleinen Schritten zu gehen. Dies zeigt zum Beispiel diese mögliche Königswanderung aus der Partie des englischen Großmeisters Nigel Short gegen den niederländischen Großmeister Jan Timman aus dem Jahre 1991:

Short – Timman, Tilburg, 1991

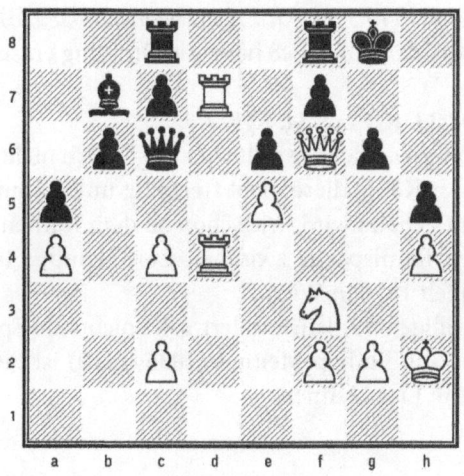

Stellung nach 31. ... Tc8

Der weiße König kann über die Felder g3, f4, g5 zum Feld h6 wandern, um die Dame beim Mattsagen zu unterstützen. Jan Timman ließ sich diese bittere Frechheit nicht mehr zeigen, er gab nach Kg5 auf. Schwarz hat keine sinnvollen Züge mehr, die eigenen Bauern blockieren die Figuren. Möglich wäre zwar noch der schwarze Zwischenzug Kh7, aber daraufhin könnte Weiß mit Dg6+! antworten, da der schwarze Bauer auf f7 vom weißen Turm gefesselt wird. Dann könnte der schwarze König zwar kurzzeitig auf das Feld h8 flüchten, doch auch dort ist er nicht sicher, Weiß spielt dennoch Kh6. Auch der letzte mögliche Verteidigungszug des Schwarzen – Tg8 – würde nicht helfen, da die weiße Dame, weil sie vom König gedeckt wird, auf h7 matt setzen kann. Zuvor wurden gespielt:

*1. e4 Sf6 2. e5 Sd5 3. d4 d6 4. Sf3 g6 5. Lc4 Sb6 6. Lb3 Lg7 7. De2 Sc6*
*8. 0-0 0-0 9. h3 a5 10. a4 dxe5 11. dxe5 Sd4 12. Sxd4 Dxd4 13. Te1 e6*
*14. Sd2 Sd5 15. Sf3 Dc5 16. De4 Db4 17. Lc4 Sb6 18. b3 Sxc4*
*19. bxc4 Te8 20. Td1 Dc5 21. Dh4 b6 22. Le3 Dc6 23. Lh6 Lh8*
*24. Td8 Lb7 25. Tad1 Lg7 26. T8d7 Tf8 27. Lxg7 Kxg7 28. T1d4 Tae8*
*29. Df6+ Kg8 30. h4 h5 31. Kh2 Tc8 (Diagramm S. 233)*
Der entscheidende Fehler. Lc8 hätte die Drohung entschärft.

*32. Kg3!! Tce8 33. Kf4 Lc8 34. Kg5, 1:0.*
Von einer Königswanderung sollte man eigentlich nicht mehr sprechen, wenn der König diese nicht freiwillig unternimmt, sondern über das Brett gehetzt wird, wie schon ab dem fünften Zug in der Unsterblichen Remispartie zwischen Carl Hamppe und Philipp Meitner, gespielt 1870 in Wien.

Im opferwilligen 19. Jahrhundert galt solch eine Spielweise als romantischer Stil. Philipp Meitner (1836–1910) ist der Vater der Kernphysikerin Lise Meitner:

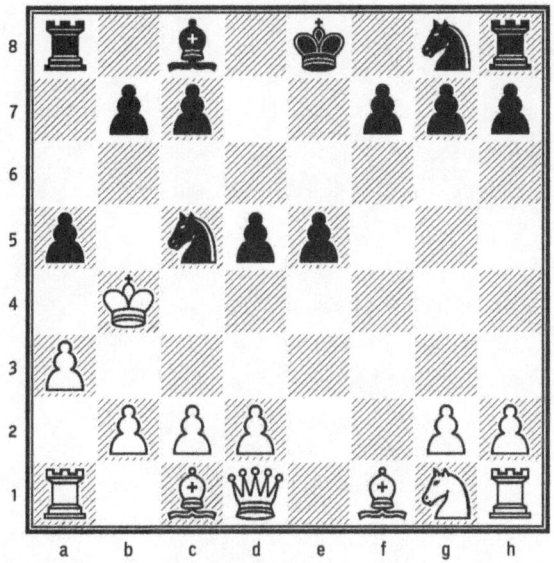

Stellung nach 11. ... a5+

*1. e4 e5 2. Sc3 Lc5 3. Sa4 Lxf2+?! 4. Kxf2 Dh4+ 5. Ke3 Df4+ 6. Kd3 d5 7. Kc3 Dxe4 8. Kb3 Sa6 9. a3 Dxa4+?! 10. Kxa4 Sc5+ 11. Kb4 a5+! (Diagramm) 12. Kxc5 Se7!! 13. Lb5+ Kd8 14. Lc6! b6+ 15. Kb5 Sxc6 16. Kxc6 Lb7+! 17. Kb5 La6+ 18. Kc6 Lb7+, Remis durch Dauerschach.*

# KAPITEL 9

# Strategie und Taktik

## Weil man im Schach lernt,
### Strategie und Taktik zu unterscheiden

Mein damals achtjähriger Schachschüler antwortete auf die Frage nach dem Unterschied zwischen Strategie und Taktik im Schach: »Was ist mein Ziel, und mit welchen Mitteln kann ich es erreichen?«

Eine kluge Unterscheidung. Er hatte das Wichtigste begriffen, kürzer kann man es kaum sagen. Auf das Was folgt das Wie, nach dem Erkennen der Aufgabe die List.

Mit den Worten des Schachmeisters Savielly Tartakower (1887–1956): »Taktik ist, zu wissen, was zu tun ist, wenn es etwas zu tun gibt. Strategie ist, zu wissen, was zu tun ist, wenn es nichts zu tun gibt.«[128]

Die Strategie ist langfristig angelegt. Um strategische Möglichkeiten einzuschätzen, muss man von der konkreten Stellung abstrahieren können. Hier ist das Vorstellungsvermögen gefordert, das sogenannte Bauchgefühl. Man prüft, auf welchem Flügel oder ob man im Zentrum schneller zum Erfolg gelangen kann. Man wägt die Kräfte gegeneinander ab. Hat man materiellen Vor- oder Nachteil? Liegen in der Verteidigung oder im Angriff die größeren Chancen? Welche Linien und Diagonalen sollten kontrolliert oder der Kontrolle des Gegners entrissen werden? Sollte man Figuren tauschen, um das Spiel zu vereinfachen? Wie sicher oder unsicher stehen die Könige? Benötigt man Vorbereitungszüge? Ist es besser, abzuwarten und auf Fehler des Gegners zu lauern? Sollte man eine geschlossene Stellung öffnen, eine offene schließen? Wie wirkt sich die Bauernstruktur in einem möglichen Endspiel aus? Sollte man einzelnen Figuren mehr Raum und mehr Entwicklungsmöglichkeiten verschaffen? Kann das Zusammenspiel der eigenen Figuren verbessert und das der gegnerischen verschlechtert werden? Wie viel Bedenkzeit hat man noch, reicht sie aus, um schwierige Aufgaben zu lösen? Kurz gesagt, man entwickelt Pläne.

Taktische Varianten hingegen sollten so genau wie möglich berechnet werden, sollten überprüfbar sein. Hier sucht man nach Mattbildern, überprüft die Möglichkeit von Ablenkungs- und Hinlenkungsopfern, blockiert Figuren, sperrt sie ein oder fesselt sie, startet Minoritätenangriffe, sucht nach versteckten Motiven, versucht Tempogewinne zu erzielen und Tempoverluste zu vermeiden, achtet auf Zwischenzüge, schafft Doppel- oder Dreifachdrohungen, stellt Pattfallen.

Die Taktik ist also grausam konkret. Strategische Fehleinschätzungen lassen sich meistens leichter korrigieren als taktische Fehler. Hat man sich in der strategischen Beurteilung einer Stellung geirrt, kann man oft noch aus der Not eine Tugend machen und neue Pläne entwickeln.

Wer in taktischen Abwicklungen fehlgreift, verliert oft entscheidendes Material oder gleich das Spiel. Taktiker wollen, dass die Hütte brennt, die Gefahren und Risiken können ihnen nicht groß genug sind. Strategen lieben das positionelle Spiel, in dem die Spannungsbögen weiter reichen. »Strategie braucht Denken, Taktik braucht Beobachtung«, meinte der niederländische Schachweltmeister Max Euwe (1901–1981).[129]

Viele Schachspieler glauben, dass Großmeister ganz viele Züge vorausberechnen können, viel mehr als ein gewöhnlicher Vereinsspieler. Tatsächlich sind die unterschiedlichen Spielstärken nicht in erster Linie auf die Rechenkraft zurückzuführen. Vielmehr resultierten sie aus der genauen Beurteilung der Stellungen, aus dem Positionsgefühl, dem Aussortieren der unwichtigen Kombinationen und Möglichkeiten, der Fähigkeit, substanzielle und überraschende Pläne zu erstellen, sowie natürlich aus der Erfahrung und den größeren Vergleichsmöglichkeiten mit im Gedächtnis gespeicherten Partien.

## Weil es Dinge gibt, die man nicht erklären kann

Zu den schlimmsten Süchten des Menschen zählt die Erklärungssucht. Es gibt aber, wie schon Gottfried Benn wusste, Dinge, die es wert sind, nicht erklärt zu werden. Und zwar nicht, weil es albern wäre, dies zu tun, sondern weil der Zauber durch die Erklärung zerstört werden könnte.

Im Schach kann man sich zwar Tausende Regeln und Motive aneignen, das Wichtigste aber eher nicht – die Begabung, das Talent. Der eine hat es, der andere nicht. Vieles ist eben doch vorherbestimmt, Fleiß kann Talent nicht gänzlich ersetzen. Der eine hat ein gutes Gedächtnis, aber keinen Killerinstinkt, dem anderen flattern die Nerven, er spielt zu ängstlich, es mangelt ihm an Selbstvertrauen, dann wieder führen Übermut und Überheblichkeit zu unnötigen Niederlagen. Oder, ebenso menschlich, man war einfach zu müde für ein brillantes oder auch nur ordentliches Spiel.

Das Talent Wladimir Kramniks, der von 2000 bis 2007 der 14. Schachweltmeister war, beschrieb Martin Breutigam in der *Süddeutschen Zeitung* folgendermaßen: »Wie der Maler Kandinsky dank seiner synästhetischen Wahrnehmung die Farben nicht nur sehen, sondern auch hören konnte, scheint doch gerade der 31-jährige Russe wie kaum ein anderer zu fühlen, wo Gefahren lauern und wo seine Figuren hingehören, damit sie perfekt harmonieren.«[130]

Die perfekte Harmonie zu sehen und zu fühlen – das kann man kaum lernen. Es ist meistens eine angeborene Begabung wie das absolute Gehör, die Fähigkeit also, die Höhe eines beliebigen Tons zu bestimmen, ohne einen Bezugston zu hören. Bei weitem nicht alle Musiker oder Komponisten sind mit diesem Talent ausgestattet, so wie auch nicht alle Dichter und Schriftsteller ein Gefühl für Sprache haben, von Literaturkritikern und Germanisten ganz zu schweigen.

Harmonien fühlen zu können, das ist nämlich eine schmerzhafte Begabung, die man gar nicht jedem Menschen wünschen sollte. Wird die Harmonie verletzt, empfindet der fühlende Spieler unsagbaren Schmerz. Die Welt habe eine Berechtigung nur als ästhetische Erscheinung, meinte der harmoniesüchtige Friedrich Nietzsche. Diesen Anspruch an sich selbst, diesen zärtlichen Blick auf die Wirklichkeit erträgt nicht jeder.

## 79. GRUND

### Weil das Opfer Schärfe ins Spiel bringt

Es ist besser, die Figuren des Gegners zu opfern, lautet ein bekanntes Bonmot Savielly Tartakowers. Wie alle witzigen Wahrheiten stimmt auch dieser Satz nicht immer. Denn ein eigenes Figurenopfer kann vielerlei Funktionen erfüllen. Manchmal ist man ja gezwungen, eine Figur zu geben, um sich zu befreien oder um eine geschlossene Stellung zu öffnen. Oft kann ein kluges Opfer zu einem scharfen Angriff oder sogar zum raschen Sieg führen.

Wer ein Opfer bringen möchte, muss stets abwägen zwischen Vor- und Nachteilen. Ein kleines Opfer ist dabei die sogenannte Qualität, die Qualle, wie es im Schachjargon heißt, genauer: der Qualitätsunterschied zwischen Läufer und Turm beziehungsweise Springer und Turm.

Auch einen oder zwei Bauern zu opfern, ist häufig angebracht, vor allem in der Eröffnung, wenn man dafür einen Tempogewinn oder Entwicklungsvorsprung bekommt. Ein solches Opfer nennt man »Gambit«, dieser Begriff wurde erstmals 1561 von dem Spanier Ruy López de Segura benutzt, nach dem die Spanische Partie im englischen Sprachraum »Ruy Lopez«-Eröffnung genannt wird. Das Wort »Gambit« entstammt ursprünglich der Sprache der Ringer – *dare il gambetto* heißt »ein Bein stellen«.

Bekannte und viel gespielte Gambits sind zum Beispiel das Evans-Gambit (**1.** e4 e5 **2.** Sf3 Sc6 **3.** Lc4 Lc5 **4.** b4), das Königs- (**1.** e4 e5 **2.** f4) und das Damen-Gambit (**1.** d4 d5 **2.** c4 dxc4), das Morra- (**1.** e4 c5 **2.** d4 cxd4 **3.** c3), das Wolga- (**1.** d4 Sf6 **2.** c4 c5 **3.** d5 b5) oder das Budapester Gambit (**1.** d4 Sf6 **2.** c4 e5 **3.** dxe5 Sg4).

Lustig und spannend wird es, wenn der Gegner das Gambit nicht nur ablehnt, sondern mit einem Gegengambit beantwortet, wie etwa in Albins Gegengambit. Dieses entsteht im Damengambit nach den Zügen **1.** d4 d5 **2.** c4 e5. Nach jeweils zwei Zügen stehen sich also vier Bauern gegenüber, die einander schlagen könnten:

Albins Gegengambit

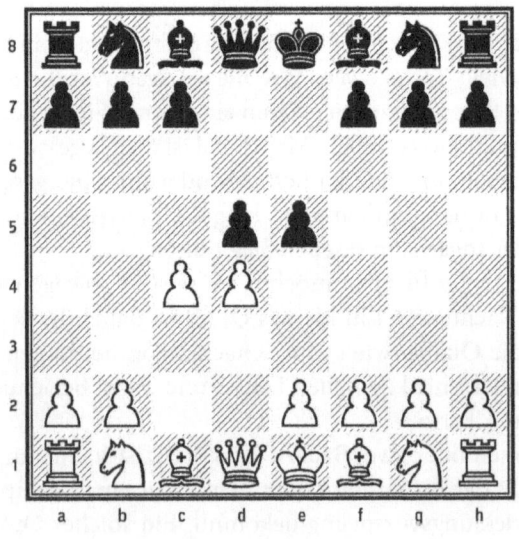

Stellung nach 2. ... e5

Der rumänische Schachmeister Adolf Albin (1848–1920), nach dem dieses Gambit benannt wurde, hat es als Erster gespielt, und zwar 1893 gegen den späteren Weltmeister Emanuel Lasker. Albin hat auch das erste Schachbuch in rumänischer Sprache veröffentlicht, 1872 mit dem Titel *Amiculu Jocului de Schach*.

Solche kleinen Opfer passieren also häufig. Eine ganze Figur zu opfern, das ist aber schon gewagter. Der österreichische Schachmeister Rudolf Spielmann hat 1935 ein Buch über das Opferthema veröffentlicht. *Richtig opfern* heißt es. Für Spielmann liegt nur dann ein echtes Opfer vor, wenn der opfernde Spieler die Folgen nicht bis zum Ende durchrechnen kann, sondern seine Entscheidung intuitiv trifft.

Mit einem Opfer behauptet der Opfernde, dass er auch mit weniger Material, als scheinbar Schwächerer, den anderen besiegen kann. Für viele Spieler ist es deshalb auch eine Frage der Ehre, ein Opfer anzunehmen. Opfer müssen bestraft werden, sagt man.

### 80. GRUND

## Weil der Trippelbauer zu den seltsamsten Erscheinungen gehört

Zu den seltsamsten Erscheinungen im Schach gehört der Trippel-Bauer. Der Trippelbauer ist nicht ein Bauer, es sind drei hintereinanderstehende. Hier ist es tatsächlich berechtigt, von einer Erscheinung zu sprechen, denn kein Spieler plant, einen Trippelbauern aufs Brett zu bekommen. So können sich die Bauern nicht gegenseitig decken, nicht stützen, und es genügt oft eine einzige Blockadefigur, sie alle drei aufzuhalten.

Hier ein Beispiel aus der US-amerikanischen Meisterschaft 2012. Der Super-Großmeister Hikaru Nakamura spielt gegen den erst 17-jährigen Ray Robson. Robson muss sich nach 19 Zügen mit dieser Stellung abmühen. Der Trippelbauer ist »totes Fleisch«, wie man im Jargon sagt:

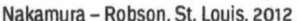

Nakamura – Robson, St. Louis, 2012

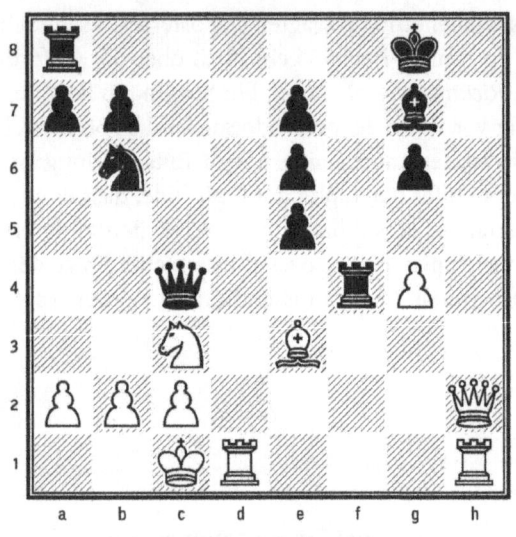

Stellung nach 19. ... Txf4

*1. e4 c5 2. Sf3 d6 3. d4 cxd4 4. Sxd4 Sf6 5. Sc3 g6 6. Le3 Lg7 7. f3 Sc6*
*8. Dd2 0-0 9. g4 Le6 10. Sxe6 fxe6 11. 0-0-0 Se5 12. Le2 Dc8 13. h4 Sfd7*
*14. f4 Sc4 15. Lxc4 Dxc4 16. e5! Sb6? 17. h5 dxe5 18. hxg6 hxg6*
*19. Dh2 Txf4 (Diagramm) 20. Lxf4 Dxf4+ 21. Kb1 Dxh2 22. Txh2 Tf8*
*23. Se4 Tf4 24. Sg5 Txg4 25. Sxe6 Lf6 26. b3 Sc8 27. c4 Sd6 28. c5 Sb5*
*29. Td7 Kf7 30. Txb7 Tg1+ 31. Kc2 Sa3+ 32. Kb2 Sb1 33. Sd8+ Ke8*
*34. Sc6 e4+ 35. Kc2 Sa3+ 36. Kd2 Sb1+ 37. Ke3 Te1+ 38. Kf2 Tc1*
*39. Th7 Tc2+ 40. Kg3 Tc3+ 41. Kg4 e3 42. Sxe7 e2 43. Sd5 Tg3+*
*44. Kf4 Lg5+ 45. Ke5 e1D+*

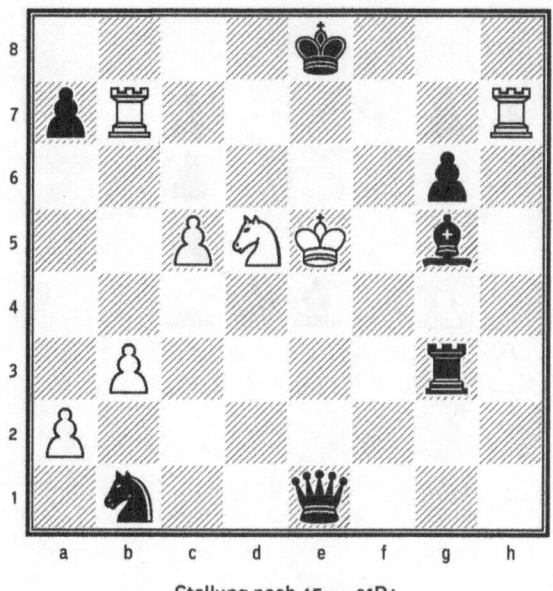

Stellung nach 45. ... e1D+

Einer konnte durchkommen, eine Dame werden und brav Schach sagen. Aber es nutzt nichts, die drohenden Matts sind nicht mehr aufzuhalten.

*46. Kd6 Lf4 47. Sxf4 Td3+ 48. Sxd3 Dg3+ 49. Se5, 1:0.*
Und aus die Maus.

In diesem Beispiel aus dem Jahre 1964 sieht man besonders deutlich die fatale Duldungsstarre eines Trippelbauern:

Everz – Kiffmeyer, BRD, 1964

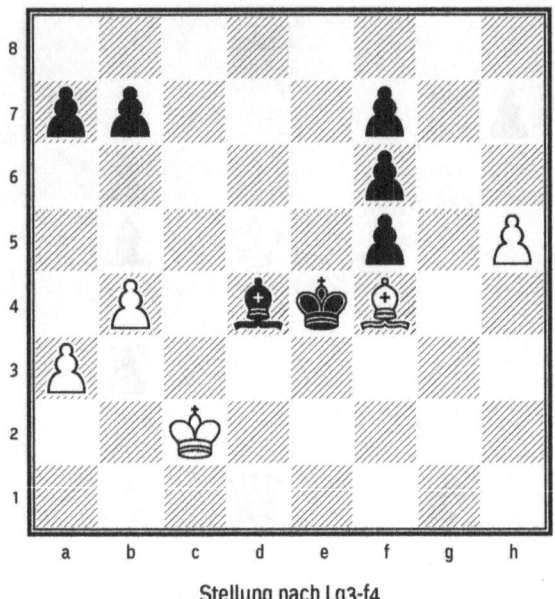

Stellung nach Lg3-f4

Weiß gewinnt mit **1.** Lg3-f4, weil dann der Bauer h5 durchläuft – der Trippelbauer verhindert jegliche Aufhaltversuche.

## Weil man beim Mattsagen
## mit Springer und Läufer verzweifeln kann

Wenn ein Spieler nach langem Kampf ein Endspiel erreicht hat, in dem er noch über Springer und Läufer verfügt, der Gegner aber nur noch mit dem nackten König übers Brett stolpert, möchte er den König natürlich auch matt setzen und gewinnen. Hierbei gilt die 50-Züge-Regel: werden in 50 Zügen keine Figur geschlagen oder Bauern gezogen, so kann der materiell unterlegene Spiel ein Remis reklamieren. Unter anderem deshalb werden in Turnierpartien die Züge von beiden Spielern notiert, sodass der Spielverlauf jederzeit nachvollziehbar ist und vom Schiedsrichter überprüft werden kann.

Um den König mit Springer und Läufer matt setzen zu können, muss man ihn mit Hilfe der beiden Figuren und des eigenen Königs in einen Raum einschließen. Man muss den König in eine der beiden Ecken treiben, deren Eckfeld der Läufer beherrscht. Der Läufer hat dabei die Aufgabe, letztendlich auf der Diagonalen matt zu setzen.

Der Springer, der bekanntlich auf den Feldern beider Farben agieren kann, unterstützt den Läufer und den König mit Zickzackzügen, die dem Buchstaben W ähnlich sehen. Dieses Verfahren wird deshalb auch W-Manöver genannt. Der König hingegen nutzt die Möglichkeit, den gegnerischen König in der Opposition zu halten, er kann als treibende Kraft auftreten, weil zwischen beiden Königen immer ein Feld frei sein muss.

Erfahrene Turnierspieler beherrschen diese Manöver normalerweise, aber da solch ein Endspiel ziemlich selten vorkommt, erlebt man in der Praxis immer wieder auch Fehlversuche.

Im Diagramm sieht man einen erfolgreichen Abschluss. Weiß zog zuletzt den Läufer von e6, wo er dem schwarzen König das Fluchtfeld versperrte, nach d5 – matt:

**Matt mit Springer und Läufer**

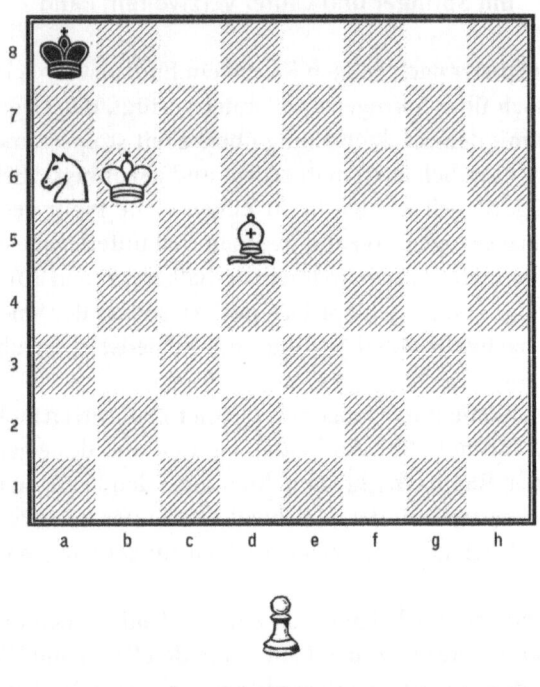

82. GRUND

**Weil das erstickte Matt ein ästhetisches Vergnügen ist**

Besonders schön und in der Praxis gar nicht so selten ist das erstickte Matt. Der angreifende Spieler benötigt hierfür nur zwei Figuren, Dame und Springer, wobei er die Dame opfert, um den erstickten König mit dem Springer matt zu setzen.

Im Diagramm gibt die Dame auf der weißen Diagonale ein Schach. Schwarz muss, um nicht gleich auf dem Feld f8 matt gesetzt zu werden, auf das Feld h8 ausweichen. Dann sagt der Springer vom Feld g7 aus Schach, der schwarze König muss wieder auf das Feld g8. Der Springer zieht daraufhin auf das Feld h6 mit doppeltem Schach. Schwarz kann den Springer nicht schlagen, er muss vor dem Abzugsschach der Dame auf das Feld h8 ausweichen. Daraufhin kann die nunmehr vom Springer gedeckte Dame auf dem Feld g8 geopfert werden, Schwarz muss mit dem Turm die Dame schlagen. Die Pointe wird nun durch den Springer erzielt, der den erstickten König vom Feld f7 aus matt setzt:

**Ersticktes Matt**

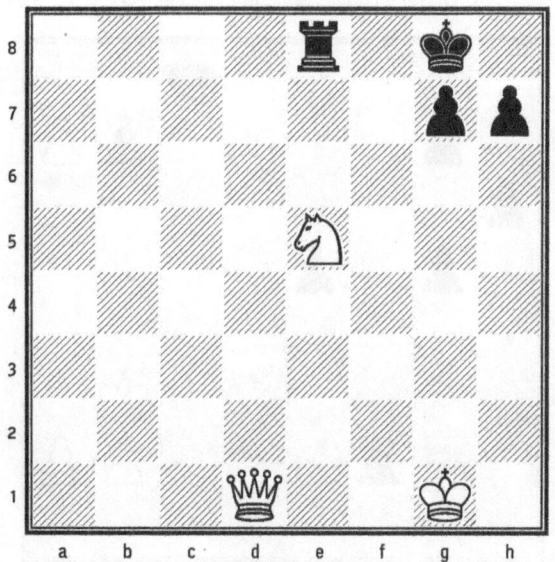

## Weil auch Weltmeister sich beim Hinlenkungsopfer verschätzen können

In dieser 1910 in London gespielten Partie zwischen dem deutschen Weltmeister Emanuel Lasker und dem niederländischen Schachmeister Rudolf Johannes Loman (1861–1932) unterlief Lasker nach einem Hinlenkungsopfer ein entscheidender Fehler:

Lasker – Loman, Simultan, London, 1913

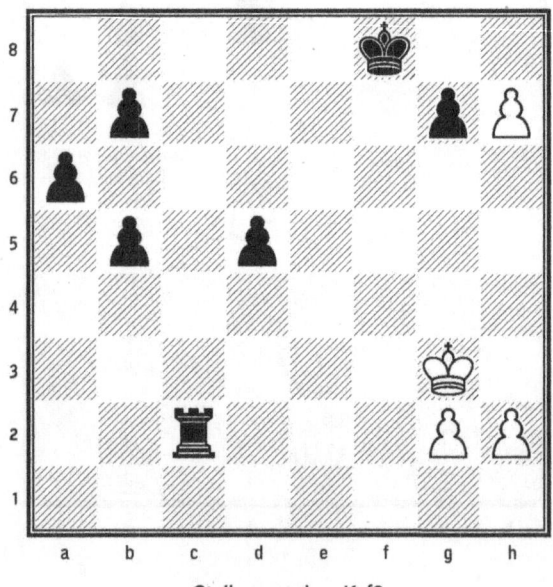

Stellung nach ... Kxf8

Lasker hat soeben einen Turm auf f8 geopfert, mit der Idee, den Bauern h7 in eine Dame umzuwandeln.

Nachdem Loman mit **1. ...Tc3+** Schach gesagt hatte, erlaubte sich Lasker jedoch einen Patzer, der zum Verlust der Partie führt: **2. Kg4??** Besser wäre Kf2 gewesen. Der König muss auf der zweiten oder dritten Reihe bleiben, der Turm darf nicht auf das Feld h4 gelangen.

Denn nach Kg4 wird folgende Abwicklung möglich: **2. ... Tc4+ 3. Kg5 Th4!!**

Der Turm droht nun, den Bauern h7 zu nehmen. Es hilft auch nicht, dass der König diesen ungedeckten Turm schlagen kann. Nach **4. Kxh4 g5+!** ist das Feld g7 für den König frei. Es folgt **5. Kxg5 Kg7**, und der weiße Bauer kann von dem schwarzen König noch aufgehalten werden.

84. GRUND

## Weil das Seekadettenmatt
## reine Musik ist

Das wohl berühmteste Ablenkungsopfer ist das Seekadettenmatt. Es kam zu seinem Namen, weil es 1876 in Richard Genées Operette *Der Seekadett* als Lebendschachpartie aufgeführt wurde.

Hier eine Ausgangsstellung, von der aus es gespielt werden kann, zum Beispiel nach 1.e4 e5 **2.** Sf3 d6 **3.** Lc4 Lg4 **4.** Sc3 h6:

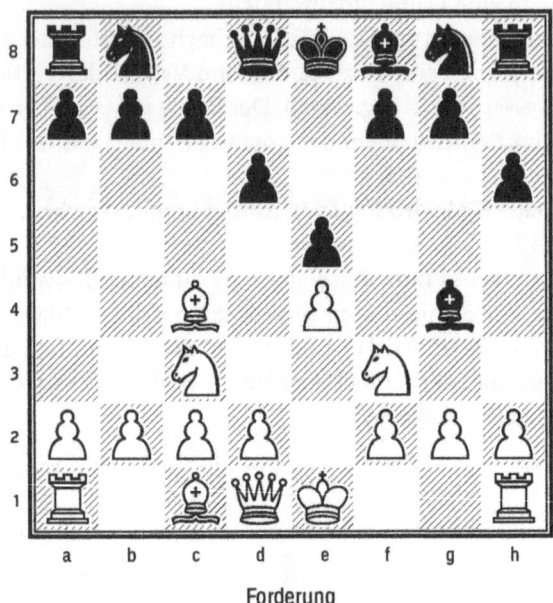

Forderung

Weiß opfert seine Dame und schlägt mit dem Springer f3 den schwarzen Bauern auf e5. Schwarz sollte hier mit dem Bauern d6 den Springer e5 schlagen. So hätte er »nur« einen Minusbauern und stünde klar schlechter.

Wenn der nassforsche Schwarze jedoch die Dame auf d1 mit dem Läufer g4 schlägt, verliert er sofort: Lc4 schlägt Bauer f7 mit Schach. Der schwarze König kann nur auf das Feld e7 ausweichen, woraufhin Weiß mit Springer c3-d5 matt sagt.

**Weil man sich notfalls auch mit Dauerschach retten kann**

Sehr häufig kommt es in Turnierpartien vor, dass die unterlegene Partei sich in ein Dauer- oder sogenanntes ewiges Schach rettet.

Im Diagramm hat Schwarz zwar starke materielle Überlegenheit mit einem Turm und zwei Freibauern mehr als Weiß, aber Weiß ist am Zug und kann mit seiner einzigen Figur außer dem König, der Dame, dem schwarzen König ein Dauerschach aufzwingen.

**1.** Df8+ Kh7 **2.** Df7+ Kh8. Der schwarze König kann nur zwischen den beiden Feldern h7 und h8 pendeln. Weiß kann allerdings auch nicht matt setzen, weil der eigene König zur Unterstützung fehlt. Nach dreimaliger Stellungswiederholung ist die Partie remis, worüber Weiß sicherlich nicht unglücklich sein wird:

Dauerschach

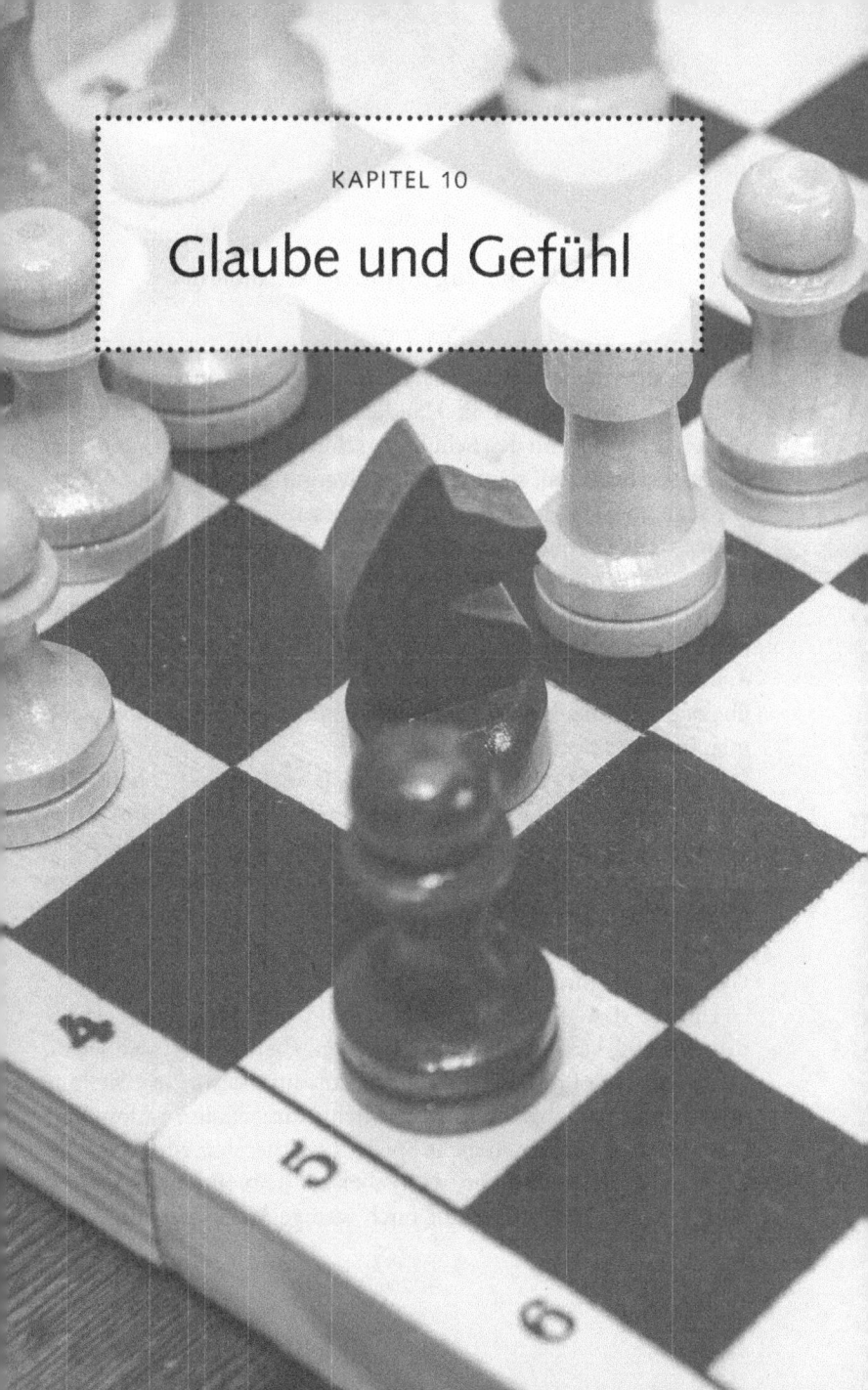

# KAPITEL 10

# Glaube und Gefühl

## Weil der 40. Zug mythische Qualität hat

Fragt man aktive Schachspieler, was sie im 40. Zug einer Partie schon erlebt haben, wird man folgende Reaktionen sehen: Sie stöhnen, heben entsetzt die Hände, blicken flehend gen Himmel, zucken resigniert mit den Schultern, schließen die Augen, als hätten sie Zahnschmerzen, schmunzeln stillvergnügt vor sich hin. Manche sagen, sie hätten sich im 40. Zug geschworen, nie wieder eine Schachfigur anzufassen, andere spielen die ganz Coolen und behaupten: Das muss man eben aushalten.

Der 40. Zug ist häufig der dramatischste Zug einer Partie. Normalerweise hat man zwei Stunden Zeit für die ersten 40 Züge, also drei Minuten pro Zug, dann wird die Zeit kontrolliert. Wer die Zeit überschreitet, hat verloren, egal, wie schön die Stellung ist, egal, ob man in zwei Zügen matt sagen könnte.

Die gleiche Situation erlebt man zwar auch am zeitlichen Ende einer Partie, wenn die gesamte Bedenkzeit abzulaufen droht. Auch dann steht man unter enormem Zeitdruck, doch ist dieser Stress nicht mit einem bestimmten Zug verbunden. Eine Partie kann 41 Züge oder (selten) über 100 Züge lang sein, es ist keine besondere Zahl, die sich mit der zweiten und letzten Zeitkontrolle ins Gedächtnis einbrennt.

Um vor dem 40. Zug nicht in Zeitnot zu geraten, wäre es natürlich nötig, vorher schneller zu spielen, aber das sagt sich leicht. Denn oft ist der Preis für die Zeitersparnis eine schwächere Stellung oder ein anderer Nachteil. Doch nicht immer kann rational erklärt werden, weshalb manche Spieler für scheinbar einfache Züge enorm viel Zeit investieren, dann aber vor dem 40. Zug in ähnlich komplizierten Stellungen nur noch wenige Sekunden aufgespart haben. Vielleicht müssen sie ihre Angst besiegen oder ihre Selbstzweifel beschwichtigen.

Besonders in Mannschaftswettkämpfen kann das schlechte Zeitmanagement eines Spielers für die Mitspieler qualvoll sein. Man darf ja von außen nicht eingreifen, man darf ihm nicht zurufen: »Vergiss die Uhr nicht! Zieh! Zieh!«, obwohl man das oftmals möchte.

Vielen Spielern fällt es auch schwer, vom langsamen zum schnellen Spiel umzuschalten. Selbst gute Blitzspieler, die wissen, dass sie schnell denken können, zweifeln in langen Turnierpartien oft an ihrem Vermögen, sich rasch entscheiden und ihrer Intuition vertrauen zu können. Da hilft am Ende nur der Ratschlag Franz Kafkas: »Ergründe die Menschennatur!«

87. GRUND

## Weil man im Schach auch Glück haben kann

Dogmatiker streiten entschieden ab, dass man im Schach auch Glück haben kann. Schließlich wird nicht gewürfelt, auch werden keine unterschiedlichen Karten verteilt. Beim Fußball kann der Wind den Ball ins Tor treiben, bei Autorennen kann ein Steinchen auf der Strecke einen Reifen zum Platzen bringen, Skilangläufer können über einen Ast stolpern, der Ski kann brechen und so weiter. All das oder andere Zufälle gibt es im Schach nicht.

Insofern stimmt die Aussage, dass Schach ein glücksfreies Spiel ist. Hört man aber Schachspielern bei der Analyse ihrer Partien zu, wird man oft die Stoßseufzer hören: »Da habe ich aber Glück gehabt, dass der Gegner diese Möglichkeit nicht gesehen hat«, »… dass meine Spekulation zum Erfolg führte«, »… dass dieser

Bauernzug in der Eröffnung sich nach 20 Zügen als richtig erwies, obwohl seine Folgen unmöglich abzuschätzen waren«.

Wären die Dogmatiker ehrlich zu sich selbst, würden sie zugeben, dass auch sie ihnen rätselhafte Stellungen aufs Brett bekommen, in denen sie nur raten können, welcher Zug richtig oder sinnvoll ist. Aber nein, sie strecken die Ellenbogen aus und behaupten, alles gesehen zu haben. Ihre Intuition sei eben der des Gegners überlegen, worin sich ein größeres Schachverständnis ausdrücke.

Es sind die Apostel des Verstandes, die so reden und denken, die nüchternen, niemals trunkenen Rationalisten. Die Romantiker und Fatalisten hingegen verehren Moira, die Göttin des Schicksals.

Theoretisch verfügen beide Spieler über die gleichen Informationen, praktisch aber gibt es immer wieder Situationen, in denen man sich selbst und seine eigenen Entscheidungen nicht versteht.

Doch auch wenn es Glück im Schach gibt, sollte man bei eigenen schlechten Zügen kein Pech für sich reklamieren, das wäre unsportlich und klänge nach kleinlauter Ausrede. Pech wäre es allenfalls, in einer Zeitnotphase mit dem Hemdsärmel eine Figur umzustoßen, dadurch Zeit und die Partie zu verlieren.

Auch kann man vor dem Spiel schon Pech haben, nämlich bei der Auslosung beziehungsweise der Zuordnung der Gegner. So passierte es mir in einer Saison der Berliner Mannschaftsmeisterschaften einmal, dass ich in sieben von acht Partien Schwarz hatte, weil einige Spieler ausgefallen waren und aufgerückt werden musste. Hinzu kamen in dieser Saison zwei Pokalpartien mit Schwarz und eine Schwarzpartie in der sogenannten Feierabendliga. Das nenne ich eine Pechsträhne.

## Weil man im Schach das Warten lernt

Wer nicht warten kann, kann im Schach nicht gewinnen. Ein Angriff muss vorbereitet oder geduldig abgewehrt werden, auf günstige Gelegenheiten und auf Fehler des Gegners muss man warten können. Man kann die Früchte nicht vor der Aussaat ernten.

Sowjetische Schachspieler waren auch deshalb jahrzehntelang ihren Konkurrenten aus dem Rest der Welt überlegen, weil in ihrer Kultur die Fähigkeit zum Warten zu den wichtigsten Überlebensbedingungen gehörte. Der Homo sovieticus, der bekanntlich auch in der DDR lebte, übte das Warten täglich beim Einkaufen. Das Warten in der Schlange vor einem Geschäft (oder zehn Jahre auf einen Trabant oder 20 Jahre auf einen Telefonanschluss) schult die Leidensfähigkeit. Es lehrt dich, keine unsinnigen Hoffnungen reifen zu lassen, etwa die, dass Fleisch verkauft wird oder dass der Gegner dir etwas schenkt. Der Schriftsteller Wladimir Sorokin hat über die Erfahrung des Wartens in der Sowjetunion sogar einen Roman (*Die Schlange*) geschrieben, der nur aus den Dialogen in einer Schlange wartender Menschen besteht.

Das Gegenteil der Fähigkeit zum Warten, zur Entsagung, ist bekanntlich die Gier, die zumindest im Schach immer wieder hart bestraft wird. Das westliche Modell also, der gute alte Kapitalismus, ist im Schach das schwächere Prinzip. Gier mag im Räuberschach erfolgreich sein, wenn nur der Augenblick zählt.

Das bekannteste Symbol der Gier ist im Schach der vergiftete Bauer. Solch ein Bauer steht ungeschützt und unschuldig in der Landschaft herum. Man kann ihn nehmen, ihn schlagen, auch in der Hoffnung, dass die alte Schachweisheit sich durchsetzen wird, wonach mit einem gewonnenen Bauern die Partie gewonnen sei.

Doch als Folgen des kurzen Glücksrausches sollte man einkalkulieren, für lange Zeit die Initiative zu verlieren und womöglich unter Platzangst (= Atembeschwerden) leiden zu müssen. Denn ein vergifteter Bauer ist, wie sein Name schon sagt, vergiftet, der Gegner gibt ihn doch nicht umsonst.

## Weil man als Schachspieler Therapien umsonst bekommt

Man könnte es sich leicht machen und sagen, Niederlagen gehören zum Sport dazu, selbst der Weltmeister muss sich manchmal geschlagen geben. Aber so leicht ist es selten, fast jede Niederlage schmerzt, immer wieder läuft der Film rückwärts, begleitet von den Seufzern »Ach, hätte ich doch …«, »Warum habe ich diesen Zug übersehen?«, »Wie konnte mir dieser Fehler passieren?«, »Weshalb habe ich bloß so viel Luft in die Stellung gelassen? Ich stand doch so fett …« Und dann folgen die Schwüre: »Nie wieder werde ich diesen Fehler machen!«, »Beim nächsten Mal passe ich aber auf!«, »Das soll mir eine Lehre sein!« Und beim nächsten Mal schwört man sich wieder, beim nächsten Mal besser aufzupassen. Die tröstlichen Worte klingen auch immer gleich: »Man ist eben nicht perfekt«, »Niemand kann alles sehen und wissen«, »Der Gegner war eben stärker, das kann passieren«, »Ich bin eben nur ein Zwerg, verglichen mit dem Riesen, der da vor mir saß«.

Besonders ärgerlich ist eine Niederlage, wenn man nach dem Spiel vom Gegner belehrt wird, obwohl er augenscheinlich schwächer war und nicht aufgrund eigener Stärke gewann, sondern weil man ihm dabei geholfen hat. Dann hat man sozusagen die Partie verloren, aber der Gegner einen NICHT geschlagen! Dass man sich selbst ein Bein stellt, passiert leider häufiger, als dass man vom Gegner umgehauen wird. Deshalb lautet einer der wichtigsten Ratschläge im Schach: Es ist schwer, ein gewonnenes Spiel zu gewinnen. Emanuel Lasker, der einzige deutsche Schachweltmeister, meinte gar, dies sei am schwersten. Das stimmt natürlich nicht, doch die rhetorische Übertreibung verweist auf die Gefahr des Leichtsinns. Denn wenn die Stellung »gewonnen« ist und eigentlich nur noch technisch abgewickelt werden muss, steigt oft die Fehlerquote, die Nerven flattern. Auch in diesem Fall tröstet es nicht, dass es Vizeweltmeistern nicht anders ergeht. Viktor Kortschnoi sagte in einem Interview: »Ich habe oft eine strategisch gewonnene Stellung und lehne mich zurück – die Partie ist aber noch lange nicht beendet, während ich sie schon abhake.«[131]

In einem Schachspiel kann eben jederzeit ein entscheidender Fehler passieren, der zur sofortigen Niederlage führt. In einem Fußballspiel etwa kann man einen Rückstand oft noch aufholen. Im Schach hat man keine Ruhe und vor allem darf man sich niemals sicher fühlen. Um eine Niederlage zu verarbeiten, kann man als Vereinsspieler auch die Gruppentherapie wählen. Man analysiert die Partie mit den Schachfreunden, man erklärt seine Fehler und Irrtümer, man bekennt sich zu seinen Schwächen, klagt seine Nachlässigkeit an, lässt sich Alternativen aufzeigen und leistet gemeinschaftlich Trauerarbeit. Eine anspruchsvolle Partie wird schon mal die halbe Nacht lang analysiert, anschließend noch mit Schachprogrammen untersucht und im Internet zur Diskussion gestellt. Auf dass der Schmerz endlich nachlasse!

Wie ein Hochseilartist, der nach einem Absturz gleich wieder aufs Seil möchte, möchte ein Schachspieler, der durch einen tragischen Fehler verlor, am liebsten gleich wieder ans Brett, die nächste Partie spielen und zeigen, dass er es besser kann. Es ist die Phase der Rache, der Aggressionen. Im Kopf herrscht ein Gefühlschaos, es gibt auch Momente, da sich manche Spieler schwören, nie wieder Schach zu spielen. Das Selbstbild ist zerstört oder mindestens angeknackst, man hat der Mannschaft, dem Verein oder der eigenen Bilanz geschadet. Fünf Stunden lang umsonst gekämpft, eine Sekunde geschlafen, du Mehlmütze!

War die Niederlage nicht auf einen einzelnen Fehler zurückzuführen, sondern haben sich kleinere Nachteile allmählich summiert, hilft nur, sich damit zu trösten, dass nur einer Weltmeister sein kann und Schach eben eine komplizierte Materie ist.

Die schlimmste Strafe nach einer Niederlage ist für einen echten Spieler natürlich das Spielverbot. Dieses drakonische Mittel setzten sowjetische Schachfunktionäre zum Beispiel gegen Mark Taimanow (geb. 1926) ein, nachdem dieser in einem Qualifikationswettkampf zur Schachweltmeisterschaft 1972 gegen Bobby Fischer mit 0:6 eine Klatsche bekommen hatte. Ihm wurde unterstellt, aus politischen Gründen absichtlich verloren zu haben, alle nationalen Titel wurden ihm entzogen und er durfte zwei Jahre lang an keinen internationalen Turnieren mehr teilnehmen.

Bobby Fischer soll nach diesem Match auf die Frage, was er von Taimonows Spiel halte, gesagt haben: »Ich glaube, er spielt ganz gut Klavier.«[132] Taimonow war ein ausgezeichneter Pianist, er spielte bereits 1936, als Zehnjähriger, in dem Film *Beethovens Konzert* die Hauptrolle.

# KAPITEL 11

# Schach als Breitensport

# Weil Berlin eine der interessantesten Schachstädte der Welt ist

Berlin ist seit dem Fall der Mauer zweifellos eine der interessantesten, verrücktesten und aufregendsten Städte der Welt. Für eine Großstadt relativ friedlich – man kann auch nachts ungefährdet spazieren gehen –, leben hier Menschen fast aller Nationalitäten, ob legal oder illegal, und ein jeder kann nach seiner Façon selig werden.

Auch für Schachliebhaber bietet die Stadt ein nahezu unüberschaubares Angebot. 53 Schachvereine (und drei am Rande von Berlin) beteiligen sich an den zahlreichen Meisterschaften, so vor allem an den Berliner Mannschafts- und Einzelmeisterschaften, an Pokal-Einzel- und Mannschaftswettbewerben, an den Berliner Blitz- und Schnellschachmeisterschaften, an den Senioren-, Kinder- und Jugendturnieren oder an zahlreichen Open, also offenen Wettbewerben, an denen auch Spieler, die nicht in Berlin wohnen, teilnehmen können.

Viele dieser Turniere gibt es schon seit Jahrzehnten, zum Beispiel das im Jahre 2013 zum 35. Mal ausgetragene Weiße-Dame-Open. Für die Teilnahme an solchen Turnieren zahlt man in der Regel ein kleines Startgeld, etwa 20 bis 30 Euro für Erwachsene, für Jugendliche unter 20 Jahren meistens die Hälfte. Dafür werden Hauptpreise und Kategorie-Preise vergeben, beispielsweise beim Weisse-Dame-Open 250/175/125/100/75/50 Euro für die sechs erstplatzierten Spieler.

In der Bundesliga der Männer spielt derzeit leider nur ein Berliner Verein, die Schachfreunde Berlin (12. Platz in der Saison 2013/14). Der SK König Tegel 1947 ist abgestiegen.[133] In der Frauenbundesliga ist aktuell gar keine Berliner Mannschaft vertreten. Die erfolgreichste Berliner Damenmannschaft ist Rotation Pankow mit einem 3. Platz in der 2. Bundesliga.[134]

Wer als Schachspieler nach Berlin zieht, besucht am besten die Homepage des Berliner Schachverbandes, dort wird er stets aktuelle Informationen über das Schachleben in Berlin finden: www.berlinerschachverband.de. Wie kultiviert Schachspieler miteinander umgehen, ist schon an der dortigen ersten Forumsregel zu sehen: »Bitte nur Kommentare mit Klarnamen abgeben! Alle anderen Kommentare werden ausnahmslos gelöscht.« So wird vermieden, dass im Schutz der Anonymität unqualifizierte Äußerungen hinterlassen werden, wie das in zahlreichen anderen Foren im Internet üblich ist.

Auch prominente Schachspieler sind in Berlin regelmäßig zu Gast. Lewon Aronjan lebt hier, und wenn Bundesliga ist, kommen eine Vielzahl Großmeister in die Stadt. Zugucken ist normalerweise kostenlos.

Und wer nicht gleich in einen Verein eintreten möchte, kann erst einmal ein Schach-Café wie das »en passant« in der Schönhauser Allee 58 besuchen. Dort wird man an mehreren Abenden in der Woche leidenschaftliche Schachspieler treffen. Gäste sind jederzeit willkommen! »Der schachspielende Wirt Sven Horn konnte schon einigen weltbekannten Schachgroßmeistern die Hand schütteln oder einen Kaffee servieren, aber nur mit Schachspielern könnte er seine exorbitante Miete nicht finanzieren«, schrieb Frank Hoppe in der *Schach-Welt.* »Deshalb holt er sich noch Parteien, einen Debattierklub, CB-Funker oder Xiangqi-Spieler ins Haus oder bietet Frühstück für die Gäste des gegenüberliegenden Hostels an.«[135]

## Weil man Wewi ein Denkmal setzen müsste

Der den Jahren nach derzeit älteste aktive Schachspieler, den ich kenne, heißt Werner Windmüller und war 58 Jahre lang der Vorsitzende meines Schachvereins Berolina. Womöglich ein Weltrekord?

Werner ist die Seele des Vereins, jedem Spieler gibt er das Gefühl, er sei der wichtigste, jeden begrüßt er am Freitagabend mit Handschlag, wünscht er Glück und Erfolg und über jeden überraschenden Außenseitersieg freut er sich, als wäre es sein eigener. Die unglücklichen Verlierer vertröstet er auf das nächste Spiel.

In anderen Berliner Schachvereinen witzelte man schon: »Ohne euren Werner würde es doch euren Verein gar nicht geben, wenn er euch nicht die Brote schmieren und Kaffee kochen würde, könntet ihr gar keine Gästemannschaften empfangen.« Tatsächlich hat Werner jahrzehntelang die Vereinsräume schon um vier Uhr morgens geheizt, damit um neun Uhr in warmen Räumen gespielt werden konnte. Bereits einige Stunden vor Spielbeginn stellt er die Bretter und Figuren auf, stellt Schalen mit Bonbons daneben, hängt selbst geschriebene Turnierberichte aus, mahnt nachzuholende Partien an – und selbstverständlich tut er das alles ehrenamtlich, ohne je einen Pfennig oder Cent dafür kassiert zu haben. 58 Jahre lang!

Als er den Vorsitz abgab – und natürlich sofort zum Ehrenvorsitzenden gewählt wurde –, begann er seinen Rechenschaftsbericht mit einer kurzen Schilderung, wo er das Schachspielen gelernt habe. Im Luftschutzbunker. Dann streifte er die Jahrzehnte – wie der Verein in den 1950er-Jahren zwei Mal DDR-Vizemeister wurde, wie man die Wende überlebte und die leidliche Raumfrage löste. Sein Schlusssatz hätte bescheidener nicht sein können: »Ich hoffe, ihr wart mit mir zufrieden.«

Wenn man Werner sagt, dass man berufliche oder familiäre Verpflichtungen habe und deshalb einige Zeit lang nicht Schach spielen könne, kann er das gar nicht verstehen. Was kann es Wichtigeres als Schach geben? »Warum willst du mit dem Fahrrad an die Wolga fahren?« – »Warum willst du zur Taufe deiner Tochter gehen?« – »Wer soll denn bei den Meisterschaften spielen, wenn nicht du?« Als er für seine ehrenamtliche Tätigkeit das Bundesverdienstkreuz erhielt, meinte er nur, dass die Veranstaltung etwas steif gewesen sei, dass es nur eine Urkunde gegeben habe und dass man dort nicht habe spielen oder knobeln können.

Als Spieler darf man ihn auch jetzt noch, im jugendlichen Alter von 83 Jahren, nicht unterschätzen. Ich selbst habe in der Vereinsmeisterschaft gegen ihn nur ein Remis geschafft. Ich habe still vor mich hin geflucht, als ich keinen Gewinnweg gegen ihn sah, aber geholfen hat das nicht. Beim Spielen kennt man ja keine Freunde. Aber Werner ist zäh und spielt witzig und natürlich kann er auf einen reichen Erfahrungsschatz zurückgreifen. Im Vergleich zu ihm fühlte ich mich als Scharlatan, weil Schach nicht meine wichtigste Leidenschaft ist, und ich ihn dennoch mit leichter Hand besiegen wollte.

92. GRUND

**Weil im Schachklub die Zeit stillzustehen scheint und lebenslange Freundschaften entstehen**

Der älteste Schachklub Deutschlands wurde im Jahre 1803 in Berlin gegründet. Mitglieder waren unter anderem der Bildhauer Johann Gottfried Schadow, Schöpfer der Quadriga auf dem Brandenburger Tor, Christian Wilhelm Hufeland, Arzt an der Charité und Professor für Pathologie, und der Maler Johann Erdmann Hummel. Auch Clemens Brentano, Achim von Arnim und August Wilhelm Schlegel kamen hin und wieder als Gäste vorbei. Bei seiner Gründung hatte der Klub 34 Mitglieder. »Drei aus ihrer Mitte erhielten den Auftrag, eine schickliche Wohnung zu miethen, die nöthigen Schachspiele zu besorgen, Gesetze zu entwerfen, und die beliebtesten Flugblätter anzuschaffen, damit auch für die Unterhaltung derer gesorgt werde die nicht gerade Lust zum Spielen haben.«[136]

Um Mitglied zu werden, brauchte man die Empfehlung zweier alter Mitglieder. Bald waren es »beinahe 70 Personen, aus allen Ständen: Staatsbeamte, Geistliche, Künstler, Gelehrte«, die regelmäßig nach bestimmten Regeln Schach spielten. Eine Szene aus dem Schachklub hat Johann Erdmann Hummel auf seinem Gemälde *Die Schachpartie im Palais Voss* verewigt.

Die Sitten und Gebräuche haben sich inzwischen geändert, die Gespräche in Schachklubs aber kaum.

»Die Zeit scheint stillzustehen. Ich treffe Menschen, die ich schon einige Jahre nicht gesehen habe, doch es finden dieselben Gespräche statt«, erzählt ein Internationaler Meister. »Ich werde kurz begrüßt, dann muss ich mir als besserer Spieler Antworten zurechtlegen, wohin ich den Springer setzen würde, dann grüßt Herr XYZ, gleich darauf wird berichtet, dass die Springergabel auf f6 übersehen wurde, weil nur noch zwei Minuten auf der Uhr waren. Dann war die Opposition im Endspiel doch keine Opposition. Ich hab jeweils keine Idee, worum es geht, aber jaja, Schach ist schwer.«

So strömt es auf den Meister ein, wenn er nach längerer Zeit seine Schachfreunde aus der Kindheit wiedertrifft. Sie sitzen am Brett und suchen die besten Springerzüge, sie blicken kurz auf, »Ach, du bist da, schön dich zu sehen nach fünf Jahren, was hältst du von der Springergabel?«, dann überprüfen sie das Bauernendspiel, dann wollen sie wissen, wann sie wieder in einer Mannschaft spielen werden, ob er verheiratet sei. Ach, er ist Vater geworden? »Aber was wird denn nun mit der Springergabel?«

Durch das Schachspiel entstehen Freundschaften, die oft ein Leben lang halten. Manche haben die ersten Kinderturniere zusammen bestritten; 40 Jahre später rufen sie in Erinnerung an diese Partien: »Du hast mich damals mit Springer g5 überlistet! Und du hast mich mit deinen Matchbox-Autos genervt!«

Besonders stark in Erinnerung bleiben die gemeinsamen Reisen zu auswärtigen Schachturnieren, ob zum 24-Stunden-Blitz-Marathon in Dresden, zum Elo-Turnier in Breslau, zum Freundschaftskampf in Brandenburg an der Havel und zur Berliner Meisterschaft in Weißensee. Man hat zusammen gesiegt, gelitten, Glück gehabt, gekämpft, sich in Selbstmitleid gebadet, sich gefreut über Preise und Siege. Schachspieler reden nicht gern über Gefühle. Aber im Laufe der Jahre bekommt man doch mit, was es einigen Spielern bedeutet, Gleichgesinnte treffen zu können. Möge die Welt so dreckig und verlogen sein, wie sie ist, das Schachspiel bleibt rein und ein Fest des Denkens. Hat man am Nachmittag Depressionen, spielt man am Abend Schach – und aller Missmut ist verflogen.

Dabei ist es egal, was du bist, ob Professor oder Hilfsarbeiter, Türsteher oder Schriftsteller, Go-go-Girl oder Sozialtherapeutin, es zählt nur, dass du denkend spielen möchtest. Womöglich empfinden in kaum einer anderen Sportart die Spieler so viel höflichen Respekt voreinander wie im Schach. Machogesten wie etwa im Boxen – ich habe die dicksten Muskeln und den kältesten Blick! – würden im Schach nur lächerlich wirken. Denn angesichts der unendlich schwierigen Materie muss auch der Weltmeister sich oft genug in Demut üben und nach gewonnenen Partien eingestehen, dass er die Lage nicht mehr genau einschätzen konnte. Es kommt eben nicht nur darauf an, einen Gegner zu besiegen, sondern darauf, Welträtsel zu lösen, sich die Milchstraße in die Hosentasche zu stecken. Ich erinnere mich zum Beispiel an einen Ausspruch meines Schachfreundes TW. Er sprach über einen anderen Spieler. »Das ist so ein Typ, von dem man glaubt, er würde im Park die Enten füttern. Am Schachbrett sieht man: Er kann nicht angreifen, aber sich unglaublich zäh verteidigen. Irgendetwas Schlimmes muss ihm im Leben passiert sein, aber im Schach bewahrt er sich seine Würde.«

Ein kostbares Porträt! Kaum irgendwo sonst könnte der beschriebene Spieler solche Anerkennung bekommen wie im Schach. Er geht in Spielpausen von Brett zu Brett, nickt anerkennend, schüttelt den Kopf, zischt vor sich hin, murmelt Halbsätze, und nie würde er sagen, dass ihm die Gemeinschaft der Schachspieler etwas bedeutet – das wäre nur sentimentaler Quark. Er ist, wie er ist, und er wird als solcher respektiert.

93. GRUND

## Weil die Schachliteratur unendlich reich ist

Nachts im Berliner Kaffee Burger erzählt ein junger, ehrgeiziger Spieler, wie er sich in den nächsten Jahren schachlich weiterentwickeln will. Es müsse doch möglich sein, sagt er, die DWZ 2.000 zu knacken. Unter engagierten Vereinsspielern gilt die Deutsche Wertungszahl 2.000 als erste Schallgrenze. Wer diese Grenze erreicht oder sogar überschritten hat, der kann Schach spielen, der könnte an einem guten Tag sogar einen Großmeister in Schwierigkeiten bringen, zumindest bis zum Endspiel. Dann aber, da sind sich alle am Tisch sitzenden Spieler einig, würde er eingehen wie eine Primel … wann und aus welchen Gründen auch immer Primeln eingehen.

Während ich dem jungen, ehrgeizigen Spieler zuhöre, denke ich an meinen weisen Schachlehrer, der immerhin wirklich schon einige Internationale Meister filetierte. Er vollbrachte am Brett schon Wunder, die niemand für möglich hielt. Nebenher gefällt es ihm auch, die Schallgrenzen unserer Schachfreunde vorauszusagen.

Dem jungen Freund aus dem Kaffee Burger traut er momentan nicht zu, besagte DWZ-2.000er-Grenze zu erreichen. Und zwar aus zwei Gründen: Er hat zu spät mit dem Spiel begonnen, und er glaubt, ohne das überlieferte Wissen der Meister auskommen zu können – er hat noch kein einziges Schachbuch gelesen, so behauptet er zumindest. Mich erinnert der junge Freund in diesem Moment an all die Hobbyfotografen, die sich einbilden, ein gelungenes Foto zustande bringen zu können, ohne jemals etwas über die Regeln der Perspektive, über Form und Kontraste gelernt zu haben. Oder soll man mit Friedrich Hölderlin von einem »furchtlosen Sohn der Alpen« sprechen, der über den Abgrund hinweg auf »leichtgebaueten Brücken« geht? Vielleicht ist er ein Naturtalent? Kann man ihm helfen oder muss man bald seinen Schmerz im Scheitern ansehen?

Er möchte ein Meister werden, ohne Jeremy Silmans *Endspielkurs – Vom Anfänger zum Meister* zu lesen. *Schach, aber richtig! Die Überwindung des amateurhaften Denkens* empfindet er schon vom Titel her als Beleidigung. *Schach für Dummies* klingt nicht minder gemein; ein Geschenk, mit dem man Schachspieler nur ärgern kann.

Könnte er nicht wenigstens von einem Weltmeister etwas lernen? *Schachtaktik: Wie ich ein Taktikfuchs werde. Tipps und Tricks vom 13. Schachweltmeister* von Garri Kasparow sollten doch auch ein Naturtalent weiterbringen. Oder beherrscht er etwas schon die *Techniken des Positionsspiels im Schach*? Wie wäre es mit *Starke Bauernregeln: Die ungeschriebenen Gesetze des Schachspiels in über 200 gereimten Eselsbrücken und Faustregeln*? Oder: *Todesküsse am Brett: 140 Rätsel und Geschichten der Schachgenies von heute*.

Bücher für Kinder und Anfänger möchte er nach einigen Jahren Turnierpraxis auch nicht lesen, etwa *Fritz & Fertig: Wie geht Schach? Ein Buch für alle, die's wissen wollen* oder der *Fritz & Fertig Schach-Rätsel-Block: Noch mehr Gehirnjogging rund um das Königsspiel*. Aber wenigstens seinen Kindern könnte er ein Geschenk machen, etwa mit dem Buch *Schach im Kindergarten: Ein pädagogisches Hilfsmittel zur Förderung der kindlichen Entwicklung!*

Weil er Menschen verachtet, die einer geregelten Tätigkeit nachgehen, könnte dieses Buch ihn vielleicht interessieren: *Sizilianisch für Müßiggänger: Die Basman-Sale-Variante 1.e4 c5 2.Sf3 e6 3.d4 c:d4 4.S:d4 Lc5.*

Falls ihm diese Darlegungen zu speziell sind, kann er studieren: *Die große Schachschule: Wie Sie aus Fehlern der Großmeister lernen: Spielanalysen mit Lerneffekt. So verbessern Sie Ihre taktische und psychologische Spielstärke.* Oder, für Spieler aller Stärken empfehlenswert: *Positionelles Schach: Wie man sein Stellungsgefühl trainiert. Lektionen und Materialien aus der Dworetski-Jussupow-Schachschule.*

Überhaupt, haben die vielen Klassiker jemals jemanden dümmer als vor der Lektüre zurückgelassen?

Richard Reti, *Die Meister des Schachbretts*, Siegbert Tarrasch, *Das Schachspiel*, Hans Kmoch, *Die Kunst der Bauernführung*, Lev Polugajewski, *Die Kunst der Verteidigung*, Alexander Koblenz (Trainer von Michail Tal), *Schach spielend leicht kombinieren*, Max Euwe, *Das Mittelspiel*, Bobby Fischer, *Meine 60 denkwürdigen Partien*, Max Euwe, *Theorie der Schacheröffnungen*, Juri Awerbach, *Endspiele Springer gegen Läufer, Turm gegen Leichtfigur*, das *Testbuch der Turmendspiele* von Jerzy Konikowski, *Stellungsbeurteilung und Plan*, u. a. vom Exweltmeister Anatoli Karpow, alles das sind Bücher, aus denen auch die Besten der Besten etwas lernen.

Ein Menschenleben würde wohl nicht ausreichen, um alle interessanten Schachbücher gründlich zu studieren. Von A wie Aaron Nimzowitsch mit seinen Büchern *Mein System* und *Die Praxis meines Systems* bis Z wie *Zug um Zug: Bauerndiplom, Turmdiplom, Königsdiplom* von Helmut Pfleger kann jeder begeisterte Schachspieler sich ganz nach seinem Geschmack eine Bibliothek zusammenstellen, in der auch Titel wie *Schach grandios. Legendäre Partien, geniale Züge und Kombinationen von Anderssen bis Anand* und Carlsen; *Das Schach-Sammelsurium: Tag für Tag Anekdoten, Kurioses, Kalendarium, Biografien, Partien und Rekorde*; *Der Bauer im Schachspiel. Bajonett-Angriff, Einengung, Endspiele und vieles mehr* nicht fehlen sollten.

Verzichten hingegen kann man auf Bücher, die für die Tränendrüsen gedacht sind, wie etwa *Das Mädchen, das barfuß Schach spielte: Aus den Slums von Uganda zur internationalen Schachmeisterin*, oder die mit dem falschen Versprechen locken: *Schach 2012: In 12 Schritten zum spirituellen Schachmeister*.

## 94. GRUND

### Weil es in Deutschland großartige Schachzeitschriften gibt

KARL (»Das kulturelle Schachmagazin«) ist für Leser geeignet, die verführt werden möchten. Verführt, den vielen Anregungen zu folgen, die in KARL angeboten werden. Verführt zum Staunen über die reiche Geschichte und die vielen kulturellen Aspekte des Schachs.

Ein Beispiel: das Heft nach der WM 2013. Gleich neun Beiträge beschäftigen sich mit dem Weltmeisterschaftskampf zwischen Anand und Carlsen und mit dem Schachspiel im Gastgeberland Indien. Zunächst liest man eine Wettkampfchronologie, dann ein Kurzporträt der Gastgeberstadt Chennai, dann die Lebensgeschichte des ersten indischen Spitzenspielers Mir Sultan Khan. Mir Sultan Khan (1905–1966) kam im Jahre 1928 als Diener des indischen Obersten Nawab Sir Malik Umar Hayat Khan (1875–1944) nach England. Er kannte nicht alle europäischen Schachregeln, die modernen Theorien überhaupt nicht. Doch schon 1929 gewann er gleich bei seiner ersten Teilnahme die englische Meisterschaft.

Auch 1932 und 1933 wurde er englischer Meister. KARL schafft es, Schach als Sport mit vielen Mythen darzustellen, als internationale Kultur mit eigenem Humor. Schach ist aber auch ein schicker Sport, über dessen Vertreter man gern seriöse Lebensbeschreibungen und intelligente Klatschgeschichten lesen möchte, deshalb beantwortet Carlsens »Haus- und Hofreporter« Fragen zu dem Favoriten. Das Schachland Indien wird in einer achtseitigen Reportage vorgestellt – Schulkinder, die begeistert Schach spielen. Eine Überraschung bietet der nächste Artikel: Viswanathan Anands erster Schachverein war das Russian Culture Centre in Chennai! Der indische Weltmeister ist durch die russische Schachschule gegangen! »Psychologische Beobachtungen zum Match« beenden das Thema Schachweltmeisterschaft.

50 Seiten WM! Schach als Zweikampf, als Wettstreit des Wissens, Schach für Kinder, als Möglichkeit für sozialen Aufstieg, als Heldengeschichte – so vielfältig und anregend wünscht man sich ein Schachmagazin. Und wenn außerdem noch neue Schachbücher und Schachprogramme vorgestellt und spannende Partien analysiert werden, möchte man mit einem KARL-Heft am liebsten ins Bettchen gehen und es lesend streicheln.

Oftmals werden spannende Aufsätze veröffentlicht, zum Beispiel über »Schach im Zeitalter der Ungeduld« von Ernst Strouhal. Alles soll immer schneller werden, und so wollte im Jahre 2000 die FIDE auch die Bedenkzeit im Schach verkürzen. Nach heftigen Protesten fast aller Spitzenspieler wurde schließlich die FIDE-Bedenkzeit von 90 Minuten für die ersten 40 Züge und 30 Minuten für den Rest der Partie plus 30 Sekunden Zuschlag pro gespielten Zug festgelegt. Anlässlich dieses Streits weist Ernst Strouhal darauf hin, dass die Zeitmessung körperlicher Bewegungen im 19. Jahrhundert zuerst im Sport ausprobiert wurde, dann erst, mit dem Taylorismus, in den Fabriken. »Zwar wurden bereits im 18. Jahrhundert Uhren mit erstaunlicher Genauigkeit hergestellt, und in der Musik gab nicht mehr das Gefühl, sondern bereits das Maelzelsche Metronom das

Tempo vor. Doch erst in der Welt der entwickelten Industrialisierung wurde – im Krieg, in der Kommunikation, in der Güterproduktion und im Sport – die Beherrschung der Zeit bedeutsamer als die Herrschaft über den Raum.«[137]

KARL beleuchtet Themen wie Tempo im Schach, Schach im Internet, Wunderkinder im Schach, 125 Jahre Deutscher Schachbund, Mythos Bobby Fischer, Bundesliga, Computerschach, Schönheit im Schach, Dortmunder Schachtage, der erste Schachverein und seine Zeit, Sammler, Frauenschach, Blindschach, Schach und Politik.

Es gibt in Deutschland auch noch andere großartige Schachzeitungen, so die monatlich erscheinende Zeitschrift *Schach*, die spezialisiert ist auf die Berichterstattung der Superturniere, der Bundesliga und die Schachpolitik. Für *Schach* schreiben viele der weltbesten Spieler, auch die Exweltmeister Anatoli Karpow, Alexander Chalifman, Ruslan Ponomarjow. Das Fernschach wird in einer Spalte betreut von Fernschach-Exweltmeister Dr. Fritz Baumbach, schachhistorische Themen stellt Großmeister Robert Hübner vor. Außerdem gibt es Taktikunterricht und eine Rubrik »Probleme und Studien« für die Freunde des Kunstschachs. Die Schachzeitschrift *Schach* sollte nicht mit der *Schachzeitung* verwechselt werden, Letztere ist das offizielle Mitteilungsblatt einiger Landesschachverbände.

Für ein breiteres Publikum ist das *Schach-Magazin 64* geeignet. Auch hier verblüfft der Reichtum an Themen, die in einem einzigen Heft behandelt werden, zum Beispiel im Heft 01/2014: »Eine Schachgroßmacht meldet sich zurück – Russland gewinnt nach einem dramatischen Verlauf die Mannschaftsweltmeisterschaft«; »Schönheit kommt vor Alter – Junge Damen besiegen berühmte Veteranen«; »›Schwärmütiger‹ Schach-Dino wird 70 – Die Fans vergöttern ihren tschechischen ›Soldaten Schwejk‹: Vlastimil Hort«; »Der Läufer im erfolgreichen Einsatz – Druckspiel gegen Bauernketten«; »Anand – Carlsen in den Medien – Schach im Internet«; »Test und Training – Wie spielt man mit Schwarz auf Gewinn gegen schwächere Gegner?«; »Raus aus dem Schlamassel! – Faktor eingeklemmter König«; »Eine gemeinsame Tasse Kaffee verbindet für 40 Jahre – Match Köln – Istanbul in wahrlich freundschaftlicher Atmosphäre«; »Anands Sekundant macht das Rennen – Radoslaw Wojtaszek wird alleiniger Sieger beim Züricher Weihnachts-Open«.[138]

Nicht zu vergessen unter den Schachzeitungen ist die *Jugend-Schach*. Für einen jugendgerechten Preis von 3,50 Euro können monatlich Berichte aus dem Jugendschach gelesen werden, hinzu kommen Schachlektionen, wie das Einmaleins des Endspiels, der Umgang mit dem König als Angreifer oder das Figurenopfer auf dem Feld d5.

Mit anderen Worten: All diese Schachzeitungen sind erstaunliche kulturelle Leistungen. Man kann nur hoffen, dass sie trotz der Konkurrenz durch das Internet auch in Zukunft von ausreichend Interessenten gekauft werden.

## 95. GRUND

**Weil Helmut Pfleger so spannende Schachkolumnen schreibt**

Die Mittagssonne im Vulkankrater Caldera de Taburiente auf der spanischen Atlantikinsel La Palma heizt die Steine so stark auf, dass es im ersten Moment wehtut, sie anzufassen. Ich lehne mich mit dem Rücken gegen einen Felsen und lese die Schachkolumne von Helmut Pfleger in der Wochenzeitung DIE ZEIT. Manchmal sind die Aufgaben für geübte Spieler leicht zu lösen, manchmal nur nach langem Knobeln. Und manchmal auch gar nicht, jedenfalls nicht von mir. Ich wische mir den Schweiß von der Stirn, blicke mich um, da ruft von Weitem ein Mann: »Warten Sie! Ich suche die Schachaufgabe!«

Hat mir die Sonne das Hirn verbrannt? In diesem Talkessel glaubte ich allein zu sein. Es nähert sich aber ein Rentnerpaar auf dem staubigen Pfad, der hier als einziger durch die Landschaft führt. Sie seien aus Hamburg, erzählt der Mann hastig, als er vor mir steht. Er grüble schon seit einer Woche über der Schachaufgabe von der vorletzten Woche, er habe gesehen, dass ich die ZEIT lese. Er könne kaum noch schlafen, weil er die Lösung nicht finde. Da ich die Zeitung vom heutigen Donnerstag noch nicht haben könne, werde es wohl die aus der letzten Woche sein? Er hat richtig spekuliert, ich kann ihm die Lösung vorlesen, er sollte wieder schlafen können. Wir studieren das Diagramm und fachsimpeln. Er spiele in einem Hamburger Verein. Beide gestehen wir, dass wir die Zeitung manchmal nur wegen der Schachkolumnen von Helmut Pfleger kaufen.

Dr. Helmut Pfleger, geboren 1943, ist für das deutsche Schach ein Glücksfall. Der Großmeister war einer der besten deutschen Spieler der 1970er- bis 90er-Jahre, er war bayerischer und deutscher Jugendmeister, deutscher Meister bei den Männern (1965 zusammen mit Wolfgang Unzicker), er nahm an sieben Schacholympiaden teil und wurde 1964 in Tel Aviv mit der Mannschaft Dritter. Seit 1977 moderiert er Schachsendungen im Fernsehen, bis zu 60 im Jahr. Außerdem veröffentlichte er zahlreiche Schachbücher, unter anderem schon 1986 zusammen mit Ephraim Kishon und Ossi Weiner das Buch *Der Schachcomputer: Gegner und Freund*.

Dabei ist dieser erstaunliche Mensch im Hauptberuf Mediziner, als Internist arbeitete er in einer Münchner Klinik. Als Schachspieler hatte er immer nur den Status eines Amateurs, obwohl er zeitweise Platz 40 auf der Weltrangliste einnahm. Seine wöchentlichen Schachkolumnen in der ZEIT schreibt er seit dem 5. November 1982, also mittlerweile mehr als 30 Jahren.

## Obwohl man mit Pokern mehr Geld verdienen kann

Der Schachgroßmeister Jan Gustafsson hatte schon im Alter von 27 Jahren das Gefühl, »dem Ansturm der Jugend nicht mehr gewachsen« zu sein.[139] Die Luft an der Weltspitze ist ziemlich dünn. Und nur wenige Spieler können allein von den Einnahmen leben, die sie durch das Schachspielen erzielen. Jan Gustafsson: »So ist es keine Ausnahme, dass sich bei einem zehntägigen Turnier 30 Schachgroßmeister um den ersten Preis von 2.000 Euro streiten. Wer gewinnt, kann zufrieden sein, aber der Rest ...« Der Rest schreibt Schachbücher, gibt Schachunterricht oder geht einem regulären Beruf nach.

»Großmeister, die unter 2.700 Elo haben, schaffen es selten in elitäre Turniere«, erzählt Sergei Karjakin. »Sie sind wie umherziehende Musiker, bereisen die Welt, spielen Open. Fußballer wechseln Teams und so werden Schachspieler genauso verpflichtet. Aronian spielte in Wijk und im März wartet auf ihn das Kandidatenturnier, das Turnier seines Lebens, in London. Aber statt sich auszuruhen, fliegt er am Samstag zu seinem Team nach Deutschland. Vertrag!«[140]

Und wenn das Geld vom Schachspielen nicht reicht, dann wird eben gepokert. »Geld zu verdienen, ohne den bequemen Lebensstil aufzugeben, diese Perspektive reizt«[141], meinte Gustafsson im Jahre 2006. Poker sei zwar ein Spiel mit Glücksfaktor und den Spielern seien nicht alle Informationen bekannt, aber »im logischen Denken geschult zu sein schadet sicher nicht«.[142] Schach erscheint demgegenüber »ehrlicher«, da es keine Geheimnisse und keinen Zufall gibt, alle Spieler erhalten die gleichen Figuren.

Im Schach ist auch »die psychologische Komponente«[143] gering, das Bluffen hat nur einen geringen Wert. Der im taktischen Denken geübte Schachspieler habe aber gute Chancen, Poker profitabel zu spielen, vor allem im Bereich Limit-Poker, das aufgrund der festgelegten Einsätze noch stärker mathematisch geprägt ist als No Limit, so Gustafsson.[144] Also wandte sich der Großmeister und Nationalspieler dem Pokerspiel zu und schrieb gemeinsam mit dem niederländischen Pokerprofi Marcel Lüske das Buch *Poker für Gewinner*. Beim Pokern allerdings musste er lernen, dass man dort auch Geld verlieren kann, im Gegensatz zum Schach.

Auch die in Moldawien geborene, heute für Frankreich spielende Großmeisterin der Frauen, Almira Scripcenco, die als 15-Jährige die Jugendweltmeisterschaften gewann, nahm in den letzten Jahren an vielen Pokerturnieren teil. Sie belegte bei der World Series of Poker 2009 den 7. Platz von 1.695 Teilnehmern mit einem Preisgeld von 78.664 US-Dollar. »Ich musste lernen zu bluffen und zu schauspielern, und das ist ganz und gar nicht meine Natur«, erzählte sie im Interview mit der *Pokerzeit*. »Diese neuen Elemente in mein Spiel zu integrieren hat mir aber auch viel über mich selbst gezeigt. Es ist ein bisschen wie Psychoanalyse, denn ich habe festgestellt, dass ich diese Dinge eigentlich gerne und gut mache – ich *kann* bluffen und schauspielern.«[145] Sie habe beim Pokern noch besser als beim Schachspielen gelernt, Niederlagen zu akzeptieren.

Vermutlich, weil man den Glücksfaktor nicht ausschließen kann und das Verlieren schicksalhafter ist als im Schach.

97. GRUND

**Weil Kaiser Franz vom Klötzleschieben keine Ahnung hat**

Ich liebe drei Sportarten: Fußball, Schach und Radfahren, und ich habe sie alle drei bis zur Ekstase betrieben. Im Radfahren beträgt mein Rekord auf der 24-Stunden-Etappe 340 Kilometer, zurückgelegt auf einem normalen Tourenrad mit zehn Kilogramm Gepäck. Am liebsten radle ich von Berlin aus an die Wolga, das ist weit genug, um mich auszutoben. Im Schach kam es auch schon vor, dass ich mich festgeblitzt und einen Tag und eine Nacht lang gespielt habe, ohne zu schlafen. Das Radfahren und das Schachspielen sind eben dionysische Sportarten, sie verhelfen zu Räuschen, in denen man jeden Moment auskosten kann.

Als Kind träumte ich davon, Fußballprofi zu werden. Ich übte stundenlang das Köpfen, konnte gut dribbeln, war der ausdauerndste Läufer meiner Klasse. Ich gewann Medaillen bei Kreismeisterschaften und lief die 3.000 Meter unter zehn Minuten. Auf dem Fußballplatz wollte ich Stratege sein, Libero. Als 14-Jähriger war mein Spitzname Kaiser Franz, selbst die Lehrer benutzten ihn manchmal, obwohl sie wussten, dass sie damit einer populären Figur des Klassenfeindes huldigten.

30 Jahre später erfahre ich, jener echte Kaiser Franz habe Schachspieler einmal als »Klötzleschieber« bezeichnet. Ach, Franz, denke ich, du Ahnungsloser, was ist nur aus dir geworden? Wenn du wüsstest, dass Schach tausendmal spannender ist als Fußball, viel raffinierter und fantastischer sowieso – natürlich nur für Kenner. Schlimmer noch: Schach ohne Humor ist undenkbar, Humor im Fußball ist eher selten. Schach ist spannender als Fußball, weil es keine Pause gibt und weil der kleinste Fehler jederzeit das sofortige Aus bedeutenden kann. Schachspieler wandeln ständig am Abgrund. Fantastischer ist es, weil es unmöglich ist, alle seine Möglichkeiten zu nutzen, weil faktisch jede Partie einzigartig ist. Und was den Humor betrifft: An ein witziges Fußballspiel kann ich mich nicht erinnern. Im Fußball gibt es Unglück und Pech, Tragik und Brutalität, es geht um viel Geld, da hört der Spaß auf. Schachliche Spielzüge dagegen nehmen oft den gleichen Verlauf wie Witze – es werden falsche Erwartungen aufgebaut und sie enden mit Pointen. Nach dem Vorspiel folgt der Höhepunkt, dann die Katharsis oder Reue.

Der Fußball ist, im Gegensatz zu Schach und Radfahren, langweilig apollinisch, er steht für Form und Ordnung, weil die Gruppe, die Mannschaft, Verhaltensregeln braucht. Das Kollektiv spielt und kämpft, nicht der undurchschaubare Einzelne. Das Irrationale entspringt im Fußball dem Zufall, dem Pech, nicht dem Wesen der Sache. Deshalb bin ich froh, dass ich nicht der Kaiser Franz geblieben bin, der ich als Kind war.

Und was den echten Kaiser Franz betrifft: Wenn er wollte, könnte er sicher dafür sorgen, dass der FC Bayern auch im Schach die beste Mannschaft der Welt hat. Zum Glück interessieren ihn die Klötzleschieber nicht, denn sonst hätte der FC Bayern bald 600 Millionen neue Fans – denn mindestens so viele Menschen können weltweit Schach spielen.

# Ein Spiel für Robinson Crusoe

## Weil das Schachspiel den Journalisten Metaphern schenkt – wenn auch nicht immer die richtigen

Die ZEIT schreibt über Angela Merkel: »Auch in der neuen Lage agiert sie in bekannter Weise, risikoscheu und verdeckt wie eine Schachspielerin«.[146] Eine Schachspielerin jedoch, die in neuen Lagen in bekannter Weise agiert, würde nicht zu internationaler Meisterschaft aufsteigen. Eine Schachspielerin, die nach solcher strebt, dürfte das Risiko nicht scheuen, und sie könnte auch nicht »verdeckt« spielen, Schach ist schließlich kein Poker. Da hilft es der Bundeskanzlerin auch nicht, dass sie jemanden wie Ronald Pofalla, bis 2013 Bundesminister für besondere Aufgaben, einsetzen konnte als »Merkels NSA-Springer« (»Soll er als Schachfigur die Kanzlerin schützen?«).[147]

Sehr beliebt ist auch der Patt-Begriff. Das *Handelsblatt* meldet: »Patt zwischen Regierung und Opposition. Wären heute Wahlen, gäbe es ein Unentschieden zwischen Regierung und Opposition. Union und FDP sowie SPD, Grüne und Linke kämen jeweils auf 44 Prozent.«[148] Schachspieler können sich über diese Meldung köstlich amüsieren. Denn ein Patt kann es nicht zwischen zwei Parteien geben, sondern nur für eine. Journalisten sollten wissen, dass bei einem Patt nur eine Partei sich nicht mehr bewegen kann, die zweite aber frei aufspielen könnte. Keineswegs handelt es sich um eine wechselseitige Lähmung. Zwar ist jedes Patt ein Unentschieden, aber nicht jedes Unentschieden ein Patt.

So ist auch diese Beschreibung der politischen Verhältnisse in der Ukraine nicht ganz richtig, doch jeder ahnt, was gemeint ist: »Patt in der Ukraine. Mit aller Härte wird in der Ukraine um die Macht gekämpft. Doch die Opposition hofft vergeblich, dass Präsi-

dent Janukowitsch die Kontrolle über das Parlament entgleitet.«[149]
Offenbar stehen sich zwei aktive Kräfte gegenüber, ohne dass eine
siegen kann; jedenfalls noch nicht. Ein paar Tage später hatte die
Opposition gewonnen und den Präsidenten abgesetzt. Im Falle
eines Patts aber wäre das blutige Spiel schon vorher beendet gewesen.

Ebenso falsch wird der Begriff in der ZEIT verwendet: »Napoli-
tano versucht, Neuwahlen zu verhindern, weil aufgrund des umstrittenen Wahlrechts mit einer neuen Patt-Situation zu rechnen
ist. Aus der Parlamentswahl vor einem Monat waren die drei Lager
nahezu gleich stark hervorgegangen. Für Bersanis Bündnis reich-
te es zwar für die Mehrheit im Abgeordnetenhaus, nicht aber im
gleichberechtigten Senat. Alleine kann das Mitte-Links-Lager daher
nicht regieren.«[150] Hier sollen also sogar drei Parteien eine Patt-
Situation erreicht haben.

Präziser sind oft schon die Redewendungen, in denen etwas »in
Schach gehalten« wird, alle Auswege versperrt und Drohungen auf-
rechterhalten werden. »Terroristen halten Geiseln in Schach«, »USA
halten Snowden weiterhin in Schach«. Tatsächlich versperren die
USA Edward Snowden alle Auswege aus Russland, sie verhindern
seine Ausreise in anderes Land. Ob hingegen Tumore in Schach gehalten werden können oder ob Gene Krankheiten in Schach halten
oder Rezeptideen den Heißhunger auf Schokolade, entzieht sich
der Kenntnis des Verfassers, es wird aber in Zeitungen behauptet.

Von »Personalrochaden« spricht man zum Beispiel, wenn zwei
Minister ihre Posten tauschen. Oder wenn die Ehefrau den Ehe-
mann als Minister ablösen möchte, wie bei der »Rochade in Nie-
dersachsen«, wo »Möllrings tauschen woll(t)en«. Der damalige
niedersächsische Finanzminister Hartmut Möllring trat bei der
Landtagswahl nicht mehr an, um den vakanten Sitz bewarb sich
auch Möllrings Ehefrau. »Dabei fährt auch Möllrings Ehefrau Eva
die Ellenbogen aus. Die 56-Jährige möchte gerne den Sitz ihres
Mannes übernehmen.«[151] Dass im Schach der König und der Turm

bei der Rochade ihre Plätze nicht etwa tauschen, stört bei diesem unwürdigen Verhalten nicht weiter.

Wer mit Schachmetaphern glänzen will, wählt oft auch die Begriffe »Strategie« und »Taktik«. Wenn ein Politiker passabel Schach spielen kann, wird er natürlich immer als Stratege bezeichnet, wie zum Beispiel der ehemalige SPD-Kanzlerkandidat Peer Steinbrück. »Bankenretter, Krisenkämpfer, Stratege – Der gewiefte Schachspieler Peer Steinbrück weist (mit der Dame in der Hand) auf die Defizite bei der staatlichen Zukunftsvorsorge hin«, heißt es dann.[152]

In der *Süddeutschen Zeitung* stand dieser geschmacklose Vergleich: »Bürgerkrieg in Syrien – Ein Schlachtfeld wie ein Schachbrett«.[153] Damit beleidigt man sowohl das Schachspiel, als auch die Opfer im Syrischen Bürgerkrieg. Zutreffender ist schon diese Schlagzeile: »Die Welt als Schachbrett – Der neue Kalte Krieg des Obama-Beraters Zbigniew Brzezinski«.[154] Man möchte zwar widersprechen, aber es ändert nichts an den Tatsachen. Von einem Heiratsschach hingegen spricht man, wenn mit der Heirat Interessen verknüpft werden, so im Falle der Maria Stuarts (1542–1587), Königin von Schottland und von Frankreich. Deren Mutter Marie de Guise, die »Strategin im Heiratsschach«, »verlobte die Kleine zum ersten Mal mit sechs Monaten.«[155]

Das Schachspiel stellt also Metaphern bereit, die das Verständnis gesellschaftlicher Prozesse und politischer Konflikte erleichtern.

## 99. GRUND

### Weil Schach eine Suche nach der Wahrheit ist

Schach ist auch deshalb so schwer, weil es eine Suche nach der Wahrheit ist. Die Wahrheit ist nicht subjektiv auslegbar, sondern objektiv gegeben, wenn auch vielleicht dem menschlichen Verstand nicht immer zugänglich. Es reicht nicht zu sagen, dass dieser oder jener Zug gut aussieht, man muss ihn untersuchen und überprüfen. Es ist auch nicht ratsam, auf die Schwächen des Gegners zu spekulieren und Vermutungen anzustellen. Scharlatane und Heuchler werden im Schach durch die Tatsachen widerlegt.

Um die Wahrheit herauszufinden und Irrtümer zu erkennen, gehört es unter Schachspielern zu den guten Gepflogenheiten, den stillen Austausch, der während der Partie stattfindet, nach dem Spiel in der Analyse fortzusetzen. Manchmal beschäftigen sich Schachspieler sogar noch jahrelang mit einer Partie – wieder im Stillen. Wie kann das Geschehene verstanden und erklärt werden, was steckt dahinter, was ist passiert? Es ist eine detektivische Gedankenarbeit.

Menschen neigen dazu, die Wahrheit zu schönen, um das Dasein erträglicher zu machen. Schachspieler versuchen das Gegenteil – die kaltblütige Aufklärung. Sie müssen sich anklagen und Argumente für ihren Freispruch suchen, sie müssen sich psychologische Gutachten erstellen und ihre Krankheiten akzeptieren lernen, sie spielen Staatsanwalt, Richter und Verteidiger – alles im Dienste der Wahrheit und fast immer im Beisein von Zeugen, in öffentlichen Gerichtsverhandlungen. »Um die Wahrheit zu finden, darf man im Schach keine Kompromisse machen. Man muss aber vor allem mutig sein«, lehrt der US-amerikanische Schachtrainer Bruce Pandolfini (geb. 1947).[156]

Die Suche nach der Wahrheit ist deshalb so reizvoll, weil sie Gelassenheit lehrt. Der Mensch ist weder Gott, Maschine, Tier noch Pflanze, er ist ausgestattet mit einem fehlbaren Bewusstsein, und dieses Verhängnis ist gleichzeitig sein Glück.

## Weil Schach den Ausgestoßenen beim Überleben hilft

Nirgendwo muss länger und schmerzhafter gewartet werden als in Gefängnissen und Konzentrationslagern. An solchen Orten hat das Schachspiel schon vielen Menschen beim Überleben geholfen. Selbst im KZ Buchenwald war manchen Häftlingen das Schachspielen erlaubt – im Gegensatz zum Kartenspielen. Als Schachbrett kann eine karierte Bettdecke dienen, man kann es in den Sand zeichnen. Schachfiguren können Streichhölzer oder Steine sein. Und notfalls braucht man gar kein Brett und keine Figuren. Sogar in der Einzelhaft dient Schach dem Zeitvertreib, wie unter anderem Stefan Zweig in der *Schachnovelle* und Alexandre Dumas im *Graf von Monte Christo* dargestellt haben.

In der neueren Zeit kann der FIDE-Meister Ralf-Axel Simon, der 2013 Berliner Seniorenmeister wurde, glaubwürdig darüber berichten, wie man mehrmonatige Einzelhaft überlebt und dabei dank des Schachspiels nicht den Verstand verliert. Als Herausgeber, Redakteur und Vertreiber des *Knastblattes* war er seit 1978 von der Justiz immer wieder zu Geld- und Haftstrafen verurteilt worden, weil er sich »in ungebührlicher Weise« für die Rechte Gefangener einsetzte und Justizskandale aufdeckte, aber auch wegen Missachtung des Gerichts und für ungebührliches und beleidigendes Benehmen vor Gericht. Das Schachspiel habe ihm über die Isolation hinweggeholfen, weil der Verstand sich mit etwas beschäftigen müsse, meint er. Dabei komme es noch nicht einmal darauf an, gegen sich selbst zu gewinnen und sich »der Gefahr einer Bewusstseinsspaltung wie der literarische Dr. B. der *Schachnovelle* auszusetzen.« Es reiche, »um sich geistig rege zu halten, Stellungsmerkmale zu beurteilen und Tendenzen zu beobachten, die ein eventuelles Weiterspielen beeinflussen könnten«,[157] erklärt der bekennende Anarchist, dem als Religionslehrer gekündigt worden war, weil er mit den Schülern das Partisanenlied *Avanti Popolo* (*Bandiera rossa*) eingeübt hatte.[158]

## 101. GRUND

### Weil Schach und Boxen gut zusammenpassen

Nicht Schattenboxen, sondern Schachboxen hat der Aktionskünstler Iepe Rubingh seit dem Jahre 2003 mit einigem Erfolg als Unterhaltungssportart etabliert. Die Idee, diese beiden Sportarten miteinander zu verbinden, stammt eigentlich aus einem französischen Comic von Enki Bilal. In dem 1992 veröffentlichten Science-Fiction-Comic *Froid Équateur* (dt. *Äquatorkälte*) nimmt die Hauptfigur Alexander Nikopol an einer Weltmeisterschaft im Schachboxen teil. Nach dieser Idee organisierte Rubingh 2003 den ersten Schaukampf in Berlin. Praktischerweise gründete er auch gleich die World Chess Boxing Organisation (WCBO), zu deren Präsident er gewählt wurde. Die Regeln sehen vor, dass ein Schachboxkampf über elf Runden geht, wovon sechs Runden Schach gespielt und fünf Runden geboxt wird. Zum Umziehen gibt es nach jeder Runde eine Pause von einer Minute. Vorzeitiger Sieger kann derjenige werden, der entweder im Boxen einen technischen Knock-out erreicht oder im Schach den Gegner matt setzen konnte. Bleibt die Schachpartie unentschieden, entscheiden die Punktrichter, wer beim Boxen der Punktsieger war. Wird auch der Boxkampf als unentschieden gewertet, wird derjenige zum Sieger erklärt, der im Schach die schwarzen Figuren hatte.

Am beliebtesten war Schachboxen anfangs in Berlin und London. Einen Städtevergleich konnte im Jahre 2011 der London Chessboxing Club gegen den Berliner Schachbox-Verein mit zwei zu eins knapp gewinnen – vor immerhin 600 Zuschauern.[159] Als »die intelligentere und härtere Stadt« (BZ) erwies sich also London.[160] Inzwischen wird Schachboxen aber auch in China, Indien, Russland und den USA betrieben. Die 1. Nationale Indische Schachbox-Meisterschaft wurde im Januar 2013 in Kalkutta ausgetragen. Iepe Rubingh träumt natürlich davon, dass Schachboxen eines Tages olympische Disziplin wird. Schachboxen sollte dort die Königsdisziplin werden, meint er. »Man stelle sich nur vor: Letztes Ereignis der Spiele ist das Finale im Schwergewicht-Schachboxen – ein Ukrainer gegen einen Kubaner.«[161]

Womöglich aber ist der Trend schon wieder vorbei, bevor er richtig begonnen hat. Denn in Deutschland fanden die letzten Schachbox-Meisterschaften im Juli 2012 statt – als »die klügsten, härtesten Kerle des ›Chess Boxing Club Berlin‹ ihre Intelligenz im Ring und ihre Schlagfertigkeit auf dem Schachbrett« bewiesen, wie es auf der Homepage www.schachboxer.de heißt. Und die letzten News auf der Seite der WCBO sind auch schon ein Jahr alt.

Ob Schachboxen eine Zukunft hat, ist schwer einzuschätzen. Dass beide Sportarten gut zusammenpassen und miteinander verwandt sind, steht außer Frage. Und es gibt auch genug Schachspieler, die sich gerne »richtig« prügeln würden, nicht bloß schachlich-platonisch. Ich spreche aus eigener Erfahrung: Nachdem ich vor einigen Jahren einmal ein Boxtraining der Schachboxer besucht hatte, hatte ich selbst Lust, diese Sportart zu betreiben.

102. GRUND

**Weil man auf Reisen wunderbar Schach spielen kann**

Wenn Schachspieler auf Reisen gehen, wollen sie oftmals auf ihr Hobby nicht verzichten. So bieten einige Reiseveranstalter Schachreisen an. Dabei kann man sehr weit fahren, zum Beispiel mit dem Luxusliner Norwegian EPIC von Barcelona nach Miami schippern, 13 Nächte zum Preis von 999 bis 1.349 Euro je nach Kabine.[162] Während dieser Zeit wird ein Turnier über fünf Runden gespielt, und in Seminaren werden Turnierpartien mit Hilfe von Trainern analysiert. Der Veranstalter versichert, es herrsche keine Kleiderordnung. Organisiert wird diese Schachreise (und auch kürzere nach Lanzarote, auf die Sonnenalp im Allgäu oder nach Dresden) seit 15 Jahren von Großmeister Jörg Hickl; zu den Trainern gehört unter anderem Artur Jussupow.

Wer Angst vor dem Wasser hat, kann auch mit einem Schachzug reisen. Die von der Prager Schachgesellschaft organisierte Fahrt führte in diesem Jahr von Prag über Regensburg, Innsbruck und Salzburg zurück nach Prag und dauerte fünf Tage.[163] Sieger des rollenden Turniers wurde der tschechische Großmeister Vlastimil Hort (geb. 1944), der seit 1986 deutscher Staatsbürger ist und die Deutschen Einzelmeisterschaften zwischen 1987 und 1991 drei Mal gewann. 1985 spielte er bei einer Simultanvorstellung gegen 636 Gegner, was ihm einen Eintrag ins Guinnessbuch einbrachte.

Ich selbst bevorzuge Schachreisen auf dem Fahrrad. Schon sechs Mal bin ich von Berlin an die Wolga geradelt, und die erste Schachoase, die ich auf dieser Strecke besuchen kann, ist die Freiheitsavenue in der ukrainischen Stadt Lwiw, dem früheren Lemberg, 80 Kilometer hinter der polnischen Grenze. Gleich neben dem Opernhaus sitzen dort bei entsprechendem Wetter meist ältere Schachspieler, denen man zugucken, gegen die man aber auch spielen kann, wenn man höflich fragt oder eingeladen wird. So ist man als Fremder gleich unter vertrauten Menschen, deren Leidenschaft man teilt. In jeder größeren ukrainischen oder russischen Stadt findet man in Parks Schachspieler, sodass ich schon in Odessa, Kiew, Donezk, Kursk und Saratow Schach gespielt habe. Auch in den dortigen Schachklubs ist man meistens sehr erfreut, wenn ein Fremder vorbeischaut und an einem Turnier teilnimmt – wie das in jedem Schachverein der Welt eigentlich sein sollte und wohl meistens auch ist.

## Weil man das Denken trainieren kann

Jeder aktive Schachspieler hat schon solche Fragen von Verwandten und Freunden gehört: »Nun spielst du schon so lange Schach, wieso musst du noch üben und trainieren? Irgendwann muss man doch alle Regeln kennen?«

Nun, die Regeln hat man schnell gelernt. Die Zahl der Motive und der Aufgaben aber, die man studieren und lösen könnte, ist nahezu unendlich. Man könnte zahllose Partien nachspielen und aus ihnen etwas lernen. Im Training verfeinert oder vertieft man sein Eröffnungsrepertoire, man schult die Aufmerksamkeit für verrückte, unvernünftig scheinende Möglichkeiten, für verdeckte Züge und paradoxe Lösungen. Was wäre wenn?, darum dreht sich alles. »Das Schachspiel verlangt dreierlei: Kenntnis der Möglichkeiten, Ahnung der Wahrscheinlichkeiten, Resignation für die Gewissheiten«, meinte Carl Ludwig Schleich, der Entdecker der Lokalanästhesie.[164]

Allgemeine Ratschläge, an die man sich immer halten kann: Wenn dir in einer konkreten Stellung kein guter oder für den Gegner unangenehmer Zug einfällt, verbessere die Positionen deiner Figuren, ermögliche ihr Zusammenspiel. Erweitere das Spektrum der Möglichkeiten, sei gewappnet für die Zukunft! Halte nicht starr am Überlieferten fest, sei nicht feige und gestehe deine Angst, denn sonst überhörst du ihre Warnrufe! Betrachte jeden Spieler als Meister, bis er dich vom Gegenteil überzeugt! Zähle nicht bloß Erbsen (Material), denke nicht wie ein Computer!

Lernen beruht auch auf Nachahmung. Man probiert etwas aus, versucht, die Irrtümer der anderen zu verstehen, um eigene zu vermeiden. Und das gelernte Wissen soll sich ja in unterschiedlichen Situationen bewähren. Wenn man ein Steigeisen in den Fels schlagen kann, heißt das noch nicht, dass man auf den Mount Everest klettern kann. Kreativität entsteht, indem man das überlieferte Wissen zwar schätzt, es aber nicht als heilig und unumstößlich ansieht. An allem ist zu zweifeln! Autoritäten sollte man ehren und gleichzeitig hinterfragen. Jede Erkenntnis ist eine vorläufige, die auf ihre Korrektur wartet.

Während es im gewöhnlichen Leben oft darauf ankommt, unsinnige Handlungen als weise und vernünftig zu bewerten, sollte man als Schachspieler die Idee der permanenten Revolution bejahen. Erfinderisch wird nur derjenige sein, der an seine eigene Unverwechselbarkeit glaubt. Was du siehst, sieht (womöglich) niemand anders! Wer etwas erfindet, stellt nicht nur die Sache, sondern auch sich selbst in Frage. Wenn man allerdings Angst hat, nicht mehr das Ich zu sein, das man gestern war, wird man weder ein guter Schachspieler noch ein passabler Wissenschaftler oder Künstler.

104. GRUND

## Weil nur den Mutigen die Welt gehört

Der natürliche Feind eines leidenschaftlichen Schachspielers ist nicht der Gegner am Brett, sondern der Kleinbürger in seinem Herzen. Der Kleinbürger ist ein Mensch, der am Sonnabendvormittag den Gehsteig mit Seifenlauge putzt, weil die Nachbarn das auch so machen. Eine Dienstanweisung oder die Hausordnung ist für ihn eine heilige Schrift. Schachspieler hingegen sollten an allem zweifeln, sich niemals den Regeln einer Gemeinschaft unterwerfen, sich auf nichts verlassen und an nichts glauben. Der Sprung macht die Erfahrung, nicht der Schritt. Zu komplex ist die Materie, als dass man ihr mit Ängstlichkeit begegnen sollte. Oft muss man wählen zwischen der praktikableren und der schöneren Variante. Verführerischer ist natürlich meistens die Schönheit, aber sie soll auch Substanz haben und der Überprüfung standhalten. Mut ohne Klugheit ist schließlich allenfalls Leichtsinn oder Übermut.

Mutige Entscheidungen zu treffen, das ist vor allem in bedrängter Lage wichtig und schwierig, wenn man sich verteidigen und Drohungen aushalten muss. In einer Position der Stärke kann man sich eher mal ein Risiko gönnen. Aber gerade in Drucksituationen gilt es, die Nerven zu behalten, mit Konterattacken zu antworten, sich nicht einschüchtern zu lassen und mit dem Löwenmut der Verzweiflung zu kämpfen. Dabei ist zu beachten, dass der Gegner natürlich auch als Provokateur auftritt. Bietet er ein Opfer an, kitzelt er auch das Ehrgefühl, stellt er die Frage nach Mut oder Feigheit. Ein hohes Lob für einen Schachspieler lautet, er kenne keine Angst. Aber wohl jeder Spieler musste sich schon eingestehen, zu feige gewesen zu sein, das Risiko gescheut zu haben, vor den Konsequenzen zurückgeschreckt zu sein.

105. GRUND

## Weil man im Schach nie gegen Überraschungen gefeit ist

Auch in diesem Aspekt zeigt sich, wie nahe Schach am Leben ist – alles kann sich jederzeit sehr schnell ändern. Obwohl im Schach der Glücksfaktor gering ist, ist man nie gegen Überraschungen gefeit. Es ist die Regel, nicht die Ausnahme, dass ein Ziegelstein vom Dach fällt, dass man vom Weg der Wahrheit abkommt und sich sicher fühlt, obwohl schon das Ende droht.

Eine Schachpartie, das ist eine Biografie in Kurzform. Am Anfang ist man unschuldig, alles scheint noch möglich, man beginnt mit großen Zielen und Plänen, dann kommen die ersten Schwierigkeiten, man wählt den falschen Partner und muss sich von einer lieb gewonnenen Figur trennen, es folgen Lebens- und Spielphasen, in denen man gänzlich verwirrt ist und sich überfordert fühlt, schließlich keimt wieder Hoffnung auf, und am Ende zeigt sich, ob die Träume der Jugend erreicht wurden.

### 106. GRUND

## Weil man Schach mit sich allein spielen kann

Die Vorstellung, gegen sich selbst Schach zu spielen, lässt die meisten Menschen schmunzeln. Nicht aber leidenschaftliche Schachspieler. Laien denken, was für ein Quatsch, wer soll denn da gewinnen, wie kann man einander austricksen, wenn auf beiden Seiten des Bretts der gleiche Spieler sitzt? Schachspieler wissen: Gegen sich selbst zu spielen, das nennt man Training. Wer eine Stellung analysiert und ihre Möglichkeiten erforscht, tut dies für beide Farben. Eine ausführliche Stellungsanalyse ist auch ein Spiel gegen sich selbst. Geübte Schachspieler müssen dafür nicht die Brettseite wechseln, sie nutzen ihr Vorstellungsvermögen. Während einer Partie geschieht im Grunde das gleiche, nur dass dann ein realer Gegner vorhanden ist. Aber an sich ist seine Anwesenheit nicht nötig.

Deshalb finden relativ viele Schachspieler Stefan Zweigs *Schachnovelle* langweilig. Für sie ist es nicht beeindruckend, dass jemand den Inhalt eines Schachbuchs auswendig lernt. Dadurch erleidet man auch keine Persönlichkeitsspaltung – wohl aber möglicherweise durch die Isolationshaft, welcher der Dr. B. in der Novelle ausgesetzt ist. Und dass jemand gegen den Weltmeister ein Remis erreicht, nur weil er einige berühmte Partien auswendig gelernt hat, mag Laien begeistern, aber gute Schachspieler wissen, dass das unmöglich ist.

107. GRUND

## Weil im Schach kein Problem schwierig genug sein kann

Die »Schwalbe« wurde noch nicht erwähnt, die »Vereinigung von Problemfreunden zur Förderung der Aufgabenkunst«. Das ist die Vereinigung der Schachkomponisten. Die Schwalbe gibt es bereits seit dem Jahre 1924, damals wurde sie in Essen gegründet. Seit 1970 sind die Schachkomponisten Mitglieder des Deutschen Schachbundes, wo sie die Stellung eines Landesverbandes einnehmen.

Schachkomponisten wollen nicht gegen einen Gegner spielen, sondern sich ausdenken, was sein könnte. Es sind Liebhaber des Möglichen. Sie komponieren eine Frage, zum Beispiel eine dreizügige Mattaufgabe. In der Schachkomposition darf es nur die vom Verfasser angestrebte Lösung geben, keine andere und schon gar keine kürzere. Jede Figur muss in die Lösung einbezogen sein. Überflüssige Figuren werden »Nachtwächter« genannt.

Man unterscheidet drei Gruppen von Kompositionen, die orthodoxen, die heterodoxen (mit Selbst- und Hilfsmatt) und die Studien. In einem Hilfsmatt *will* eine Farbe verlieren, die andere hilft ihr dabei. Der zum Verlierer erkorene Spieler sucht also die für sich schlechtesten Züge, der andersfarbige Spieler wiederum die für sich besten. Studien stellen die Aufgabe, das Partieresultat bei bestem Spiel beider Farben vorherzusagen und den Weg zu zeigen, auf dem es erreicht werden kann. Sehr bekannt ist das Narrenmatt nach den

Zügen 1. f3 e6 2. g4 Dh4 – matt. Schlechter kann Weiß nicht spielen, Schwarz nicht besser. Das Optimum an Tragik ist erreicht.

Spannend sind auch die Retroanalysen, in ihnen müssen die letzten Züge rekonstruiert werden. Das Rückwärtsdenken kann bis zu 50 Züge dauern. So hat der russische Knobelkünstler Nikita Plaksin eine Komposition erfunden, die so aussieht, als könne Weiß einzügig matt setzen. In den letzten 50 Zügen wurde aber weder eine Figur geschlagen noch ein Bauer gezogen. Deshalb endet die Partie aufgrund der 50-Züge-Regel remis.

### 108. GRUND

#### Weil auch Sehbehinderte Schach spielen können

Bisher noch gar nicht erwähnt wurde das Blindenschach. Sehbehinderte Menschen können an jedem Schachturnier mit langer Bedenkzeit teilnehmen. Sie benutzen dafür ein Steckschachspiel und ertasten die Figuren und das Brett, wobei die schwarzen Figuren oben mit aufgesetzten Kügelchen versehen sind. Die Züge werden dem Blinden angesagt. Schon 1848 wurde dieses Steckschachspiel in einer Londoner Blindenschule erfunden.

Natürlich sind sehbehinderte Menschen gegenüber Sehenden immer noch benachteiligt. Man ist als sehender Spieler daher geneigt, sich Sehbehinderten gegenüber besonders rücksichtsvoll und sportlich zu verhalten. Doch auch Blinde können schummeln. Das musste Hans-Walter Schmitt, der Organisator der Chess Classic Mainz, erfahren.

Er spielte eine normale Turnierpartie von sechs Stunden gegen einen sehbehinderten Spieler. In einer kritischen Stellung ging Schmitt zur Toilette. Sein Gegner machte einen Zug, der zum

Verlust der Partie geführt hätte. Der Sehbehinderte fragte seinen Betreuer, ob der Gegner schon zurückgekehrt sei. Der Betreuer bemerkte nicht, dass Hans-Walter Schmitt hinter ihm stand und verneinte die Frage. Daraufhin nahm der Schummler den Zug zurück. Weder der Schiedsrichter sagte etwas, noch die etwa 15 Zuschauer. Hans-Walter Schmitt setzte sich ans Brett und sagte: »Wenn Sie einverstanden sind, biete ich Ihnen jetzt Remis an.« Der Blinde: »Ja, haben Sie das gesehen?« – »Ja, das habe ich gesehen, aber trotzdem biete ich Ihnen Remis an, denn ich möchte mich selber schützen, damit ich nicht explodiere.« Er beschämte den Betrüger also durch seine Höflichkeit.[165]

Solche Vorkommnisse passieren natürlich sehr selten. Der Deutsche Schachbund bietet Seminare speziell für das Training mit blinden Schachspielern an. Großmeister wie Thomas Luther und Uwe Bönsch beteiligen sich daran, sie stellen neue schachliche Themen und Möglichkeiten für das Training mit Behinderten vor.

109. GRUND

## Weil sich Betrug nicht lohnt

Das Schöne am Schach ist auch, dass der Schiedsrichter fast nie Einfluss auf das Resultat hat. Schach ist kein Turnen, die Eleganz der Vorführung fließt nicht in die Wertung ein. Es siegt auch nicht derjenige, der die bessere Ausrüstung hat wie etwa beim Skispringen oder in der Formel 1.

Betrug lohnt sich nicht, denn früher oder später wird er doch entdeckt. Man kann Partien schließlich einer »Dopingkontrolle« unterziehen und sie mit Rechenprogrammen überprüfen. Zwar mag es vorkommen, dass jemand einige Züge lang auf dem Niveau der besten Schachprogramme denkt, aber es sollte doch typische

Abweichungen, Ausschläge und Fehler geben. Da man die Entwicklung eines Spielers über Jahre hinweg verfolgen kann, wären plötzliche Leistungssprünge auch sehr verdächtig.

Außerdem ist der technische Aufwand beim Betrügen ziemlich groß, schließlich ist meistens ein Mitwisser beteiligt, der die Züge übermittelt und in einen Computer eingibt. Vereinzelt hat es in den letzten Jahren solche Fälle gegeben, in Deutschland wohl drei. 1998 sagte ein Spieler in einer Partie gegen einen Großmeister (Sergei Kalinitschew) ein achtzügiges Matt voraus und diese Variante war identisch mit dem Vorschlag des Rechenprogramms Fritz. Dem Spieler konnte der Betrug zwar nicht nachgewiesen werden, aber er wurde aus dem Bayerischen Schachbund ausgeschlossen. Da er ein Preisgeld gewonnen hatte, wurde sogar ein staatsanwaltliches Ermittlungsverfahren durchgeführt.

Warum sollte jemand im Schach überhaupt betrügen? Wie lange kann die Freude nach einem geklauten Sieg anhalten? Geld fällt als Motiv aus, denn in den finanziell lukrativen Leistungsregionen würde ein Luftikus sich nicht lange halten können, spätestens in den Partieanalysen käme er ins Stottern. Schach und Betrug, das ist zwar keine unmögliche, aber doch eine äußerst seltene Kombination.

110. GRUND

**Weil Vorfreude die schönste Freude ist**

Auf dem Weg zum Schachklub überlege ich mir, welche Eröffnung ich spielen werde. Weiß wird wahrscheinlich mit d4 eröffnen, ich werde mit f5 antworten, mit Holländisch, der Leningrader Variante. Man kennt sich, Weiß spielt praktisch schon immer im ersten Zug d4, ich antworte darauf seit 15 Jahren mit f5.

Was aber, wenn ich heute mit einem gepflegten Stonewall antworte? Nach 2. c4 Sf6 3. g3 e6 4. Lg2 könnte ich mit c6 5. Sf3 d5 6. 0-0 Ld6 fortsetzen. Dann wird Weiß viel Geduld aufbringen müssen, bevor er zum Angriff übergehen kann. Zwar wird mein schwarzfeldriger Läufer nicht das Feld d4 bedrohen, und für den weißfeldrigen wird es schwer, eine nützliche Aufgabe zu finden. Aber das Schlüsselwort lautet Geduld. Denn von Anfang an kommt es auf die Bauernstrukturen an, weil sich in vielen Varianten die Figuren abtauschen und zähe Endspiele entstehen. Die Voraussicht, dies zu erkennen, fällt Spielern meiner Stärke oftmals schwer. Weiß spielte zuletzt in Blitzpartien nach d4 und f5 oft Dd3, verbunden mit g4, was sich als schwer zu widerlegende Variante erwies. Somit können all diese Überlegungen nutzlos sein.

Mit dem Weißspieler bin ich auch privat befreundet. Um nicht durch Sympathie abgelenkt zu werden, hilft nur eines: Konzentration! Es kommt darauf an, Probleme zu lösen, nicht darauf, den Gegner zu kränken! Konzentration scheint leider dialektisch mit Müdigkeit verbunden zu sein. Nicht nur ich, auch andere Spieler berichten von dieser Erfahrung. Der Versuch, sich ganz dem Spiel zu widmen und alle anderen Sinneseindrücke auszublenden, führt oft zu einer Art Trance.

Die schönsten Partien sind die, in denen man staunen kann über die Vielzahl der Verwicklungen, über das Zusammenspiel der Figuren und überraschende Wendungen. Das Staunen setzt bekanntlich ein bestimmtes Maß an innerer Freiheit voraus. Je intensiver man sich der Materie widmet, desto mehr Feinheiten entdeckt man.

Dass ich immer wieder dumme Fehler mache, verzeihe ich mir. Zwar fluche ich nach einer vermeidbaren Niederlage auf dem Heimweg, aber glücklicherweise ist Schach nicht mein einziges Hobby. Jedoch kann ich mir gut vorstellen, wie schmerzhaft Niederlagen für Profis sein müssen, die sich tage- oder gar monatelang auf einen Gegner oder ein Turnier vorbereiten.

## Weil Schach niemals aussterben wird

Solange es Menschen gibt, die dieser Bezeichnung würdig sind, werden sie spielen. Denn neue Techniken, Erfindungen und Verhaltensweisen probieren die Menschen zuerst spielerisch aus. Mag der erste Schachautomat aus heutiger Sicht auch primitiv erscheinen, so beflügelte er doch die Vorstellungskraft vieler Ingenieure und Tüftler und zeigte dem Publikum, wovon es träumen und was ihm drohen konnte. Wer den Kindern von heute zur permanenten Verblödung durch Fernsehen, Internet, Spielkonsolen und Fantasyfilmen eine Alternative bieten möchte, der sollte sie zum Schachspielen verführen. Hier kann man kombinieren, analysieren und gar kämpfen lernen. Auf Löwenjagd können die Kinder schließlich nicht mehr gehen.

Weil das Schachspiel das Denkvermögen so stark fördert, darf man ihm getrost eine frohe Zukunft voraussagen. Denn nicht nur spielen, sondern auch denken werden die Menschen der Zukunft, solange sie Menschen sind.

## DANKE!

Besonderen Dank schulde ich IM Laszlo Hetey und Uta Alder für die sorgfältige Überprüfung des Manuskripts, außerdem meinem Schachlehrer Gerd
Schönfeld, der mich in tausenden Blitzpartien schwindlig spielte. Wichtige
Hinweise schenkten mir die Schachfreundin Katja Sommaro und die Schachfreunde FIDE-Meister Marc Lang, Thomas Weigelt, Thilo Keskowski und
Frank Hoppe. Herzlichen Dank auch an den Schachfreund Peter Müller für
die Hilfe bei der Gestaltung der Diagramme.

## LITERATUR

John Nunn, Schach verstehen Zug um Zug, London 2002.

Michael Dombrowsky, Berliner Schachlegenden: Erinnerungen und Portraits
aus der Zeit vor und nach dem Mauerbau, Berlin 2013.

Hilmar Petzold, Schach – Eine Kulturgeschichte, Ostberlin 1986.

Hans Kmoch, Die Kunst der Bauernführung, Berlin 1956.

Viktor Kortschnoi, Mein Leben für das Schach, Zürich 2004.

François-André Danican Philidor, L'analyze des Echecs, Paris 1749.

Martin Schwarz, Kunstschach: Spielbuch mit 69 Schachbrett-Variationen,
Winterthur 2006.

Icchokas Meras, Remis für Sekunden, Berlin 1986.

Arpad Emrick Elo, The Rating Of Chess Players, Past & Present, New York 1978.

Marcel Duchamp, Apropos of ›Readymades‹, in: Die Schriften, Zürich 1981.

Savielly G. Tartakower, Die hypermoderne Schachpartie, Zürich 2001 (1925).

Max Euwe, Positions- und Kombinationsspiel, Berlin, 1971.

KARL. Das kulturelle Schachmagazin, Frankfurt a. M. o. J.

Johannes Fischer, »Auf der Suche nach einem verkannten Club, Eine Exkursion
in das Berliner Kulturleben der ersten Hälfte des 19. Jahrhunderts«, in:
KARL 03/03.

Juri Jelagin, Kunst und Künstler im Sowjetstaat, Frankfurt a. M. 1961.

Wilhelm Heinse, Erinnerungsblätter aus dem geistigen Leben der Vergangenheit, Frankfurt a. M. 1848.

Edgar Allan Poe, Maelzels Schachspieler, Minden 1922.

Michail Botwinnik, Schach-Erinnerungen, Düsseldorf 1981.

Bruce Pandolfini, The ABCs of Chess, New York 1986.

# ANMERKUNGEN

1 Maik Großekathöfer: »Wahnsinn und Vergebung«. DER SPIEGEL, 08.12.2008. (Zitiert nach: www.spiegel.de/spiegel/print/d-62492100.html)

2 de.chessbase.com/post/robert-hbner-von-der-willkr-der-dopingkontrollen-

3 Maik Großekathöfer: »Wahnsinn und Vergebung«. DER SPIEGEL, 08.12.2008. (Zitiert nach: www.spiegel.de/spiegel/print/d-62492100.html)

4 Ebd.

5 www.schachpresse.de/zitate.htm

6 Larry Christiansen: Storming the Barricades. London: Gambit Publications 2000.

7 de.cyclopaedia.net/wiki/Tartakowerismen

8 Christian Schwager, Markus Lotter: »Ich habe so viel Blut im Kopf«. Berliner Zeitung, 15.11.2008. (Zitiert nach: www.berliner-zeitung.de/archiv/lewon-aronjan-erklaert--warum-schach-krieg-ist---und-nichts-fuer-frauen-serie-b-lewon-aronjan-ueber-emotionen--ich-habe-so-viel-blut-im-kopf-,10810590,10600362.html)

9 www.schachbund.de/news/erklaerung-des-dsb-praesidenten-zur-bmi-entscheidung.html

10 Michael Eder, Jan Gustafsson: »Im Pokern ist mehr zu holen als im Schach«. Frankfurter Allgemeine Zeitung, 12.11.2008. (Zitiert nach: www.faz.net/aktuell/sport/mehr-sport/schach-grossmeister-jan-gustafsson-im-pokern-ist-mehr-zu-holen-als-im-schach-1723682-p3.html)

11 www.schachbund.de/news/ein-jahr-des-umbruchs.html

12 Mitgliederstatistik des DSB, Stand Juni 2014.

13 Stand Oktober 2013. (Vgl. www.dosb.de/fileadmin/sharepoint/Materialien%20%7B82A97D74-2687-4A29-9C16-4232BAC7DC73%7D/Bestandserhebung_2013.pdf)

14 www.schachfeld.de/f61/schach-sport-3376/index4.html

15 Ebd.

16 Johannes Aumüller: »Die gespritzte Figur«. Süddeutsche.de, 17.05.2010. (www.sueddeutsche.de/sport/doping-im-schach-die-gespritzte-figur-1.473816)

17 www.schachbund.de/news/erklaerung-des-dsb-praesidenten-zur-bmi-entscheidung.html

18 Kian Badrnejad: »Teure Mission Gold«. Tagesschau.de, 07.02.2014. (www.tagesschau.de/inland/sportfoerderung108.html)

19 Ebd.

20 curling.nw.io/verband.html

21 schach-chess.com/Schach_Zitate.htm

22 www.schachfeld.de/f38/religion-eroeffnung-7537/

23 www.schachfeld.de/f38/religion-eroeffnung-7537/index2.html

24 John Nunn: Schach verstehen Zug um Zug. London: Gambit Publications 2002.

25 Michael Dombrowsky: Berliner Schachlegenden, Erinnerungen und Porträts aus der Zeit vor und nach dem Mauerfall. Berlin: Edition Marco 2013.

26 www.schachfeld.de/f99/schachweisheiten-955/

27 www.faz.net/aktuell/sport/mehr-sport/schach-grossmeister-jan-gustafsson-im-pokern-ist-mehr-zu-holen-als-im-schach-1723682.html

28 www.humboldtgesellschaft.de/inhalt.php?name=schach

29 Joachim Petzold: Schach – Eine Kulturgeschichte. Leipzig: Edition Leipzig 1986.

30 de.wikipedia.org/wiki/Francesc_Vicent

31 www.2700chess.com

32 www.youtube.com/watch?v=u6UtU78pAgc&feature=youtu.be

33 www.exopolitik.org/wissen/exopolitik-und-ufos/zeugenaussagen/weitere-zeugen/482-die-staatsaffaere-iljumschinow

34 www.schachbund.de/news/ein-jahr-des-umbruchs.html

35 Manuel Friedel: »Finanzielle Handlungsspielräume – Konsequenzen einer Gleichstellung des sogenannten ›Sport II‹ mit den besonders geförderten Sportarten«. Dokument vom 10.04.1987, aus dem Bundesarchiv Berlin-Lichterfelde. (Zitiert nach: glareanverlag.wordpress.com/2010/01/13/)

36 E-Mail von Rainer Knaak an Christoph Brumme.

37 archiv.berlinerschachverband.de/archiv/chronik/1988/

38 www.rainerknaak.de/Archiv/Schach%20und%20Politik%20in%20der%20DDR.htm

39 www.rainerknaak.de/Archiv/Sonderliga.htm Mit freundlicher Genehmigung von Rainer Knaak.

40 Alle Rechte für die Zitate bei Rainer Knaak. Mit freundlicher Genehmigung des Großmeisters.

41 recht.schachbund.de/files/dsb/ordnung/FIDE_Regeln09.pdf

42 Ebd.

43 Ebd.

44 Zitiert nach: www.schach-chess.com/Schach_Zitate.htm

45  Larry Evans: This crazy world of chess. New York: Cardoza 2007. (Zitiert nach: de.wikipedia.org/wiki/Juri_Lwowitsch_Awerbach)

46  www.zeit.de/sport/2012-12/Judit-Polgar-schach-frau-maenner

47  de.chessbase.com/post/interview-mit-sergey-karjakin-2-070313

48  www.focus.de/schule/schule/schule_aid_55071.html

49  www.zeit.de/sport/2013-10/viswanathan-anand-interview-schachwm

50  Alexandra von Nahmen: »Schach als Grundschulfach«. Bayrischer Rundfunk, 04.05.2014. (Zitiert nach: www.br.de/fernsehen/bayerisches-fernsehen/sendungen/euroblick/armenien-schach-schule-100.html)

51  www.zeit.de/sport/2012-12/Judit-Polgar-schach-frau-maenner/seite-2

52  Yves Kraushaar: Bobby Fischer heute. Schwanden: usus-verlag 1978

53  www.berliner-zeitung.de/archiv/lewon-aronjan-erklaert--warum-schach-krieg-ist---und-nichts-fuer-frauen-serie-b-lewon-aronjan-ueber-emotionen--ich-habe-so-viel-blut-im-kopf-,10810590,10600362.html

54  Mit freundlicher Genehmigung des Schachfreundes PM.

55  www.schachfeld.de/f17/waehrend-partie-17184/

56  Helmut Krausser: Juli. August. September. Hamburg: rororo 1997.

57  www.arte.tv/de/zum-film-regisseur/1659102,CmC=1659100.html

58  www.cinema.de/film/der-schachspieler,1318347.html

59  www.sueddeutsche.de/kultur/im-kino-die-schachspielerin-maennliches-dominanzgebaren-1.65993

60  www.critic.de/film/die-schachspielerin-1997/

61  schachblaetter.de/101-checkmates-in-films/17-09-2012/

62  Jeffrey B. Burton: Der Schachspieler. München: Heyne Verlag 2013.

63  Icchokas Meras: Remis für Sekunden. Berlin: Aufbau Verlag 2001.

64  Jean Paul: Selberlebensbeschreibung. Frankfurt a. M.: Zweitausendeins 1996.

65  Jean Paul: Die unsichtbare Loge. Frankfurt a. M.: Zweitausendeins 1996.

66  Jean Paul: Levana oder Erziehlehre. Frankfurt a. M.: Zweitausendeins 1996.

67  Jean Paul: Der Komet. Frankfurt a. M.: Zweitausendeins 1996.

68  Jean Paul: Vorschule der Ästhetik. Frankfurt a. M.: Zweitausendeins 1996.

69  Norbert Miller (Hrsg.): Jean Paul, Sämtliche Werke. München: Carl Hanser Verlag 1959.

70  Jean Paul: Der Komet. Frankfurt a. M.: Zweitausendeins 1996.

71  Jean Paul: Auswahl aus des Teufels Papieren. Frankfurt a. M.: Zweitausendeins 1996.

72  www.schachquellen.de/5643.html

73  members.peak.org/~dadaist/English/Graphics/readymades.html

74  E-Mail von Anja Woyton an Christoph Brumme.

75  www.pnp.de/region_und_lokal/landkreis_freyung_grafenau/
grafenau/759846_Schach-zum-Hoeren-Mini-Oper-zum-grossen-Spiel-
der-Koenige-Video.html

76  www.spin.de/forum/6529/-/1b1

77  www.schachfeld.de/f52/bobby-fischer-tot-5755/index3.html

78  Viktor Kortschnoi: Mein Leben für das Schach. Oetwil am See/Zürich:
Edition Olms 2004.

79  de.chessbase.com/post/lothar-schmid-zum-75sten-/6

80  www.welt.de/sport/article1567294/Bobby-Fischer-der-Koenig-des-
Schachs-ist-tot.html

81  de.chessbase.com/post/bobby-fischer-genie-zwischen-ruhm-und-
wahn-280513

82  »Nothing is so healing as the human touch« oder »Nothing eases suffer-
ing like human touch«. Vgl. »Bobby Fischer: Zug um Zug in den Wahnsinn«, arte 2011.

83  www.berliner-zeitung.de/archiv/lewon-aronjan-erklaert--warum-schach-
krieg-ist---und-nichts-fuer-frauen-serie-b-lewon-aronjan-ueber-emo-
tionen--ich-habe-so-viel-blut-im-kopf-,10810590,10600362.html

84  www.spiegel.de/spiegel/print/d-49298910.html

85  Raymond Chandler: Der lange Abschied. Zürich: Diogenes Verlag 2009.

86  Maik Großekathöfer: »Wahnsinn und Vergebung«. DER SPIEGEL,
08.12.2008. (Zitiert nach: www.spiegel.de/spiegel/print/d-62492100.html)

87  Ebd.

88  www.sv-unser-fritz.de/2011/10/22/iwantschuk-halten-nur-pistolen-und-
carlsen-auf/

89  Ebd.

90  de.chessbase.com/post/interview-mit-sergey-karjakin-070313, 06.03.2013

91  www.sv-unser-fritz.de/2011/10/22/iwantschuk-halten-nur-pistolen-und-
carlsen-auf/

92  www.schachfeld.de/f16/kandidatenturnier-2013-a-17429/index99.html

93  www.schachfeld.de/f16/kandidatenturnier-2013-a-17429/index98.html

94  www.zeit.de/sport/2013-03/interview-schach-wm-giri/seite-2

95  de.chessbase.com/post/interview-mit-sergey-karjakin-070313/1,
06.03.2013.

96  www.zeit.de/2013/45/schach-weltmeisterschaft-magnus-carlsen/seite-4
97  www.zeit.de/2013/45/schach-weltmeisterschaft-magnus-carlsen
98  www.zeit.de/2013/45/schach-weltmeisterschaft-magnus-carlsen/seite-5
99  www.tagblatt.ch/aktuell/panorama/panorama/Das-kauzige-
    Wunderkind;art253654,3596382
100 DLF: Sport am Abend, 24.11.2013.
101 www.zeit.de/sport/2013-11/schach-wm-anand-niederlage-interview/
    seite-3
102 www.zeit.de/sport/2013-11/magnus-carlsen-schach-bundesliga
103 www.faz.net/aktuell/sport/mehr-sport/magnus-carlsen-das-schach-
    wunderkind-wird-erwachsen-1576426.html
104 chesspro.ru/_events/2011/atarov18_tal.html
105 Ebd.
106 www.deutschlandfunk.de/schach-wm-carlsen-ist-nicht-der-beste.1346.
    de.html?dram:article_id=269992
107 www.faz.net/aktuell/sport/mehr-sport/schach-weltmeister-magnus-
    carlsen-ich-halte-mich-ein-bisschen-fuer-einen-revolutionaer-12682226.
    html
108 www.badische-zeitung.de/schach-x1x/schachspieler-magnus-carlsen-
    von-einem-anderen-planeten--66785714.html
109 www.chessbox.de/home/Computerschach.html – www.10x8.net/chess/
    SMIRF.html
110 Martin Schwarz: Kunstschach – Spielbuch mit 69 Schachbrett-
    Variationen. Winterthur: EigenArt-Verlag 2006.
111 www.lichtentanne-schach.de/Weitere_Zitate.htm
112 Alle Angaben und Zitate im Folgenden: www.schachfiguren.de
113 www.berliner-zeitung.de/archiv/lewon-aronjan-erklaert--warum-
    schach-krieg-ist---und-nichts-fuer-frauen-serie-b-lewon-aronjan-ueber-
    emotionen--ich-habe-so-viel-blut-im-kopf-,10810590,10600362.html
114 Stefan Löffler: »Nur kontrolliertes Nichtstun verwirrt den Computer«.
    Frankfurter Allgemeine Zeitung, 19.11.2003.
115 www.berliner-zeitung.de/archiv/lewon-aronjan-erklaert--warum-
    schach-krieg-ist---und-nichts-fuer-frauen-serie-b-lewon-aronjan-ueber-
    emotionen--ich-habe-so-viel-blut-im-kopf-,10810590,10600362.html
116 www.schachfeld.de/f16/kandidatenturnier-2013-a-17429/index10.html
117 Edgar Allan Poe: Maelzels Schachspieler. Zitiert nach Projekt Gutenberg:
    archive.today/7thmP

118 www.faz.net/aktuell/sport/schachgrossmeister-aronjan-schach-ist-ein-brutales-spiel-11582713.html

119 www.sueddeutsche.de/sport/mensch-gegen-maschine-kuss-des-todes-1.862341

120 www.youtube.com/watch?v=P2XeW98Fpr4, Minute 4'57.

121 Melanie Amann: »Hitzkopf auf allen Feldern«. Frankfurter Allgemeine Zeitung, 21.07.2008.

122 www.zeit.de/2012/08/Spielen-Schach-08

123 Wilhelm Heinse: Erinnerungsblätter aus dem geistigen Leben der Vergangenheit. Frankfurt a. M., 1848.

124 Fakten zu Marc Langs Blindsimultan-Weltrekord: www.blindsimultan.de/index.php/facts-zum-weltrekord

125 Juri Jelagin: Kunst und Künstler im Sowjetstaat. Frankfurt a. M.: S. Fischer Verlag 1961.

126 Alle Angaben und Zitate im Folgenden: www.schachfeld.de/f43/guckt-springer-3519/

127 François-André Danican Philidor: L'Analyze des Echecs. Paris 1749.

128 Savielly G. Tartakower: Die hypermoderne Schachpartie. Olms Verlag 1925.

129 Max Euwe: Positions- und Kombinationsspiel. Berlin: de Gruyter 1971.

130 www.sueddeutsche.de/sport/mensch-gegen-maschine-kuss-des-todes-1.862341

131 Viktor Kortschnoi: »Wer frech wird, den will ich bestrafen«. taz, 23.03.2011. (Zitiert nach: www.taz.de/!67825)

132 www.hettschach.de/anekdote.htm

133 Bundesliga Ergebnisdienst Hamburg, Saison 2013/14 Männer (www.schachbund.de/SchachBL/saison2013-14/bedh.php?liga=bl).

134 Bundesliga Ergebnisdienst Hamburg, Saison 2013/14 Frauen (www.schachbund.de/SchachBL/saison2013-14/bedh.php?liga=fb21).

135 www.schach-welt.de/BLOG/Blog/MarcLangwillmichverhauen

136 www.karlonline.org/303_2.htm

137 www.karlonline.org/alt201_1.htm

138 www.chessware.de/catalog/schach-magazin-201401-p-4578.html

139 www.pokerolymp.com/articles/show/fun/46/schachspieler-und-das-pokerspiel#.UsvRt_uF0Sk

140 de.chessbase.com/post/interview-mit-sergey-karjakin-2-070313

141 www.pokerolymp.com/articles/show/fun/46/schachspieler-und-das-pokerspiel#.U66D5rGltH1

142  Ebd.

143  Ebd.

144  Ebd.

145  www.pokerzeit.com/schachmatt-almira-skripchenko-am-
pokertisch-44369

146  www.zeit.de/2013/43/bundesregierung-koalitionsverhandlungen/seite-2

147  www.zeit.de/politik/deutschland/2013-07/nsa-pofalla-merkel-
kommentar

148  www.handelsblatt.com/politik/deutschland/bundestagswahl-2013/kurz-
vor-der-wahl-patt-zwischen-regierung-und-opposition/8801334.html

149  www.dw.de/patt-in-der-ukraine/a-17408306

150  www.zeit.de/politik/ausland/2013-03/italien-regierung-verhandlungen-
scheitern

151  www.n-tv.de/politik/Die-Moellrings-wollen-tauschen-article5535946.html

152  www.zeit.de/suche/index?q=schach+stratege+steinbr%C3%BCck&from
=&to=

153  www.sueddeutsche.de/politik/buergerkrieg-in-syrien-ein-schlachtfeld-
wie-ein-schachbrett-1.1647047

154  www.blaetter.de/aktuell/ueber-die-blaetter

155  www.zeit.de/2012/49/Spiele-Lebensgeschichte-49

156  Bruce Pandolfini: The ABCs of Chess. New York: Fireside Chess Library
1986.

157  Ralf-Axel Simon: Der Kampf gegen den Knast war mein Kind – Kinder
werden bekanntlich nie erwachsen. BookRix 2012. (Zitiert nach: books.
google.com.ua/books?id=XfBrAQAAQBAJ&printsec=frontcover&hl=de
#v=onepage&q&f=false)

158  knastblattaxel.com/

159  de.chessbase.com/post/schachboxen-berlin-vs-london/11

160  www.bz-berlin.de/artikel-archiv/eine-party-mit-schach-und-boxen

161  archive.today/MMqvA

162  www.schachreisen.eu/schachturniere

163  de.chessbase.com/post/das-rollende-schachturnier-241013

164  www.schachpresse.de/zitate.htm

165  www.schachbezirk-mittelbaden.de/wp/?p=116 – Hans-Walter Schmitt
ist Unternehmer, Manager, Organisator und Schachfan. Er hat die Chess
Classic Mainz zu einer der wichtigsten Schachveranstaltungen Deutschlands und zum bedeutendsten Schnellschachturnier der Welt gemacht.

# 111 GRÜNDE, DAS RADFAHREN ZU LIEBEN

### EINE HOMMAGE AN DAS FAHRRAD – DAS UMWELTFREUNDLICHSTE, GESÜNDESTE UND COOLSTE FORTBEWEGUNGSMITTEL DER WELT

**111 GRÜNDE, DAS RADFAHREN ZU LIEBEN**
VOM RAUSCH DER GESCHWINDIGKEIT, DEM GEHEIMNIS DER LANGSAMKEIT
UND DEM WISSEN, DASS DAS GLÜCK ZWEI RÄDER HAT
Von Christoph Brumme
360 Seiten, Taschenbuch
ISBN 978-3-86265-360-7 | Preis 9,95 €

Das Fahrrad gehört zu den schönsten Erfindungen der Menschheit! Dieser Meinung ist Christoph Brumme, seines Zeichens Extremradler, der schon sechs Mal mit dem Fahrrad von Berlin bis an die Wolga gefahren ist, quer durch Polen, die Ukraine und Russland. Für die Strecke Saratow – Berlin (das sind über 2.800 Kilometer) benötigte er lediglich 16 Tage. Mit einem gewöhnlichen Tourenrad, versteht sich!

Wie kaum ein anderer ist Christoph Brumme daher in der Lage, die Faszination des Radfahrens zu erläutern. In 111 GRÜNDE, DAS RADFAHREN ZU LIEBEN vermittelt er auf anschauliche und unterhaltsame Art, weshalb für ihn das Fahrrad schon lange der Glückslieferant Nummer eins ist, und entführt den Leser auf eine existenzielle Erkundungstour, die so gar nichts mit dem schnellen Leben in unseren Städten zu tun hat ...

Christoph Brumme wurde 1962 in Wernigerode geboren. Er absolvierte eine Lehre als Eisenbahner, arbeitete am Theater Eisleben als Regieassistent und Inspizient, studierte Philosophie und lebt seit 1985 als freiberuflicher Schriftsteller und Essayist in Berlin. Er veröffentlichte zuletzt *111 Gründe, das Radfahren zu lieben*. Außerdem erscheint in Kürze sein neuer Roman *Ein Gruß von Friedrich Nietzsche*.

Christoph Brumme
111 GRÜNDE, SCHACH ZU LIEBEN
*Eine Hommage an das königlichste aller Spiele*

ISBN 978-3-86265-433-8
© Schwarzkopf & Schwarzkopf Verlag GmbH, Berlin 2014
Alle Rechte vorbehalten. Dieses Werk ist urheberrechtlich geschützt. Jede Verwendung, die über den Rahmen des Zitatrechtes bei korrekter und vollständiger Quellenangabe hinausgeht, ist honorarpflichtig und bedarf der schriftlichen Genehmigung des Verlages. | Autorenfoto Christoph Brumme: © Erika Bobely-Hansen | Coverfoto: © loongar/thinkstock.com | Fotos im Innenteil: thinkstock.com | Illustrationen: Jana Moskito

KATALOG
Wir senden Ihnen gern kostenlos unseren Katalog.
Schwarzkopf & Schwarzkopf Verlag GmbH
Kastanienallee 32, 10435 Berlin
Telefon: 030 – 44 33 63 00
Fax: 030 – 44 33 63 044

INTERNET | E-MAIL
www.schwarzkopf-schwarzkopf.de
info@schwarzkopf-schwarzkopf.de